NIEMAND SCHLÄGT SO HART ZU WIE DAS SCHICKSAL. ABER ICH HABE ES VERSUCHT.

XALO SELAM

mit Dennis Sand

NXTLVL

Bibliografische Information der Deutschen Nationalbibliothek
Die Deutsche Nationalbibliothek verzeichnet diese Publikation in der Deutschen Nationalbibliografie; detaillierte bibliografische Daten sind im Internet über dnb.dnb.de abrufbar.

Wir freuen uns auf eure Anregungen und Fragen
info@nextlevelverlag.de

Wichtiger Hinweis
Die im Buch veröffentlichten Empfehlungen wurden von Verfasser und Verlag erarbeitet und geprüft. Der Inhalt dieses Buches beruht ausschließlich auf den persönlichen Erfahrungen des Autors und erhebt keinen wissenschaftlichen Anspruch. Die benutzten Begrifflichkeiten sind wertfrei. Eine Garantie kann dennoch nicht übernommen werden. Ebenso ist die Haftung des Verfassers bzw. des Verlages und seiner Beauftragten für Personen-, Sach- und Vermögensschäden ausgeschlossen.

Originalausgabe
1. Auflage 2025

Auch wenn eine gendergerechte Sprache wünschenswert ist, gibt es aus Sicht des Verlages bisher keine befriedigende, gut lesbare Lösung. Der leichten Lesbarkeit zuliebe haben wir des Öfteren von der Doppelung männlicher und weiblicher Formen Abstand genommen. Selbstverständlich liegt es uns fern, dadurch einen Teil der Bevölkerung zu diskriminieren.

Satz und Layout: Daniel Förster
Korrektorat: Christiane Otto
Redaktion: Silke Panten
Co-Autor: Dennis Sand
Cover- und Umschlagfotos© Okan Atabay
Umschlaggestaltung: www.b3k-design.de, Andrea Schneider & diceindustries
Druck: GGP Media GmbH, Pößneck
Printed in the EU

ISBN Print: 978-3-68936-062-7
ISBN E-Book (PDF): 978-3-68936-063-4
ISBN E-Book (EPUB, Mobi): 978-3-68936-064-1

INHALT

PROLOG

Seit ich diesen Anruf bekommen hatte, war mein Leben nicht mehr das, was es einmal war. Ich weiß nicht, wie viele Wochen mittlerweile vergangen waren. Ich hatte jedes Zeitgefühl verloren. Alles war anders. Ich war anders. Ich lebte nicht mehr richtig. Ich reagierte nur noch. So, als hätte ich auf Autopilot umgestellt.

Ich schaute aus dem Fenster und drückte auf das Gaspedal. Der Wagen beschleunigte. Ich kannte diese Strecke hier mittlerweile blind, jede Ampel, jede Abzweigung, jedes verdammte Verkehrszeichen. Draußen war ein schrecklich grauer Tag. Der Regen prasselte auf meine Scheiben und in den Pfützen spiegelten sich die Kölner Hochhaussiedlungen. Es war kaum jemand unterwegs. Ich lenkte den Wagen auf die Auffahrt, parkte ihn vor dem Krankenhaus, betrat die große Pforte und nickte dem Pförtner zu, der in dem kleinen Anmeldehäuschen saß. Wir kannten uns mittlerweile. Ich lief über die langen, sterilen Gänge der Klinik. Hin und wieder kamen mir Ärzte in weißen Kitteln oder Krankenschwestern in ihren typischen blauen Anzügen entgegen.

Schließlich stand ich vor dem Zimmer, zu dem ich wollte. Nummer 332. So wie jeden Tag. Und auch, wenn ich das alles hier schon so oft gesehen hatte, bekam mein Herz doch jedes Mal einen kleinen

Stich, wenn ich den Raum betrat. Ich öffnete die Tür. Ich sah meine Frau, sah, wie sie mit geschlossenen Augen in ihrem Krankenbett lag. Derya hatte Kanülen in den Venen und zwei Schläuche in ihrer Nase. Es brach mir förmlich das Herz, sie so zu sehen. Ich war mir sicher, dass ich mich niemals an dieses Bild gewöhnen würde. Ich nahm noch einen tiefen Atemzug. »Reiß dich zusammen«, sprach ich mir zu. Ich zog einen Stuhl heran, setzte mich an ihre Seite und nahm Deryas Hand. Ich hatte in meinem Leben so viele Kämpfe ausgestanden. Gegen Gegner, die größer und stärker waren als ich. Gegen Feinde, die in der Überzahl waren. Ich war schon in so vielen beschissenen Situationen, die auf den ersten Blick aussichtlos schienen, gewesen. Aber das hier, das war anders.

Ich hatte schon früh in meinem Leben eine wichtige Lektion gelernt: Es ist okay, auch einmal einzustecken. Aber wenn du Schläge kassierst, dann schlag doppelt so hart zurück! Auf diese Weise kam ich durch. Bis jetzt. Denn plötzlich musste ich begreifen, dass das Leben selbst so verdammt hart zuschlagen kann, dass dir einfach die Luft wegbleibt, sodass du nicht mehr aufstehen kannst. Ich atmete noch ein letztes Mal tief durch und zwang mich, wieder klarzukommen. Ich küsste meine Frau auf die Stirn.

»Hallo, mein Schatz«, sagte ich. »Ich bin's, Selam.« Dann machte ich das, was ich immer machte. Ich erzählte ihr von meinem Tag. Was es Neues gab. Ich wusste nicht, ob sie mitbekam, was ich erzählte. Niemand wisse das so genau, hatte mir der Arzt erklärt. Jeder Patient reagiere anders. Aber meine Frau lag nun schon seit Wochen im Koma, und ich empfand es als meine Verpflichtung, sie über alles auf dem Laufenden zu halten. Nachdem ich ihr von den wenigen Dingen erzählt hatte, die seit meinem gestrigen Besuch passiert waren, begann ich, ihre Haare zu kämmen. Dann putzte ich ihr die Zähne und pflegte sie. Als ich fertig war, setzte ich mich wieder an ihr Bett, hielt ihre Hand und schaute sie einfach nur an.

Irgendetwas war anders heute, ich konnte es jedoch die ganze Zeit nicht greifen. Aber gerade, als ich gehen wollte, spürte ich, wie

Derya meine Hand drückte. Nur ganz sanft. Doch es passierte was. Ich beugte mich zu ihr. »Derya?«, flüsterte ich. Dann sah ich, wie sie ganz langsam ihre Augen öffnete. Wie sie wach wurde. Einfach so. Mein Herz schlug wie verrückt. Es passierte wirklich! Ich war so aufgeregt, dass ich gar nicht wusste, was ich tun sollte. Einen Arzt rufen? Ich beschloss, erst einmal bei ihr zu bleiben. »Derya«, wiederholte ich leise und drückte ihre Hand. Sie sah mich kurz an und schaute sich dann im Zimmer um. »Derya«, flüsterte ich immer wieder ihren Namen. Sie schien sich nicht richtig orientieren zu können. Immer wieder blickte sie mich an. Suchend. Fragend. Mein Puls raste. Ich strich ihr über das Gesicht. Ich war so unfassbar glücklich. »Guten Morgen, mein Schatz«, flüsterte ich. »Wie geht es dir?« Sie antwortete nicht, schaute sich wieder im Raum um. »Du bist in einem Krankenhaus«, erklärte ich ihr sanft. »Du hattest eine Gehirnblutung … Du lagst lange im Koma.« Ich stockte. Ich wollte sie nicht gleich überfordern.

Verwirrt sah sie mich an, dann bewegte sie langsam ihre Lippen. Sie versuchte etwas zu sagen, aber es gelang ihr nicht. Ich beugte mich näher zu ihr. Ermutigte sie, es noch einmal zu versuchen. »Wer …«, formulierte sie mühsam die Worte, »wer bist du?«

Mein Herz zog sich zusammen. »Ich bin es, Schatz. Selam. Dein Mann!« Aber sie blickte mich nur völlig verständnislos an. Als hätte sie mich noch nie zuvor in meinem Leben gesehen. Ich entschloss mich, jetzt doch besser den Arzt zu rufen. Ich lief aus dem Zimmer, blickte mich suchend um und sah am anderen Ende des Flurs einen Arzt. »Doktor«, brüllte ich den ganzen Flur entlang. »Doktor, kommen Sie schnell!« Er kam rüber gelaufen. Es war ein älterer Mann, seine grauen Haare waren glatt zurückgekämmt. »Kommen Sie bitte schnell«, sagte ich erneut, als er fast auf meiner Höhe war. Ich war der Verzweiflung nahe. »Meine Frau ist aufgewacht.«

Wir gingen zusammen zurück ins Krankenzimmer. Der Arzt setzte sich zu Derya ans Bett und untersuchte sie. Dann stellte er ihr ein paar einfache Fragen. »Wissen Sie, wie ihr Name ist?« Derya schüttelte den Kopf. »Wissen Sie, welches Jahr wir haben?« Wieder hatte sie keine Antwort. Ich konnte es nicht fassen.

»Was ist mit ihr los?«, fragte ich den Arzt.

Er gab mir ein Zeichen, dass wir gemeinsam vor die Tür gehen sollten. »Wie vermutet, hat ihr Gehirn einen schweren Schaden erlitten«, begann er zu erklären. »Sie scheint, so weit ich das sehe, gesund zu sein, aber die Region, die für ihr Gedächtnis verantwortlich ist, wurde schwer beschädigt.«

»Was heißt das?«, fragte ich.

»Das heißt, dass sie sich an nichts mehr erinnert.«

»Und … wie lange hält das an? Kommt die Erinnerung zurück?«

Der Arzt schaute mich mitleidig an. »Das weiß ich nicht«, sagte er. »Das ist unmöglich vorauszusagen. Bei manchen Patienten kommt sie nach ein paar Tagen wieder. Bei anderen nach ein paar Wochen.« Er ließ eine kurze Pause. »Und bei manchen kommt sie nie wieder zurück.«

Dieser letzte Satz brachte mich beinahe um. Das bedeutete, dass sich meine Frau vielleicht nie mehr an uns erinnern würde. Was für eine schreckliche Vorstellung. Allein der Gedanke daran ließ mich verzweifeln. Ich spürte, dass etwas in mir starb. »Reden Sie mit ihr«, riet mir der Arzt. »Zeigen Sie ihr alte Fotos, Videos … Helfen Sie ihr, sich zu erinnern.« Dann verschwand er auf dem Flur. Ich blickte durch die angelehnte Tür auf Derya, die im Bett lag und keine Ahnung hatten, wer ich war und was ich von ihr wollte. Schlimmer noch: Sie hatte keine Ahnung, wer sie selbst war.

Ich ging zurück ins Zimmer, setzte mich wieder auf den Stuhl an ihrem Bett und atmete tief durch. Dann begann ich, ihr meine Geschichte zu erzählen, die auch unsere Geschichte war. Ganz langsam. Von Anfang an.

TEIL 1

KAPITEL 1
(1978–1989)

ANGST

Es gab da dieses eine Gefühl, das mich mein gesamtes bisheriges Leben geprägt hatte: das Gefühl von Angst. Ich hatte ständig Angst. Angst um meine Eltern. Angst um meine Freunde. Angst um mich selbst. Es gab keinen Tag, an dem die Angst nicht da war. An dem sie mich nicht frühmorgens weckte oder sich spätabends mit mir unter meiner Bettdecke verkroch. Für kurze Zeit hatte ich gedacht, dass ich ihr entkommen wäre. Aber ich hatte mich getäuscht. Und jetzt spürte ich, wie sie mich wieder einholte.

Ich bin mit dem Gefühl der Angst aufgewachsen – damals im Irak. Ich war das fünfte Kind einer großen Familie, geboren am 29. November 1978. Nach meiner Geburt sollten noch fünf Geschwister folgen. Geboren wurde ich eigentlich in Syrien. Aber dort war meine Familie von der Regierung verfolgt worden, weshalb wir alle in den Irak geflüchtet waren. In ein Dorf, einige Kilometer von Erbil entfernt. Ein kleines Dorf mit ein paar Dutzend Einwohnern. Die meisten gehörten zur Familie. Mein Vater war ein Schäfer und wir lebten in bescheidenen Verhältnissen. Wir wohnten in einem kleinen Lehmhaus. Es bestand aus drei Zimmern. Ein Wohnzimmer, in dem wir gemeinsam am Boden saßen, um zu essen. Und zwei Schlafzimmern, in einem waren meine Eltern, in dem anderen wir Kinder untergebracht. Irgendwann mussten wir nachts auch auf das Wohnzimmer ausweichen, weil wir in nur einem Zimmer zu wenig Platz hatten.

Es gab in unserem Haus keine Möbel. Es lagen nur ein paar Matratzen auf dem Boden. Auch Spielzeug kannten wir als Kinder nicht. Statt irgendwelcher Actionfiguren hatten wir Stöcke, mit denen wir gespielt haben. Dabei waren wir recht kreativ. Entweder haben wir mit den Stöcken irgendwas in den Sand gemalt. Oder wir haben irgendwelche Kämpfe damit ausgetragen.

Und bei uns, da wohnte die Angst.

Schon meine erste Erinnerung, die ich an dieses Leben habe, war die Erinnerung an dieses Gefühl. Es ist die Erinnerung, wie wir mit der gesamten Familie am Boden zusammensaßen. Vor uns standen kleine Schüsseln, mit gekochtem Reis und Bohnen, mit gefüllten Weinblättern und anderen Köstlichkeiten, die meine Mutter gekocht hatte. Sie erfüllten das gesamte kleine Haus mit einem warmen Geruch, der mir als Kind irgendwie das Gefühl gab, dass alles gut war. Ich riss mir gerade ein Stück von meinem Fladenbrot ab und tunkte es in den kalten, weißen Joghurt, als mein Vater plötzlich aufstand. »Ich muss jetzt los«, sagte er. Er küsste meine Mutter auf die Wange und verabschiedete sich von uns. »Wo geht er hin?«, fragte ich meine Mutter leise.

»In die Berge«, sagte sie nur.

Das tat er oft. Und ich verstand es nicht. Was wollte Baba in den Bergen? Immer wenn ich ihn fragte, ob ich mitkommen durfte, winkte er nur ab. »Das ist noch nichts für dich«, sagte er dann. »Du bist zu klein.« Dieses Mal fragte ich gar nicht erst. Ich wusste, dass es keinen Sinn hatte. Aber ich stand auf und folgte Baba zur Tür unseres kleinen Lehmhauses. Draußen war es schon kühl geworden. Ich stellte mich in den Türrahmen und sah zu, wie er immer weiter und weiter lief. Die Sonne war nur noch ein roter Feuerball, die langsam unterging. Irgendwann war mein Vater nur noch ein Schatten, der in der irakischen Berglandschaft verschwand, die sich am Horizont abzeichnete. Und dann war er weg. Am nächsten Morgen, wurde ich von lauten Schreien geweckt. Ich schreckte hoch. »Was ist los?«, fragte ich meine Geschwister, die genauso erschrocken waren wie ich. Sie zuckten mit den Schultern. Ich lief in das Zimmer meiner Eltern. Aber mein Vater war noch immer nicht zurück. Dann hörte ich wieder die Schreie. Sie kamen von draußen. Ich öffnete die Haustür und schaute, was vor sich ging. Und da waren sie wieder. Die Soldaten. Sie liefen durch unsere Straße und klopften an einzelne Türen. Dann stellten sie unseren Nachbarn irgendwelche Fragen. Das passierte ständig. Gerade standen sie vor dem Haus direkt gegenüber. Sie schlugen gegen die Türe und brüllten laut, dass man ihnen aufmachen sollte. »Sofort die Tür öffnen!«, schrien sie aggressiv. »Das ist unsere letzte Warnung!« Auf der Straße hatte sich eine Menschentraube gebildet. Niemand sagte etwas. Als die Tür unserer Nachbarn schließlich geöffnet wurde, stürmten die Soldaten direkt in das Haus. Sie waren zu viert. Nach einer Weile kamen sie mit Sidar raus. Sidar war 16 Jahre alt. Sie schmissen ihn auf die Straße und traten ihm in den Bauch. »Wo ist dein Vater?«, brüllten sie und zogen ihn wieder auf die Beine. »Ich weiß es nicht«, jammerte Sidar und wurde weiter traktiert. Am Anfang nur mit Ohrfeigen. Später schlugen die Soldaten mit ihren Gewehrkolben zu. »Wo ist dein Vater?«, fragten sie wieder und wieder und massakrierten Sidar. Und alle Nachbarn mussten zusehen. Keiner traute sich einzugreifen. Weil alle wussten, was dann passiert wäre. Ich begann zu zittern. Was, wenn die Soldaten als Nächstes zu uns kommen würden? Was, wenn sie meine Geschwister verprügeln würden? Und wo war mein Vater? Noch bevor ich den Gedanken zu Ende denken konnte, zog meine Mutter mich wieder in das Haus. »Komm her, Selam«, sagte sie und drückte mich an sich. Ich fing an zu weinen. »Ich habe Angst, Mama«, schluchzte ich. »Wo ist Baba?« Doch meine Mutter streichelte mir nur über den Kopf und küsste mich auf die Stirn. »Alles wird gut, mein Schatz. Du musst dir keine Sorgen machen.« Wir hörten die Schreie von Sidar durch das Fenster. Es war ein Albtraum. Nach 20 Minuten waren sie fertig mit dem Jungen und ließen ihn in einer Blutlache einfach liegen. Es war das Schlimmste, was ich bis dahin gesehen hatte.

Der Tag verging und Baba war noch immer nicht zurück. Als alle schliefen, schlich ich mich aus dem Haus, setzte mich vor die Tür und wartete. Es war bereits dunkel. Ich kniff meine Augen zusammen und starrte in das schwarze Nichts. Versuchte krampfhaft zu erkennen, ob da irgendetwas war. Aber ich konnte nichts erkennen. Ich hatte tausend Fragen im Kopf. Und ich hatte Angst, wahnsinnige Angst. Draußen war es kühl. Ich zitterte. Aber ich wollte nicht wieder reingehen. Ich schloss die Augen. Die Grillen zirpten. Ich ließ die Augen geschlossen. Nur für einen kurzen Moment.

Irgendwann spürte ich etwas Schweres auf meinem Kopf. Ich öffnete die Augen und schreckte hoch. Da war mein Vater. Ich musste eingeschlafen sein. Zumindest hatte ich ihn nicht kommen hören.

»Was machst du hier draußen?«, fragte er mich streng.

»Ich habe auf dich gewartet.«

Er atmete einmal schwer aus. Dann wurden seine Gesichtszüge ein weniger milder.

»Ich verstehe nicht, warum du immer in die Berge gehst«, sagte ich.

Er dachte einen kurzen Moment nach. Dann setzte er sich zu mir. »Weißt du, mein Junge, ich treffe mich dort mit anderen Männern. Und wir besprechen wichtige Dinge.«

»Und was genau?«

Mein Vater dachte lange nach. »Wir sprechen darüber, wie wir dieses Land besser machen können.«

Das verstand ich nicht. »Es ist doch alles gut so, wie es ist«, sagte ich.

Da wurde Babas Gesicht wieder ganz streng und er schaute in die Ferne. Er hielt lange inne. »Nein«, sagte er, »ich möchte, dass jeder Mensch, der hier wohnt, auch gleich behandelt wird.« Ich dachte an Sidar und die Soldaten.

»Wir sind Kurden, mein Sohn. Und es wird der Tag kommen, an dem wir uns dafür nicht mehr verstecken müssen.«

Ich verstand damals die Zusammenhänge noch nicht. Aber ich begriff, dass es ihm ernst war.

Erst viele Jahre später, verstand ich, was das alles wirklich bedeutete. Ich verstand, dass meine Eltern kurdische Freiheitskämpfer waren. Dass sie sich für Gleichberechtigung einsetzten. Und dass sie dafür vom irakischen Regime verfolgt wurden. Meine Eltern erklärten mir immer nur, dass wir ein Volk ohne Land waren. Und weil wir dieses Land für uns einforderten, wurden wir verfolgt. Es war uns streng verboten, in der Öffentlichkeit Kurdisch zu reden. »Sonst kommen die Soldaten und nehmen uns mit«, sagte meine Mutter. Diese Horrorgeschichten waren nicht ausgedacht. Sie waren die Realität. Sowohl in Syrien als auch im Irak wurden wir vom Regime brutal unterdrückt. Dass irgendwelche Verwandten von uns einfach verschwanden oder auf offener Straße erschossen wurde, das passierte wirklich. Dass Soldaten Frauen entführten und vergewaltigten, kam immer wieder vor. Entsprechend verängstigt war ich, wenn ich Männer in Uniformen sah.

Es gab aber auch Tage, an denen ich die Angst vergaß. Das waren die Tage, an denen ich mit meinen Geschwistern einfach draußen spielte oder mein Vater mir beibrachte, wie ich die Schafe zu hüten oder zu melken hatte. Draußen auf dem Hof stand eine große Scheune. Und in der Scheune lebten unsere Schafe. Zunächst hatten wir Hunderte, später dann sogar Tausende von ihnen. Mir machte es großen Spaß, sie zu versorgen. Doch die unbeschwerten Zeiten hielten nie lange an.

Sie endeten spätestens, als ich sechs Jahre alt wurde. Da wurde ich eingeschult. Ich hatte gemischte Gefühle. Zum einen freute ich mich, dass ich endlich lesen und schreiben lernen würde. Zum anderen hatte ich die Geschichten im Kopf, die meine größeren Geschwister mir erzählt hatten. Es waren die üblichen Horrorgeschichten. Geschichten davon, was die Lehrer mit einem anstellen würden, wenn man sich nicht richtig benahm. Sie klangen ähnlich wie die Geschichten von den Soldaten, die von Haus zu Haus zogen, um die Leute mitzunehmen und verschwinden zu lassen. Ich nahm mir vor, mich davon nicht verunsichern zu lassen. Aber die Realität holte mich schnell ein.

An meinem ersten Schultag saß ich in dem Van meines Onkels, wir fuhren über lange, staubige Straßen. Die Schule schien eine Ewigkeit entfernt zu sein. »Und?«, fragte er. »Freust du dich?«

Ich zuckte mit den Schultern. »Weiß nicht«, antwortete ich ihm ehrlich.

Er nickte. »Schule ist etwas Gutes«, sagte er. »Bildung ist wichtig. Aber noch wichtiger ist, dass du auf deine Lehrer hörst, sonst …« Er konnte den Satz nicht beenden. Stattdessen klammerte er sich an seinem Lenkrad fest und machte eine Vollbremsung. »Verdammte Scheiße«, fluchte er. Auf der Straße vor uns stand eine Ziege. Mein Onkel hätte sie beinahe überfahren. »Man, verschwinde«, brüllte er und hupte. Die Ziege schaute uns an, machte aber keine weiteren Anstalten, sich von der Straße zu entfernen. »Maaann«, brüllte mein Onkel, stellte den Motor ab und stieg aus dem Wagen. Dann drückte er das Tier von der Straße weg und fuhr weiter. »Blödes Tier«, grummelte er vor sich her. Ich schaute ihn an.

»… sonst was?«, versuchte ich, das Gespräch wieder aufzunehmen. Mein Onkel zog verständnislos die Augenbrauen hoch. Ich versuchte, ihm auf die Sprünge zu helfen. »Du hast gesagt, du musst immer auf deine Lehrer hören, sonst passiert etwas. Was passiert denn dann?«, fragte ich, weil ich die Geschichten meiner älteren Geschwister wieder im Ohr hatte.

»Ach nichts«, winkte mein Onkel ab und stellte das Radio an. Offenbar wollte er nicht weiter darüber sprechen. Nach einer gefühlten Ewigkeit erreichten wir dann endlich das Schulgebäude. Ich verabschiedete mich von meinem Onkel und betrat das riesige graue Betonhaus.

Ich brauchte ein wenig, um mich zu orientieren, hatte bald aber raus, wo ich hinmusste. Ich betrat ein großes Zimmer, das sehr spartanisch eingerichtet war. Es gab ein paar Tische und ein paar Stühle und eine große Tafel. Mehr war da nicht. Es war eiskalt in dem Raum. Heizungen gab es nicht. Rund 20 Jungs und Mädchen hatten sich bereits einen Platz gesucht. Sie wirkten alle genauso unsicher wie ich. Ein paar Kinder kannte ich aus meiner Nachbarschaft. Ich setzte mich auf einen freien Stuhl, als plötzlich ein hochgewachsener Mann mit einem vollen Bart und einer großen Brille den Raum betrat. »Guten Morgen«, herrschte er uns an und die anderen Schüler sprangen sofort von ihren Plätzen auf. »Guten Morgen, Herr Forwuaz«, riefen sie im Chor. Zögernd tat ich es ihnen nach und erhob mich ebenfalls. Herr Forwuaz bemerkte das sofort. »Du bist also der Neue«, stellte er in einem militärischen Ton fest. Ich nickte.

»Name?«, fragte er.

»Selam Ali«, antwortete ich gehorsam.

»Finger zeigen!«, befahl er und baute sich vor mir auf. Ich verstand nicht, was er meinte, und schaute die anderen Kinder hilfesuchend an. Aber die waren selbst so verschüchtert, dass keiner sich traute, mir zu helfen. Sie starrten alle nur geradeaus auf die Tafel. »Deine Finger sollst du zeigen!«

Langsam streckte ich meine Hände aus und präsentierte Herrn Forwuaz meine Finger, die er sehr genau inspizierte. Dann nahm er seinen kleinen Rohrstock, den er in der Hand hielt, und schlug damit auf meine Fingernägel. Ich schrie auf vor Schmerzen. »Ab morgen sind die noch sauberer!«, befahl er. Dann mussten wir uns setzen und er begann mit dem Unterricht.

Herr Forwuaz lehrte mich in den nächsten Wochen und Monaten, dass noch ein ganz neues Level an Angst existierte. Mit Herrn Forwuaz sollte man sich besser nicht anlegen. Das war schnell klar.

In der Pause standen wir alle auf dem Hof und spielten Volleyball. Einen Ball hatten wir nicht, nur einen alten Luftballon. Den wickelten wir so lange in feuchte Papiertücher ein, bis aus dem knautschigen Ballon dann doch eine Art Ball wurde.

Ich fand schnell Freunde. Mit Rafur und Hadschiko verbrachte ich viel Zeit. Wir warfen mit Schlamm auf die Mädchen oder schimpften heimlich über Herrn Forwuaz. Seine Bestrafungen waren unglaublich kreativ. Am tückischsten war es, wenn er mit seinem Stock auf die nackten Fußsohlen schlug. Das brannte wie ein Peitschenhieb. Er hatte immer neue Foltermethoden, mit denen er uns überraschte. Ich glaube, dass er viel Zeit in die Entwicklung dieser Pläne investierte. Einmal schickte er mich nach draußen, wo ich beide Hände an eine Wand halten und ein Bein heben musste. So ließ er mich stehen. Im strömenden Regen. Eine Stunde lang. Bis ich einfach umfiel und im Schlamm landete. Er zog mir auch einmal meine Ohren so lang, dass sie noch drei Tage danach schmerzten und Mama sie mir mit Öl einreiben musste.

In der Schule musste ich Arabisch reden. Meine Eltern impften mir immer wieder ein, dass Kurdisch streng verboten war. »Denk an die Soldaten«, sagten sie nur. Das reichte. Mehr brauchten sie gar nicht zu sagen.

Wenn ich aus der Schule kam, hütete ich die Schafe. So, wie mein Vater es mir beigebracht hatte. Manchmal trieben wir einen Teil der Herde gemeinsam auf einen Basar, wo wir sie verkauften. Meistens musste ich aber einfach nur aufpassen, während sie auf dem Feld grasten. Genau das tat ich eines Donnerstagnachmittags. Ich stand auf der Wiese und betrachtete die Herde. Mama hatte mir ein Sandwich mit Ei gemacht, das war mein Mittagessen, das ich nun hinunterschlang. Die Sonne ging schon langsam unter, die Dämmerung würde bald anbrechen. Ich lief eine Runde über das Feld, als ich plötzlich ein pfeifendes Geräusch hörte. Es zog direkt an meinem Ohr vorbei. Was war das? Zuerst dachte ich, dass ich mir das nur eingebildet hatte. Vielleicht war das noch die Folge davon, dass mein Lehrer mich zu hart am Ohr gezogen hatte. Aber dann hörte ich es wieder. Und vor meinen Füßen flog Erde in die Luft. Jetzt verstand ich, was das war. Auf mich wurde geschossen. Mein Herz schlug wie verrückt. Auf dem Feld vor mir waren einige Radspuren von einem Traktor, der kurz vorher hier gepflügt hatte. Ich ließ mich in eine dieser Vertiefungen fallen, als wäre sie ein Schützengraben und kauerte mich zusammen. Ich hörte die nächsten Kugeln. Piuuuu. Piuuuu. Sie pfiffen laut an meinem Ohr vorbei und schlugen in die Erde ein. Ich fing an zu weinen. Ich wusste nicht, was hier passierte. Würde ich jetzt sterben? War das mein Ende? Wer tat denn so was?

Dann hörte ich, wie ein Schaf laut aufjaulte. Es wurde in den Bauch getroffen und sank zusammen. Die anderen Tiere flohen in alle Himmelsrichtungen. Mein ganzer Körper zitterte. Ich traute mich nicht aufzustehen. Ich traute mich nicht mehr, mich zu bewegen. Was war das nur für ein Albtraum? Ich versuchte, eine Erklärung zu finden. Ich wusste, dass unser Feld direkt an der türkischen Grenze lag. Und auf der anderen Seite waren Soldaten und Scharfschützen positioniert. Aber was hatte ich gemacht, dass sie auf mich feuerten?

Plötzlich vernahm ich die Stimme von meinem Vater. »Selaaaam«, schrie er. Ich öffnete die Augen und sah, wie er auf mich zugelaufen kam. Hinter ihm waren vielleicht 30 andere Männer, die Waffen in der Hand hatten. Ein älterer Mann hatte alles gesehen und berichtet, was hier passierte. Er beugte sich zu mir herunter, hob mich auf und lief, so schnell er konnte, heraus aus der Gefahrenzone. Immer wieder pfiffen die Kugeln neben uns. Schließlich trug er mich nach Hause. Ich klammerte mich an ihm fest und weinte. Doch als er mich trug, fühlte ich mich auf einmal sicher. So sicher, wie ich mich nur bei meinem Vater fühlte. Schon als Kind hatte er mich immer getragen und mir ein Gefühl der Sicherheit gegeben. Sie hatten einfach so auf mich geschossen, dachte ich. Und sie hatten ein Schaf getötet.

Seit diesem Tag war ich noch ängstlicher geworden. Ich hatte das Gefühl, dass das Unglück überall auf mich wartete. Später versuchten wir, uns herzuleiten, was passiert war. Die einzige Erklärung, die wir hatten, war, dass irgendwelche Soldaten sich einen Spaß erlaubt und Zielübungen gemacht hatten. Wie grausam konnte man sein?

Doch kaum hatte ich mich von dem Schock erholt, wartete schon das nächste Unglück auf uns. Gerade einmal drei Tage nach dem Vorfall spielte ich gerade mit meinen Schwestern im Haus, als ich meine Mutter laut schreien hörte. Ich sprang sofort auf und lief raus. Auf der Straße lag unser Onkel Issa. In einer Blutlache. Ich erschrak beinahe zu Tode. Mein Puls raste. Nach und nach kamen immer mehr Menschen angelaufen. Ich schaute mich um und entdeckte meine Mutter, die vor meinem Onkel kniete und fürchterlich weinte. Ich war geschockt. Was war da nur passiert? Wer würde ihm so etwas antun? Ausgerechnet Onkel Issa. Issa war ein strenggläubiger Mann. Er hatte eine eigene kleine Moschee am Rande unseres Ortes gegründet. Dort lebte er sehr zurückgezogen und gottgläubig. Die meiste Zeit über betete er. »Wer war das?«, fragte mein Vater, beugte sich zu Onkel Issa herunter und hielt seine Hand. »Wer hat dir das angetan?« Der Anblick war schrecklich. Sein reines, weißes Gewand war rot eingefärbt. Mir wurde schlecht.

Onkel Issa war viel zu schwach, um zu sprechen. »Ibrahim«, sagte er nur leise, beinahe flüsternd, »aber lasst ihn! Tut ihm nichts.«

Als er den Namen aussprach, ging ein Raunen durch die Masse. Onkel Ibrahim. Sein eigener Bruder. Es war erschreckend, aber nicht wirklich überraschend. Ibrahim hatte Probleme. Er war ein schwerer Alkoholiker. Und dazu noch jemand, mit dem sich niemand so wirklich anlegen wollte. Bei uns im Dorf hatte jeder Ehrfurcht vor dem Mann. Wie sich später herausstellte, ging es um Streitigkeiten wegen eines Grundstücks. Aus blinder Gier hatte Ibrahim Onkel Issa mit einer Axt niedergeschlagen. Der hatte sich mit letzter Kraft in unser Dorf geschleppt, wo wir ihn auf der Straße fanden.

Ein Cousin von mir kam mit einem kleinen Gepäckmotorrad mit drei Rädern vorgefahren. Vorsichtig legten die anderen Onkel Issa auf das Motorrad. Dann fuhr mein Cousin ihn zum Krankenhaus. Abends kam er zurück und berichtete uns, dass er überlebt hätte, aber noch immer sehr schwach war. Dann gab er meiner Mutter eine Tüte, in der das blutige Gewand von ihm war. Unter Tränen begann Mama, es zu waschen und zu flicken. Das Wasser färbte sich rot. Zum ersten Mal in meinem Leben mischte sich unter das Gefühl der Angst nun auch ein Gefühl der Wut.

Mit diesem Gefühl einer ständigen Bedrohung vergingen die nächsten Jahre. Ich war neun Jahre alt, als ich eines Tages aus der Schule kam und gleich sah, dass zu Hause etwas nicht stimmte. Meine Onkel waren da. Sie standen vor dem Haus und wirkten aufgeregt. Meine Mutter lief aufgebracht vom Stall in unser Haus. Ich ging zu meinem ältesten Bruder Serbas. »Was ist los?«, fragte ich ihn. Serbas wirkte sehr ernst. »Ich weiß es nicht genau«, sagte er. »Irgendetwas stimmt mit den Schafen nicht …«

Ich ging vorsichtig in den Stall und erschrak mich fürchterlich. Einige unserer Schafe lagen am Boden und bewegten sich kaum noch. Mein Vater kniete neben ihnen und sprach flüsternd auf sie ein. Ich hatte ihn noch nie so zärtlich gesehen. Man sah den Tieren an, dass sie litten. »Was ist mit den Schafen?«, fragte ich ihn, aber Baba nahm mich gar nicht wahr. Er war so sehr auf die Tiere konzentriert, dass er alles andere um sich herum vergaß. Dann legte einer meiner Onkel seine Hand auf meine Schulter und führte mich raus. »Die Schafe sind krank«, sagte er. »Vorhin war schon ein Arzt hier, aber er sagt, er könne nichts für sie tun. Wir müssen nun die kranken von den gesunden Tieren trennen.«

Das taten wir. Wir brachten die gesunden Schafe in einen anderen Stall und hofften, dass sich die kranken Tiere wieder erholen würden. Aber schon am nächsten Morgen, als ich aufwachte, waren unsere Hoffnungen erloschen. Von den kranken Schafen waren einige Tiere in der Nacht gestorben. Und von den gesunden Schafen lagen wiederum einige am Boden und atmeten schwer. Mein Vater war blass. Wahrscheinlich hatte er die ganze Nacht nicht geschlafen. Wieder trennten wir die neu erkrankten von den gesunden Tieren. Doch am nächsten Tag wiederholte sich alles.

Es dauerte drei Tage und drei Nächte, dann waren alle unsere Schafe verstorben. Seit diesem Tag legte sich eine fürchterliche Stille über unser Haus. Niemand sprach mehr. Und mein Vater war nicht mehr derselbe. Er hatte seine Schafe nicht nur geliebt. Er wusste auch, dass sie alles waren, was er besaß. Sie waren seine, nein, sie waren unsere gesamte Existenzgrundlage. Und die hatten wir nun verloren. Baba durchlief alle Gefühlsstadien, die man sich nur vorstellen konnte. Zunächst trauerte er. Dann versuchte er, zu verdrängen. Dann kam eine Zeit, in der er einfach nur wütend war. Wütend auf alles und jeden und am meisten auf sich selbst. Mama versuchte, ihn zu beruhigen, sie sprach ihm gut zu, sagte ihm, dass wir das alles wieder hinkriegen würden. Wir hätten schon so viel überstanden, diese Herausforderung würden wir auch meistern. Aber es schien, als hätte Baba sämtliche Hoffnung verloren. Er saß den ganzen Tag nur noch in seinem Stuhl, verließ das Haus nicht mehr und starrte ins Nichts. Bis eines Tages etwas passierte.

Ich war gerade mit meinen Geschwistern spielen, als ich plötzlich meine Mutter schreien hörte. Sofort liefen wir in das Haus. »Mama, was ist los?«, fragte ich, doch da sah ich es bereits. Meine Mutter kniete neben meinem Vater, der mit schmerzverzerrten Gesicht auf dem Boden lag. Er griff sich mit seiner Hand an sein Herz und atmete schwer. »Selam«, rief meine Mutter und packte mich am Arm, »lauf sofort rüber zu deinem Onkel und sag ihm, er soll schnell kommen!«

Ich zögerte eine Sekunde und überlegte, ob ich fragen sollte, welchen Onkel sie meinte. Ich hatte zahlreiche Onkel, die hier in der Nähe wohnten. Aber Mama war so außer sich, dass ich mich nicht traute, jetzt noch eine dumme Frage zu stellen. Also lief ich einfach los. Ich lief zu Onkel Isa, der am nächsten zu uns wohnte. Er war auf seinem Hof und fütterte seine Hühner. Außer Atem zog ich ihn am Ärmel und erzählte ihm, dass etwas nicht mit Baba stimmte und er sofort mitkommen müsse. Onkel Isa ließ alles stehen und liegen. Er sprang in seinen alten Jeep und fuhr mit mir nach Hause. Dort hatten sich mittlerweile meine Schwestern und meine Brüder um Baba versammelt.

»Was ist denn mit ihm?«, fragte ich leise.

»Wie müssen ihn in ein Krankenhaus bringen«, antwortete mein Onkel, ohne mich anzusehen. Er schien ganz auf meinen Vater fokussiert zu sein. »Kommt schon«, gab er Anweisungen, »bringen wir ihn in mein Auto. Schnell, schnell.« Also begannen mein großer Bruder, meine Mutter und mein Onkel, Baba zu stützen und ihn so aus dem Wohnzimmer vor unser Haus zu bringen. Eigentlich waren das nur ein paar Meter. Aber für uns alle schien diese Strecke eine Ewigkeit zu dauern. Baba konnte kaum noch gehen. Immer wieder rang er nach Luft. Schließlich schafften wir es, ihn auf die Rückbank zu legen. Man sah meinem Vater an, wie sehr ihn das alles angestrengt hatte. Der Schweiß stand ihm im Gesicht. Sein Atem war kurz und flach. So hatte ich ihn noch nie gesehen. So schwach. So verletzlich. Ich machte mir wahnsinnige Sorgen um ihn.

»Ihr bleibt hier!«, wies meine Mutter uns an. »Pass auf alle auf«, sagte sie zu meinem großen Bruder. Serbas nickte. Dann sah ich zu, wie der Jeep wegfuhr. Noch lange stand ich vor der Haustür und schaute ihm nach. Ich fühlte mich komplett leer. Ich wusste nicht, was ich sagen, denken oder fühlen sollte. Unruhig lief ich über unseren Hof. Ich wollte allein sein. Aber ich war nicht allein. Die Angst, die ich mein ganzes Leben über verspürte, begleitete mich.

Als ich den Stall betrat, überkam mich eine tiefe Traurigkeit, die ich so noch nie erlebt hatte. Der Stall war leer. Die Schafe waren alle weg. Und jetzt war auch noch Baba krank. Ich hatte das Gefühl, dass ein großes Unglück über unser Leben gekommen war.

Es war schon spät am Abend, als Mama endlich wiederkam. Sie sah müde aus. Wir liefen direkt zu ihr. »Was ist mit Baba?«, fragten wir aufgeregt. Mama atmete durch. »Es geht ihm einigermaßen okay«, sagte sie. »Er ist jetzt im Krankenhaus und die Ärzte kümmern sich um ihn.« Sie schaute uns Kinder an. »Er hatte einen Herzinfarkt. Aber zum Glück konnte er schnell behandelt werden.« Dann nahm sie uns in den Arm und küsste jeden von uns auf die Stirn. »Es sind schwere Zeiten«, sagte sie mit einer traurigen Stimme. »Aber auch sie werden vergehen.«

Am nächsten Tag fuhr ich mit meinem Onkel ins Krankenhaus, um meinen Vater zu besuchen. Es war merkwürdig, ihn so zu sehen.

Diesen großen, stolzen Mann, der da in einem blauen Kittel in seinem Krankenbett lag, angeschlossen an einen Tropf, das Gesicht bleich. »Hallo, Baba«, begrüßte ich ihn. Er versuchte, sich aufzurichten, und legte mir seine große, schwere Hand an die Wange. »Hallo mein Sohn«, sagte er. »Wie stehen die Dinge zu Hause? Ist alles in Ordnung?« Ich nickte. Das war typisch Baba. Was mit ihm war, spielte keine große Rolle. Hauptsache, der Familie ging es gut.

»Du musst gut auf alle aufpassen, Selam, verstehst du?«

»Mache ich, Baba.«

»Du bist ein guter Junge. Und jetzt lass mich mit meinem Bruder allein, ich habe mit ihm etwas Wichtiges zu besprechen.«

Ich schaute ihn fragend an, traute mich aber nicht, zu widersprechen. Ich verließ das Krankenzimmer und setzte mich auf dem Flur auf einen der Wartestühle. Durch die Fensterscheibe konnte ich sehen, dass mein Vater hitzig mit meinem Onkel diskutierte. Ich wusste nicht, worum es ging. Aber es musste wichtig sein.

Irgendwas, so schien es mir, war da, wovon wir alle nichts wussten. Denn auch Mama war in den nächsten Tag anders als sonst. Sie war ständig unterwegs, musste irgendwelche Dinge erledigen und Leute treffen, aber sie wollte uns nicht sagen, was eigentlich los war. Das erfuhren wir erst zwei Wochen später, als Baba aus dem Krankenhaus wieder zurückkam. Noch am selben Abend rief er die gesamte Familie zusammen. »Wir müssen sprechen«, sagte er. Meine Geschwister und ich versammelten uns im Wohnzimmer. Er saß in unserer Mitte und schaute uns ernst an. Seine Stirn war in Falten gelegt. »Eure Mutter und ich haben eine schwere Entscheidung getroffen«, sagte er und machte eine lange Pause. »Wir werden weggehen.« Ich schaute meine Geschwister an. Sie waren genauso überrumpelt wie ich. Weggehen? Was sollte das bedeuten? Wo sollten wir denn hin?

»Ich habe mit meinem Bruder gesprochen«, sagte Mama. »Mit Onkel Ali. Er wohnt schon seit längerer Zeit in Almanya. Dort werden wir hingehen.«

Onkel Ali? Ich hatte den Namen schon einmal gehört, aber ich konnte mich nicht daran erinnern, diesen Mann jemals kennengelernt zu haben. Und Almanya? Wo sollte dieses Almanya sein? Was war das überhaupt für ein Name? Die Dörfer hier hießen normalerweise anders. Das konnte nur bedeuten, dass Almanya ein bisschen weiter weg war. Wie weit, das konnte ich mir als Kind noch nicht einmal ansatzweise vorstellen.

»Aber wir wollen hier nicht weg«, jammerte mein kleiner Bruder. Meine Mutter kniete sich zu ihm herunter und strich ihm über die Haare. »Ich weiß, mein Schatz. Aber es ist besser so. Es ist besser so für euch. Wir möchten, dass ihr an einem Ort aufwachsen könnt, an dem ihr keine Angst mehr haben müsst.«

Keine Angst mehr haben. Das klang fast zu schön, um wahr zu sein. »Und wann gehen wir weg?«, fragte ich.

»Gleich morgen«, sagte mein Vater. Wieder wurde es unruhig. Meine große Schwester fing an zu weinen. Ich schaute meine Eltern an. Ich erkannte, dass ihnen diese Entscheidung alles andere als leichtgefallen war. Aber sie hatten sich entschieden.

Erst sehr viel später sollte ich erfahren, wie schwer ihnen diese Entscheidung tatsächlich gefallen war. Dennoch: Für meine Eltern gab es eigentlich keine Wahl. Die Ärzte hatten meinem Vater gesagt, dass er im Irak nicht die Behandlung bekommen könnte, die er brauchte, um wieder gesund zu werden. Außerdem sollte Serbas beim Militär eingezogen werden, was meine Eltern unbedingt verhindern wollten. Sie wussten, dass er als Kurde dort einen schweren Stand haben würde. Und dann war da noch die allgemeine Bedrohung, die ständig herrschte, die Verfolgung durch das Regime. Das ließ meine Eltern zu dem Schluss kommen, dass für uns am besten woanders gesorgt werden könnte.

Und tatsächlich hatten wir neben Onkel Ali noch eine andere Verbindung nach Almanya, wie mich meine Mutter am Abend erinnerte, als sie mich ins Bett brachte. Meine ältere Schwester Fosa lebte dort. Sie war verheiratet mit einem Sohn von Onkel Ali. Ich hatte zwar gewusst, dass sie weit weg lebte, nur den Namen Almanya musste ich in dem Zusammenhang wohl vergessen haben. Zumindest erinnerte ich mich nicht daran. Ich nahm mir vor, dass ich ihn mir künftig besser einprägen würde.

Und dann begann unsere Flucht. Einfach so. Bis auf meine älteste Schwester, die verheiratet war und bei ihrem Mann bleiben wollte, verließen wir alle von heute auf morgen unsere Heimat. Mama, Baba und sieben Kinder, plus meiner ungeborenen kleinen Schwester. Denn meine Mutter war hochschwanger, im achten Monat. Wir ließen alles zurück, was wir hatten. Nur ein paar Koffer mit Klamotten und dem Allernötigsten nahmen wir mit. Es fühlte sich so unwirklich an.

Während wir ein letztes Mal durch unser Haus liefen, nahm Serbas mich zur Seite. »Selam«, sagte er, »das wird jetzt ein großes Abenteuer für uns alle. Aber wir schaffen das nur, wenn du tapfer bist und auf unsere Schwestern aufpasst.« Er nahm mich in die Verantwortung. Ich war zehn Jahre alt, fast elf, und der zweitälteste Junge der Familie. Rizgar war noch zu jung, um zu verstehen, was eigentlich passierte. »Versprichst du mir das?«, fragte Serbas mich. Ich nickte.

Dann ging es los. Wir fuhren zunächst nach Erbil, wo wir von einem kleinen Lkw abgeholt wurden. Wir kletterten auf die Ladefläche. Besorgt schaute ich zu meiner Mutter. Mein Vater musste ihr helfen, damit sie die Ladefläche überhaupt hochkam.

Irgendwann verließ der Lkw die Straße und fuhr quer über irgendwelche Felder. Auf diese Weise überquerten wir illegal die Grenze zur Türkei. »Seid jetzt alle still«, sagte mein Vater streng. Er wusste, was ich erst viel später erfahren sollte. Hätten uns dort irgendwelche Grenzsoldaten erwischt, dann hätten wir ein ernsthaftes Problem gehabt. Irgendwann waren wir so weit in die Türkei vorgedrungen, dass wir sicher waren. Wir fuhren wieder zurück auf befestigte Straßen. An einem vereinbarten Punkt stiegen wir ab und wurden von Onkel Lezgin abgeholt. Onkel Lezgin wohnte in Nusaybin, direkt an der syrischen Grenze. Er hatte dort ein riesiges Haus. Es kam mir beinahe vor wie eine Villa.

Ihm und seiner Familie mangelte es hier an nichts. »Können wir nicht einfach hier bleiben?«, fragte ich meine Mutter, als wir gemeinsam im Garten saßen. Es war schon Mitte Dezember. Mama küsste mich auf den Kopf. »Ich glaube, Onkel Lezgin wäre nicht begeistert, wenn er dauerhaft zehn neue Mitbewohner hätte«, sagte sie. Das verstand ich. »Glaub mir, Selam«, sagte sie mir, »Almanya wird schön. Es wird dir gefallen. Es ist ein sauberes, modernes Land.« Dann strich sie mir über die Wange. »Und weißt du, was das Beste ist? Du musst dort keine Angst mehr haben. In Almanya gibt es keine Soldaten, die uns etwas antun werden. Es gibt dort keinen Krieg.«

Nachdenklich setzte ich mich auf den Boden. Ich konnte mir kaum vorstellen, wie das aussehen sollte, ein Leben ohne Angst. Aber ich beschloss, dass ich dem neuen Land eine Chance geben würde. Ich hatte ja auch gar keine andere Wahl.

Nach drei Tagen reisten wir schon wieder ab. Onkel Lezgin brachte uns nach Istanbul zum Busbahnhof, wo wir in einen Reisebus stiegen. Er war bis auf den letzten Platz gefüllt. Ich setzte mich neben Mama und beobachtete die Leute. Vor uns saßen zwei korpulente Frauen, die aus ihrer Tasche einen Behälter mit Melonenstücken herauszogen. In der Sitzreihe neben mir saß ein uralter Mann mit einem Glasauge, der mich anstarrte. Er sah unheimlich aus. Ich legte meinen Kopf auf Mamas Schoß und schloss die Augen.

Ich bekam nur wenig Luft. Es war heiß und stickig im Bus. Und wir hatten eine lange Fahrt vor uns. 20 Stunden, hieß es. Ich wusste nicht, wie ich das durchhalten sollte.

Während der Fahrt stand mein Vater plötzlich auf und ging mit seiner Reisetasche in die kleine Toilettenkabine. Als er wieder rauskam, trug er einen Anzug. Ich richtete mich auf. Was war denn da passiert? Ich hatte meinen Vater noch nie in einem Anzug gesehen!

Eben hatte er noch ein traditionelles, arabisches Gewand getragen. Er nahm wieder hinter mir Platz. Ich drehte mich um und musterte ihn. »Baba«, fragte ich, »warum trägst du einen Anzug?«

»Wir fahren jetzt nach Europa«, sagte er mit einer fast heiligen Ernsthaftigkeit. »Da müssen wir uns auch anpassen.« Ich legte mich wieder bei Mama auf den Schoß, schloss die Augen und träumte von einem Almanya, in dem alle Menschen schicke Anzüge trugen. Und von neuen Schuhen. Denn Mama versprach mir, dass ich in Almanya nie wieder meine alten Plastikschuhe tragen müsste.

Nach einer gefühlten Ewigkeit und einer ruckeligen Fahrt erreichten wir die Grenze zu Bulgarien. Man konnte die Spannung, die in der Luft lag, beinahe greifen. Wir zogen uns eine Decke über die Körper und sollten so tun, als ob wir schliefen. Im gesamten Bus herrschte Stille. Niemand sprach auch nur ein Wort. Unser Busfahrer, ein runder Türke, sprach ein paar Worte mit dem Grenzer, der mit seiner Taschenlampe einmal in den Bus hineinleuchtete und uns dann schließlich ohne eine Kontrolle durchwinkte.

Ich habe bis heute keine Ahnung, was da gelaufen ist. Ob der Grenzer bestochen wurde oder das schon im Vorfeld ein abgekartetes Spiel war – ich weiß es nicht. Jedenfalls waren wir nun in Europa. Im Bus wurde gejubelt. Von Bulgarien fuhren wir weiter und weiter und kamen schließlich nach Österreich.

Wir standen direkt vor einem hübschen Hotel. Mein Vater ging mit seinem zerknitterten Anzug an die Rezeption und versuchte, der Frau mit Händen und Füßen zu erklären, dass sie eine Nummer anrufen sollte. Die Nummer von meiner großen Schwester Fosa. Er wollte ihr sagen, wo wir sind, damit Onkel Ali uns abholen konnte. Erst weigerte sie sich, aber Baba war so beharrlich, dass sie ihm schließlich den Anruf gestattete.

Ich zitterte. Es war so wahnsinnig kalt hier. Das kannte ich nicht. Mama zog mir den Reißverschluss meiner Jacke bis ganz nach oben. Die anderen Gäste von dem Hotel schauten uns mit hochgezogenen Augenbrauen an. Das musste auch ein merkwürdiger Anblick gewesen sein: zwei Erwachsene, darunter eine hochschwangere Frau, und sieben Kinder.

Dann endlich kam ein alter roter 250er-Mercedes-Kombi vorgefahren und hupte. Mama strahlte. »Das ist Ali«, freute sie sich. Der alte Wagen kam vor uns zum Halten und ein großer Mann mit einem mächtigen Schnauzbart stieg vor uns aus. »Ihr habt es geschafft«, rief er und kam uns mit ausgebreiteten Armen entgegen. »Willkommen in Almanya.« Dann begrüßte uns sein Sohn Lukman, der mit meiner Schwester verheiratet war. Was für ein Empfang! Wir quetschten uns alle in seinen alten Kombi und er fuhr uns nach Hause.

Ich hatte das Gefühl, dass das alles nur ein Traum war. Almanya war nicht einfach nur ein anderes Dorf, in das wir gezogen waren. Almanya war auch nicht einfach ein anderes Land. Nein, Almanya war eine ganz andere Welt. Ich sah hier Dinge, die ich noch nie in meinem Leben gesehen hatte. Die ganze Zeit über klebte ich an der Fensterscheibe des Mercedes und versuchte, zu begreifen, was das alles war, was mich hier umgab. Die Straßen waren ganz anders als zu Hause. Die Häuser sowieso. Alles schien hier so modern zu sein.

»Wir sind da«, riss mich Onkel Ali aus meinen Gedanken. »Gernsheimer Straße«, sagte er. »Hier werdet ihr jetzt fürs Erste wohnen.« Als wir ausstiegen, konnte ich nicht glauben, was ich da sah. Häuser, die so groß waren, dass sie bis in den Himmel ragten. Wie war das möglich? »Das sind Hochhäuser, Selam«, erklärte mein Onkel, als er meinen Blick bemerkte. »Davon gibt es viele hier.«

Ich versuchte, irgendwas zu sagen, aber ich konnte nicht. Ich war zu überwältigt. Hochhäuser. Und da lebten Menschen drin? Wie sollte das gehen? Wieso brachen diese Häuser nicht zusammen? Es war alles wie ein Wunder für mich. Aber es sollte noch sehr aufregender werden.

Wir betraten eines der Hochhäuser und blieben vor einer kleinen Tür stehen. Onkel Ali drückte auf einen Knopf, es begann laut zu rumpeln und die kleine Metalltür öffnete sich schwerfällig. Sie führte in einen winzigen Raum ohne Fenster und mit vielen Knöpfen. Was zur Hölle war das? »Das ist ein Aufzug«, erklärte uns Onkel Ali.

»Was zur Hölle ist ein Aufzug?«, fragte mein Vater ihn. Onkel Ali lachte und drückte meinen Vater, meine Mutter und ein paar meiner Schwestern in den kleinen Raum, bis er voll war. Dann drückte er auf eine der Tasten. Auf ihr war eine Ziffer abgebildet. Eine Dreizehn. Onkel Ali verließ den Raum, die Türen schlossen sich und es begann wieder zu rumpeln. Ich begriff gar nichts mehr. »Der Aufzug fährt jetzt nach oben. Dort steigen sie aus. Dann müssen sie keine Treppen laufen«, erklärte er uns das magische Gebilde. Ich verstand noch immer nichts. Als sich nach einer Weile die Türen wieder öffneten, war der Raum leer. Mama, Baba und meine Schwestern waren weg. »Wo sind sie hin?«, rief ich panisch.

»Selam, beruhige dich«, lachte Onkel Ali. »Ich sagte doch, sie sind schon oben. Wir fahren jetzt auch hoch.«

»Wie hoch? Was redest du denn da? Das ist einfach nur ein kleiner Raum mit einer Tür und ein paar Knöpfen, wie soll dieser Raum denn irgendwo hinfahren?« Ich war den Tränen nahe, weil ich einfach nicht begriff, was hier gerade passierte.

Ich ließ mich in den kleinen Raum schieben, dann drückte mein Onkel wieder den Knopf mit der Dreizehn, die Türen schlossen sich und tatsächlich: Irgendwas schien sich zu bewegen. Ich klammerte mich an meinen Bruder fest. »Was geht hier vor sich?«, weinte ich. Ich war völlig überfordert. Ich spürte eine regelrechte Panik.

Nach ein paar Sekunden ging die Tür wieder auf und – wir waren woanders. »Oben« anscheinend. Meine Eltern warteten schon auf uns und lachten. Aber mir war nicht nach lachen zumute. Ich war völlig außer Atem und komplett nass geschwitzt. In was für eine magische Welt hatte man uns hier nur gebracht?

Wir wohnten drei Wochen bei meinem Onkel Ali. Dann bekamen wir von der Asylbehörde eine neue, eigene Wohnung zugeteilt. Leider war sie ein gutes Stück weit von den magischen Hochhäusern entfernt, an die ich mich mittlerweile gewöhnt hatte. Der Ort, an dem wir nun leben sollten, hieß Remmelshagen. Ein Vorort von Neuenrade, irgendwo im Sauerland. Wieder saß die gesamte Familie zusammengequetscht auf der Rückbank von Onkel Alis Mercedes, der uns in unsere neue Heimat fuhr. »Wir sind bald da«, sagte er. Ich schaute aus dem Fenster. Wir fuhren einen ewig großen Berg hoch. Draußen waren nur Bäume und überall lag Schnee. Ich sah zum ersten Mal Tannenbäume. Auch das war für mich neu. Im Irak gab es das nicht. Da gab es nur Sonne, Sand und jede Menge Hitze. Noch immer fühlte sich für mich alles an wie ein verrückter Traum. Und gleichzeitig wie ein Abenteuer. Meine Mutter strich mir über den Kopf. Früher, erklärte mir mein Onkel derweil, sei die Ortschaft hier ein berühmter Kurort gewesen. Ich starrte weiter aus dem Fenster. »Was ist das?«, fragte ich. »Ein Kurort?«

»Das ist ein Ort, an den die Menschen kamen, wenn sie krank waren. Um sich wieder zu erholen«, erklärte mir Onkel Ali. Ich zuckte mit den Schultern. »Wenn sie krank waren, warum blieben sie dann nicht einfach im Bett oder im Krankenhaus?«

Nachdem wir die Spitze des Berges erreicht hatten, fuhren wir durch einen Wald. Die Tannenbäume waren von dem weißen Schnee bedeckt. Es sah alles so wahnsinnig friedlich aus hier, dachte ich. Zum ersten Mal in meinem Leben sah ich Schnee. Ich nahm ihn irgendwann später sogar in den Mund, weil ich wissen wollte, wie er schmeckt. Aber das war keine allzu spannende Erfahrung. Es schmeckte wie normales Eis. Warum hatte dieser Schnee dann so eine andere Farbe? Na ja, dachte ich, Almanya halt. Hier war vieles anders. Es war Nachmittag und die Dämmerung setzte bereits ein. Ich schloss die Augen und hörte – nichts. Es war so ruhig und so schön, dass ich eine Gänsehaut bekam, so unwirklich war das alles.

Dann erinnerte ich mich, was Mama uns damals versprochen hatte. Dass wir in Almanya keine Angst mehr haben müssten. Dass das hier ein friedlicher Ort war. Zum ersten Mal glaubte ich zu verstehen, was sie meinte. Zwischen den Bäumen sah ich merkwürdige

Tiere, die ich nie vorher gesehen hatte. »Was ist das?«, fragte ich meine Mutter.

»Das sind Schweine«, sagte sie.

Schweine? Die gab es nicht im Irak. »Sind sie böse?«, fragte ich.

Meine Mutter lachte. »Nein, keine Sorge, sie tun dir nichts.«

»Wir müssten gleich da sein«, unterbrach uns Onkel Ali und schaute auf eine Karte, die auf seinem Schoß lag. Dann bog er in eine kleine Straße ein und hielt vor einem großen, sehr alten Haus. »Das ist es«, sagte er und stellte den Motor ab. Wir stiegen aus dem Wagen und schauten uns um.

Wir standen hier mitten im Nichts. Vor uns lag lediglich ein altes, abbruchreifes Haus. Vor dem Haus wartete ein Mann. Er kam auf uns zu und gab uns die Hand. Er stellte sich als Herr Trabin vor. Herr Trabin war der Hausmeister hier. Der Mann, der sich um alles kümmerte. »Wo kommt ihr denn her?«, fragte er.

»Aus dem Irak«, übersetzte unser Onkel.

»Is' mal 'ne schöne Abwechslung«, freute sich Herr Trabin. »Ansonsten sind ja nur Ossis da …« Wir schauten uns an. Ossis? Was waren Ossis? Aber wir vergaßen die Frage gleich auch schon wieder, als wir das Haus betraten. Es war eiskalt. »Na, ditt hamwa gleich«, sagte Herr Trabin und drehte die Heizung auf. Dann stemmte er die Hände in die Hüften und schaute sich um. »Zum Wohnen jetzt nicht das Beste«, stellte er fest und schüttelte den Kopf, während er bereits wieder nach draußen ging. »Ich komm gleich wieder«, sagte er und fuhr mit seinem Auto weg.

»Hier wohnen wir jetzt?«, fragte ich aufgeregt und zitterte vor Kälte. Für die meisten Menschen wäre dieses Haus wohl ein Albtraum gewesen. Für mich nicht. Für mich war das so viel mehr, als ich mir je hätte vorstellen können. Im Irak hatten wir in einem kleinen Lehmhaus gewohnt. Das Haus hier war aus Beton. Das gab mir ein unglaubliches Sicherheitsgefühl. Beton, hatte ich mal gehört, lässt sich nicht kaputtmachen. Der Gedanke gefiel mir. Auch wenn unser neues Haus nicht an die Hochhäuser herankam, an die ich mich gerade gewöhnt hatte. Und diese magischen Aufzüge, die gab es hier auch nicht.

Wir liefen einmal durch das gesamte Haus. Es bestand eigentlich nur aus einem großen Raum. »Das war mal eine Gaststätte«, sagte Onkel Ali und legte seine Stirn in Falten. »Sie steht schon eine Weile leer.« Überall standen noch Stühle und große Tische herum, sonst gab es hier nichts. In der Küche stand ein alter Herd. Meine Geschwister betrachteten unsere neue Unterkunft skeptisch. »Und hier werden wir jetzt wohnen?«, fragte meine kleine Schwester.

»Wir werden es uns hier richtig schön machen«, sagte Mama. »Das verspreche ich euch.«

Dann kam Herr Trabin wieder. Er zog einige Matratzen und Decken und Kopfkissen aus seinem Wagen. Wie gut, dass er da war und sich um uns kümmerte, dachte ich. Ich schloss den alten Mann schnell in mein Herz.

Nachdem wir uns halbwegs eingerichtet hatten, verabschiedete sich Onkel Ali. »Ich lasse euch hier mal eure erste Nacht verbringen«, lächelte er. »Ich komme morgen wieder.«

Und hier waren wir nun also. In unserer neuen Heimat. In unserem neuen Haus. In einer ganz anderen Welt. Ein paar Minuten nachdem Onkel Ali das Haus verlassen hatte, fiel uns auf, dass wir ja gar nichts zu essen hatten. Wir suchten alles ab, aber keine Chance, das Haus war leer. Lebensmittel gab es hier keine. »Serbas«, rief mein Vater meinen ältesten Bruder, »komm, wir gehen raus und schauen, ob wir was auftreiben können.« Die beiden zogen sich ihre Jacken an und öffneten die Tür. Sofort wehte uns eine eisige Kälte entgegen. Ich schaute aus dem Fenster und sah, wie mein Vater und mein großer Bruder im weißen Schnee verschwanden. So wie mein Vater vorher immer in den Bergen verschwunden war.

Es verging eine halbe Ewigkeit. Erst nach etwa einer Stunde kamen die beiden wieder. Ihre Gesichter waren blau vor Kälte. Aber sie hatten eine große Plastiktüte in der Hand und die Plastiktüte war voller Sandwiches. »Wir hatten Glück«, sagte Baba. »Wir haben Herrn

Trabin gefunden. Und er hat uns etwas zu essen gemacht.« Wir stürzten uns auf die Sandwiches aus der Tüte und schlangen sie herunter. Ich hatte wahnsinnigen Hunger. Sie schmeckten gut. Allerdings … auch anders. Anders als die Brote, die ich aus dem Irak kannte. Während ich gerade in mein zweites Sandwich biss, ging die Tür auf. Onkel Ali stand vor uns.

»Meine Güte«, platzte er heraus, »ich bin einfach gefahren und habe ganz vergessen, dass ihr noch nichts gegessen habt und …« Er schaute uns an, wie wir an den alten Gasthaustischen saßen und unser selbst organisiertes Proviant genossen. »Wo habt ihr das denn her?«, fragte er erstaunt.

»Herr Trabin«, sagte mein Vater nur.

Onkel Ali kam auf mich zu und riss mir das Brot aus der Hand. Dann klappte er die beiden Sandwich-Scheiben auf und schüttelte den Kopf. »Seid ihr denn wahnsinnig? Wisst ihr nicht, was ihr da esst?«, fragte er und zog unter dem Käse eine rosa Fleischscheibe hervor. »Das ist Schinken«, schrie er aufgebracht. Wir schauten ihn nur mit Unverständnis an. »Schwein!«, sagte er. »Haram!«

Meine Geschwister begannen, alles auszuspucken, was sie noch im Mund hatten. Dann schickte uns unsere Mutter ins Bad, wo wir unsere Münder ausspülen sollten. Sie machte uns wieder halal. Ich wusste nicht, dass man als Muslim kein Schwein essen darf, weil ich bislang nicht einmal wusste, was ein Schwein eigentlich war. Aber ich dachte zurück an die seltsamen Wesen, die ich im Wald gesehen hatte, und es tat mir leid, dass ich eines von ihnen auf meinem Sandwich hatte.

Meine Mutter hörte gar nicht mehr auf zu fluchen. »Was ist das nur für ein Land?«, jammerte sie. »In dem man uns Schwein in das Essen mischt?« Mein Vater war da entspannter. Ihm war bewusst, dass Herr Trabin das nicht extra gemacht hatte. Er wusste es einfach nicht besser und wollte uns ja bloß helfen.

Nachdem wir die restlichen Sandwiches entsorgt hatten, stellte Onkel Ali eine große Tüte auf den Tisch. Er hatte uns Döner Kebab und Fladenbrot sowie einige Getränke mitgebracht. Das war eine gute Entschädigung, dachte ich und genoss die erste warme Mahlzeit in unserer neuen Unterkunft.

In den nächsten Tagen taten Mama und Baba wirklich alles dafür, dass aus der alten Gaststätte so etwas wie ein Zuhause wurde. Baba trieb einige Holzelemente auf, mit denen er in dem großen Gastraum ein paar Wände hochzog. So hatten wir schon einmal ein paar Zimmer. Ein klein wenig Privatsphäre. Wir legten Matratzen auf den Boden, und nach und nach wurde Remmelshagen dann tatsächlich zu einer Heimat für uns.

Geld hatten wir keines. Unsere Klamotten bekamen wir vom Roten Kreuz. Das waren gebrauchte Klamotten, die andere Menschen gespendet hatten. Und vom Sozialamt bekamen wir die roten Scheine. Die waren eine Art Gutscheine, mit denen wir im Supermarkt Lebensmittel kaufen konnten. Für uns war also gesorgt. Wir hatten nicht viel. Aber wir hatten alles, was wir brauchten.

Und dann begann die Schule. Die Schule. Das war für mich wirklich eine große Sache. Ich hatte bereits verstanden, dass sie für mich die beste Gelegenheit war, hier irgendwie Kinder in meinem Alter kennenzulernen, Freunde zu finden. Nicht, dass ich mich einsam gefühlt hätte. Ich hatte ja meine Geschwister. Aber irgendwie war ich in eine ganz neue, fremde Welt gebracht worden, und ich wünschte mir jemanden, der sich in dieser Welt ein bisschen besser auskannte als ich. Auf der anderen Seite war ich auch wahnsinnig aufgeregt. Ich hatte Angst, dass ich mich blamieren würde. Ich spürte ja, dass ich anders war als die anderen Kinder. Dass ich nicht so aussah wie sie. Dass ich nicht so schöne Klamotten trug wie sie. Und das Allerschlimmste war: Ich verstand ihre Sprache nicht.

»Du wirst die Sprache schnell lernen«, versuchte mich meine Mutter zu beruhigen. »Darum gehst du ja in die Schule. Man wird dir dort alles beibringen. Du musst nur gut aufpassen und immer brav sein.«

Dann kniete sich mein Vater zu mir herunter und legte mir seine Hand auf die Schulter. Es war seine riesige Hand, die mir damals beibrachte, was Respekt bedeutete.

»Mach keinen Ärger, hörst du?« Ich nickte. »Selam, ich meine das ernst. Egal, was passiert«, sagte er. »Du bist in diesem Land zu Gast. Du wirst keinen Ärger machen. Du wirst tun, was man dir sagt. Verstanden?«

»Verstanden.«

Schließlich packte ich meinen kleinen Turnbeutel, den ich von der Sozialbehörde bekommen hatte, und ging mit meinen Schwestern zum Marktplatz. Die Schule, die wir besuchen sollten, war in Neuenrade. Das war etwa 10 Kilometer entfernt. Darum wurden für die Kinder, die aus Remmelshagen kamen, zwei Taxis geschickt, die uns hin- und zurückbrachten. Der Treffpunkt war der kleine Marktplatz, der nur ein paar Meter von unserem Haus entfernt lag.

Als wir den Sammelstand erreichten, sahen wir schon das erste Taxi. Wir gingen auf den gelben Wagen zu, als ich plötzlich jemanden hinter uns etwas rufen hörte. Ich drehte mich um und sah ein paar Jungs auf uns zukommen. Sie sagten etwas zu mir, aber ich verstand sie nicht. Das erste deutsche Wort, dass ich gelernt hatte, war: »Hä?« Ich wusste nicht genau, was es bedeutete, aber ich wusste, dass es meinem Gegenüber signalisierte, dass ich ihn nicht verstand. Wenn mich also jemand nach meinem Namen fragte, antwortete ich mit: »Hä?« Wenn mich jemand fragte, wo ich herkomme, sagte ich: »Hä?« Es war eine Antwort, die immer funktionierte. Dachte ich zumindest. Ich schaute die Jungs also an und antwortete ihnen so, wie ich jedem antwortete, den ich nicht verstand: »Hä?«

Das schien ihnen nicht zu gefallen. Sie bauten sich vor mir auf und begannen, mich zu schubsen. Ich glaube, sie wollten einfach zuerst in das Taxi steigen. Ich stellte mich vor meine zwei Schwestern und nahm die Fäuste hoch. Offenbar wollten die Jungs Ärger machen, und ich musste meine Familie doch verteidigen. Doch in dem Moment hatte ich wieder die Stimme von meinem Vater im Ohr. »Egal, was passiert, du machst keinen Ärger!« Ich rang mit mir selbst. Sollte ich mich nicht wehren dürfen? Doch in dem Moment war es schon zu spät. Ich fing mir eine ordentliche Backpfeife von dem ältesten der Jungs ein. Für einen kurzen Moment wurde mir schwarz vor Augen. Dann spürte ich, wie er mich an meiner Jacke packte und mich wegschleuderte. Ich verlor das Gleichgewicht und fiel in den Schnee. Die Jungs fingen an, höhnisch zu lachen, und stiegen in das Taxi. Ich rappelte mich wieder auf und sah an mir herunter. Meine ganzen Klamotten waren nass und dreckig. Und das ausgerechnet an meinem ersten Schultag. Ich hatte Tränen in den Augen, versuchte aber, tapfer zu sein. Ich sah dem Taxi hinterher, wie es wegfuhr.

»Ist alles okay?«, fragten mich meine Schwestern.

Ich nickte. »Ja, alles gut«, sagte ich und biss mir auf die Lippe.

»Solche Idioten«, schimpften sie über die Jungs. Dann sahen wir schon, wie das nächste Taxi vorgefahren kam. Die gesamte Fahrt über sprach ich kein Wort. Ich schämte mich wahnsinnig, dass meine Schwestern mit ansehen mussten, wie ich gedemütigt worden war. Es war mein erster Tag an meiner neuen Schule. Und er begann mit einer Demütigung.

Als das Taxi nach etwa 15 Minuten sein Ziel erreichte, stiegen wir aus und standen vor dem großen Schulgebäude. An uns gingen andere Kinder mit Rucksäcken vorbei. Sie schienen sich hier auszukennen. Sie schienen genau zu wissen, wo sie hinmussten. Wir hingegen waren einfach verloren. Das sah man uns auch an. Während alle anderen Kinder richtige Schulranzen hatten, hatten wir bloß Lidl-Tüten. Da waren Hefte und Stifte drin.

Ich weiß nicht, wie lange wir vor dem großen Eingangstor standen, bis uns schließlich ein Erwachsener ansprach. Ich nahm an, dass es irgendein Lehrer war. Er fragte uns etwas, dass ich nicht verstand. Ich antwortete mit meinem klassischen »Hä?«.

Dann gab ich dem Mann den Brief in die Hand, den wir von der Asylbehörde bekommen hatte. Er nickte und gab mir zu verstehen, dass wir ihm folgen sollten. Er brachte uns in die Klassen, denen wir zugewiesen waren. Als ich in die Klasse kam, bemerkte ich, wie die anderen Kinder mich anschauten. Sie hielten Abstand.

Ich suchte mir einen freien Platz, doch als ich mich setzen wollte, sagte ein anderes Kind etwas zu mir. Ich verstand es nicht. Aber es schüttelte heftig mit dem Kopf und signalisierte mir deutlich, dass ich mich woanders hinsetzen sollte. Ich konnte das Kind sogar verstehen. Da kam ein komischer, fremder Junge mit dreckiger Kleidung – da hielt man erst einmal Abstand. Ich ging einmal durch den Klassenraum und setzte mich ganz hinten auf einen leeren Platz ohne Sitznachbar.

Und plötzlich bohrte sich ein weiterer Gedanke in meinen Kopf. Wenn ich mich bereits mit meinen dreckigen Klamotten bei den Schülern unbeliebt machte: Wie würden denn erst die Lehrer reagieren? Ich dachte zurück an Herr Forwuaz, an meinen alten Lehrer aus dem Irak. Er schlug mit seinem Rohrstock ja schon zu, wenn die Fingernägel nicht ganz sauber waren. Wie würden die Lehrer hier erst reagieren, wenn ich mit matschigen Klamotten im Klassenzimmer saßen? Ich begann zu schwitzen, versteckte miene dreckigen Hände unter dem Tisch und betete, dass ich nicht gerufen wurde. Ich schaute mich in dem Klassenraum um.

Und dann sah ich es: Unter der Tafel lag ein riesiges Lineal. Das war das größte Lineal, das ich je gesehen hatte. Oh Mann. In meinem Kopf sah ich schon, wie es auf meinen Körper geschlagen wurde. Ich bekam einen regelrechten Fluchtreflex. Aber es war bereits zu spät. Ein Mann betrat das Klassenzimmer. Das musste unser Lehrer sein. Er begrüßte die Klasse, dann kam er zu mir und bat mich, kurz nach vorne zu kommen. Aus Respekt stand ich auf, so wie ich das gelernt hatte. Aber die anderen Kinder blieben sitzen und lachten. Die nächste Demütigung. Zumindest interpretierte ich seine winkende Geste in meine Richtung als entsprechende Aufforderung. Okay, dachte ich. Jetzt war es so weit. Jetzt würde ich noch einmal so richtig gedemütigt werden. Was für ein beschissener Tag. Immer wieder starrte ich auf das Lineal. Auf dieses riesige Lineal. ›Bitte‹, sprach ich in mich hinein, ›bitte lass ihn nicht das Lineal nehmen …‹

Doch dann passierte etwas ganz anderes. Ich verstand nicht genau, was der Lehrer sagte, aber offenbar stellte er mich der Klasse vor. Er nannte meinen Namen und plötzlich riefen alle Schüler gemeinsam: »Hallo Selam.«

Dann stellte sich der Lehrer mir vor: »Ich bin Herr Stock.«

»Hä?«, antwortete ich.

Herr Stock lächelte mich an und bat mich mit einer weiteren Armbewegung, mich auf meinen Platz zu setzen. Merkwürdig, dachte ich, während ich ungläubig, aber erleichtert zurück an meinen Platz ging. In Almanya schienen die Dinge wirklich ein wenig anders zu laufen als in meiner alten Heimat.

Am nächsten Tag wachte ich mit einem guten Gefühl auf. Die Schule schien wirklich ganz okay zu sein. Und auch, wenn es mir noch nicht gelungen war, irgendwelche Freunde zu finden, würde sich das bestimmt bald ändern, sobald ich nur endlich die Sprache verstand. Ich machte mich fertig und ging um 6.30 Uhr mit meinen Schwestern zu dem Taxistand. Dort warteten bereits dieselben Jungs wie gestern. Ich wollte keinen Ärger. Ich würde ihnen dieses Mal einfach den Vortritt lassen, wenn das erste Taxi kam. Aber scheinbar schienen sie nur auf mich zu warten. Sobald sie mich sahen, bauten sie sich vor mir auf und begannen, mir irgendwelche Sprüche reinzudrücken. Ich ignorierte sie. Vergeblich. Die Jungs begannen, zu lachen und mich zu schubsen.

Dieses Mal noch heftiger als gestern. Wieder verlor ich das Gleichgewicht und fiel in den Schnee. Als das Taxi kam, zogen sie lachend ab.

Meine Schwestern halfen mir auf. Es hatte mich böse erwischt. Ich hatte mir irgendwie das Knie aufgeschlagen und meine Hose war voller Blut. So konnte ich auf keinen Fall in die Schule gehen. Ich wischte mir die Tränen aus dem Gesicht und sagte meinen Schwestern, dass sie schon einmal vorgehen sollten. Ich würde mich erst noch umziehen. Schnell rannte ich nach Hause. Ich öffnete die Tür, und als meine Mama mich entdeckte, schlug sie die Hände über dem Kopf zusammen. »Selam, wie siehst du denn aus?«

Statt ihr zu antworten, zog ich meine Schuhe aus und wollte gerade zum Kleiderschrank gehen, als mein Vater mich am Arm festhielt. »Was ist passiert?«, fragte er streng.

Mit Tränen in den Augen sah ich ihn an. »Was hast du wieder gemacht?«, brüllte er und gab mir eine Backpfeife. »Niemand wird einfach so verprügelt!«, schimpfte er. Mir schoßen die Tränen ins Gesicht. »Ich habe dir gesagt, du sollst keinen Mist bauen!«

Das war zu viel. Ich hatte doch gar nichts gemacht. Im Gegenteil, ich hatte einfach stillgehalten. Und dafür wurde ich jetzt auch noch bestraft. Das war so ungerecht. Die Wut, die sich in mir die ganze Zeit aufgestaut hatte, brach plötzlich aus mir heraus. Ich wusste mir nicht anders zu helfen, ich öffnete die Haustür und stürmte hinaus. Es war noch nicht einmal 7 Uhr morgens. Draußen war es noch dunkel. Ich hatte kein Ziel vor Augen, wollte einfach nur weg. Einfach nur fliehen. Ich lief weinend durch den hohen Schnee, immer weiter, immer geradeaus. Ich hatte die Welt um mich herum komplett vergessen. Mein Kopf war leer. Da war nur noch ein Gedanke. Nur noch dieser eine Reflex. Der Reflex zu fliehen. Immer wieder kamen die alten Bilder in meinen Kopf. Wie jemand auf mich geschossen hatte. Wie die Soldaten an die Türen unserer Nachbarn klopften. Wie ich nach meinem Vater suchte, der einfach nicht da war. Ich floh. Ich lief immer weiter. Erst jetzt machte sich mein Körper wieder bemerkbar. Ich hatte kaum noch Kraft. Ich atmete schnell. Und dann wurde es mir zu viel. Ich brauchte unbedingt eine Pause, und zwar jetzt. Ich lief langsamer, lehnte mich mit dem Rücken an einen der großen Bäume und versuchte, irgendwie wieder Luft zu bekommen. Einatmen. Ausatmen. Ich beugte mich nach vorne und keuchte. Dann sah ich, wie Blut in den Schnee tropfte. Ich zuckte zusammen. Das ist mein Blut, dachte ich. Ich richtete mich wieder auf, fuhr mir mit meiner Rückhand übers Gesicht und betrachtete sie. Verdammt, ich blutete tatsächlich. Plötzlich wurde mir schwindelig. Ich hatte das Gefühl, dass ich den Halt unter den Füßen verlor. Ich hatte keine Orientierung mehr. Ich wusste nicht mehr, wo ich war. Mit dem Rücken weiter an den Baumstamm gelehnt, ging ich in die Hocke. Jetzt erst fiel mir auf, dass ich die ganze Zeit keine Schuhe angehabt hatte. Ich betrachtete meine nackten Füße. Sie waren ganz blau. Ich begann zu weinen. Was hatte ich nur getan? Was war nur mit mir los?

Plötzlich hörte ich die Stimme meiner Mutter. »Selam«, rief sie. Ich wartete kurz ab. Dann rief ich zurück. Völlig aufgelöst kam sie auf mich zu. Neben ihr war mein kleiner Bruder Rizgar. Meine Mutter zog mir meine Schuhe an. Mein Bruder schaute mich traurig und besorgt an. »Warum bist du weggelaufen?«, fragte er mich. Ich zuckte mit den Schultern. Ich wusste es wirklich nicht.

Es war einfach … so geschehen. Vielleicht waren die letzten Wochen einfach zu viel für meinen kleinen Kopf. »Mach dir keine Sorgen«, sagte mein Bruder und nahm meine Hand. Er wusste, was passiert war. »Eines Tages werden wir uns rächen.« Meine Mutter schaute uns beide abwechselnd an. »Was ist passiert?«, fragte sie erst mich, dann Rizgar. Doch wir schwiegen verschwörerisch. Dann atmete sie schwer aus, wickelte ihren Schal um meinen Kopf und nahm mich hoch. »Mein Sohn«, sagte sie ernst und schaute mir in die Augen, »dein Vater liebt dich.« Dann trug sie mich nach Hause.

KAPITEL 2
(1989–1995)

KAMPF

Als der Wecker klingelte, lag ich schon lange mit offenen Augen auf meiner Matratze. Jeden Morgen ging ich nur noch mit Bauchschmerzen in die Schule. Ich wusste ja, was mich erwartete. Ich würde wieder von den Älteren schikaniert werden. Besonders die Ossis, die Polen und die Russen machten mir Ärger. Deutschland war gerade wiedervereinigt und aus irgendeinem Grund war Remmelshagen eine Anlaufstation für Menschen aus dem Ostblock. Jeder Tag war ein neuer Albtraum. Und ich wusste nicht, was ich machen sollte, um aus der Lage wieder rauszukommen.

Eines Morgens stand ich wieder am Taxistand, als ich sah, wie Anjey, der Pole, auf mich zukam. Hinter ihm positionierten sich seine Kumpels, die ihn anfeuerten. Ich hatte keine Ahnung, was ihr Problem war. Aber sie waren auf Ärger aus. Und mir war klar, ich würde jetzt wieder eine ordentliche Abreibung bekommen. »Ey, Türke«, rief Anjey mir schon von Weitem zu, »komm mal her …« Er winkte mich arrogant zu sich heran. »… will mal was mit dir besprechen.« Ich ballte die Fäuste. Ich spürte, wie wieder diese Wut in mir aufstieg. Wie gerne hätte ich diesem Kerl jetzt einfach selbst eine Abreibung verpasst. Aber das ging nicht. Das konnte ich nicht. Das durfte ich nicht. Immer wieder hatte ich die Worte von meinem Vater im Ohr. Aber nicht nur das. Ich hatte auch einfach Angst. Sie waren mir nicht nur körperlich, sondern auch zahlenmäßig überlegen. Ich atmete schwer durch, schaute auf den Boden und versuchte, Anjey zu ignorieren.

»Was ist los, Türke? Bist du taub?« Sein Ton wurde aggressiver. Ich war in einer beschissenen Situation. Ich konnte jetzt nicht richtig reagieren. Wenn ich einfach tat, was er sagte, würde er mich auslachen und mich zu seinem Hund machen. Wenn ich ihn ignorierte, würde ich mir dafür eine fangen. Klar war nur: Kassieren würde ich sowieso. Doch dann passierte etwas Unerwartetes. Plötzlich kam eine weitere Gruppe auf uns zu. Ein paar Kanaken. Sie bauten sich vor den Polen auf. »Verpisst euch«, sagte der Wortführer zu Anjey. Er war einen Kopf größer als ich und zwei oder drei Jahre älter. Anjey blieb noch kurz stehen, starrte dem Jungen in die Augen, hielt seinem Blick aber nicht stand und zog dann ab.

»Nächstes Mal kriegst du trotzdem wieder eine Abreibung«, zischte er mir zu. Als die Jungs gegangen waren, lächelte mich der ältere Junge an und fragte mich etwas auf Türkisch. »Ich kann kein Türkisch«, sagte ich auf Deutsch. In den wenigen Wochen, in denen ich hier war, hatte ich zumindest die wesentlichen Sätze gelernt.

»Wo kommst du her?«, fragte er dann ebenfalls auf Deutsch.

»Ich bin Kurde«, antwortete ich und erschrak in dem Moment, in dem ich es ausgesprochen hatte. Niemals durfte ich sagen, dass ich Kurde war! Mein Vater hatte mich davor gewarnt. Und ich erinnerte mich noch an die Horrorgeschichten aus dem Irak, erinnerte mich daran, was die Soldaten mit dem Nachbarsjungen gemacht hatten. Aber der Junge, der mir hier gegenüberstand, reagierte ganz anders, als ich es gedacht hatte. Er legte nur den Kopf schräg. Und sprach mich dann auf Kurdisch an. »Ich bin Mehmet«, sagte er. Ich stutzte einen kurzen Moment. Es war ein krasses Gefühl, dass plötzlich jemand in meiner eigenen Sprache mit mir redete. Hier. Meilenweit von zu Hause entfernt. »Selam«, stellte ich mich ihm vor.

»Du bist neu in Deutschland?«, fragte er mich.

»Ja, wir sind erst vor ein paar Wochen hierhergekommen.«

Er nickte nur und klopfte mir auf die Schulter.

Am nächsten Morgen war ich früh wach. Ich lag auf meiner Matratze und starrte an die Decke. Ich war ein wenig melancholisch. Es war ein besonderer Tag. Zuckerfest. Der letzte Tag von Ramadan. Im Irak haben wir diesen besonderen Feiertag immer mit der gesamten Familie verbracht. Alle Brüder und Schwestern und Onkel und Tanten aus der gesamten Region kamen zusammen, um gemeinsam zu essen. Doch dieses Mal war niemand da. Dieses Mal waren wir ganz allein. In einem fremden Land, dessen Sprache ich nicht beherrschte und dessen Menschen ich nicht verstand. Hier war alles so ganz anders, als ich es kannte. Mir fehlte mein altes Zuhause.

Plötzlich klingelte es an der Tür. Merkwürdig. Bisher hatten wir hier noch nie Besuch empfangen. Es war gerade einmal 9 Uhr morgens. Ich ging zur Tür und war ziemlich verwundert, als ich sie öffnete und Mehmet vor mir stand. Neben ihm sein Vater. »Das ist er«, sagte Mehmet. »Das ist der Junge, von dem ich dir erzählt habe. Selam.«

Sein Vater ging in die Knie und legte mir seine Hand auf die Schulter. Er küsste mich auf die Wangen. »Hallo, Selam«, begrüßte er mich auf Kurdisch. »Ist dein Baba da?« Ich nickte und ging langsam zu meinem Vater ins Zimmer, um ihn zu holen. Ich wusste nicht, was da gerade passierte. Würde ich Ärger bekommen? Hatte Mehmet seinem Baba erzählt, dass er wegen mir Ärger mit den Polen hatte? Ich biss mir auf die Lippen. Mein Vater, dachte ich, würde mich umbringen. »Baba?«, klopfte ich vorsichtig an den kleinen provisorischen Holzverschlag, »da will jemand mit dir sprechen.« Gemeinsam gingen wir zurück zur Tür. Mehmets Vater ging einen Schritt auf meinen Vater zu, gab ihm die Hand und strahlte ihn an. »Mein Name ist Ismail. Ich habe gehört, dass ihr erst vor Kurzem nach Deutschland gekommen seid. Seid hier herzlich willkommen, mein Freund«, sagte er voller Wärme und Herzensgüte. Auch mein Vater wusste nicht, wie ihm geschah. Er war richtig gerührt.

»Mein Freund«, fuhr Mehmets Vater fort, »heute ist Zuckerfest. Und ich möchte eure ganze Familie einladen, mit uns in die Moschee zu kommen und mit uns zu feiern.«

Als meine Mutter an die Tür kam und alles hörte, schlug sie die Hände vor dem Gesicht zusammen. Vor Freude liefen ihr Tränen übers Gesicht.

Wir folgten der Einladung und machten uns fertig. Mehmets Vater war mit einem großen Van, einem Ford Transit, gekommen, mit dem er uns alle in die Moschee brachte. Die Moschee war im Zentrum von Neuenrade. Alles war hier nur provisorisch zusammengeschustert. Aus einem alten Saal hatten sie versucht, das Bestmögliche herauszuholen. Alles war mit Teppichen ausgelegt. Und der Saal war voll. Es waren bestimmt über 150 Menschen aus der gesamten Umgebung da.

Dort stellte uns Ismail allen vor. Anschließend lud er uns zu sich nach Hause ein. Er wohnte direkt neben der Moschee. Seine Frau hatte Unmengen an Essen vorbereitet. Es war ein unglaublich duftendes Büffet voller kurdischer Köstlichkeiten. Ich schloss die Augen und sog den Geruch ein, der mich an meine Heimat erinnerte. »Das können wir doch nicht annehmen«, sagte meine Mutter, die vor Rührung kaum sprechen konnte.

»Aber natürlich könnt ihr das«, antwortete die Frau von Ismail herzlich.

Als wir am Abend nach Hause fuhren, waren wir völlig erschöpft. Aber wir waren auch glücklich. So richtig glücklich. Zum ersten Mal hatten wir Menschen gefunden, die uns aufgenommen, die uns so richtig herzlich willkommen geheißen hatten. Die Ossis, die in der Nachbarschaft wohnten, hatten uns bis zu diesem Zeitpunkt bloß ignoriert. Wenn wir die Frauen in ihren blauen Schürzen grüßten, die sie immer trugen, drehten sie sich einfach weg. Keine Ahnung, was sie gegen uns hatten, aber bis zu diesem Tag war alles, was ich von Almanya wahrnahm, kalt: der Schnee, die Menschen, einfach alles. Doch das änderte sich nun.

Und das Wunder war noch nicht vorüber. Denn plötzlich klingelte es wieder an der Tür. Baba öffnete und vor ihm stand eine Familie, die wir heute in der Moschee kennengelernt hatten. Sie überreichten uns ein Tablett mit Süßigkeiten. »Als Willkommengeschenk«, lächelten sie uns an und strichen Mama über die Schulter. Als Mama das Tablett gerade in der Küche verstaute, klingelte es erneut an der Tür. Die nächste Familie aus der Moschee war da. Dieses Mal schenkten sie uns Haushaltsgeräte. »Willkommen in Almanya«, sagten sie. Und so wurde am Abend noch viele Male bei uns geklingelt. Einige schenkten uns Geld, andere Essen, Lebensmittel oder praktische Küchengeräte, Decken, Klamotten und einen Fernseher. Wir konnten unser Glück kaum fassen.

Plötzlich hatte sich etwas verändert. Plötzlich hatte ich Freunde. Plötzlich waren da Menschen, die sich um meine Familie, ja auch um mich kümmerten. Zum ersten Mal seit unserer langen Odyssee hatte ich das Gefühl, dass ich nun endlich in Deutschland angekommen war. So wirklich angekommen. So langsam lernte ich nun auch die Sprache. Zu Beginn musste ich mich in der Schule noch mit Händen und Füßen verständlich machen. Wenn es gar nicht anders ging, holten die Lehrer tatsächlich Mehmet aus seiner Klasse, damit er etwas für mich übersetzen konnte. Aber nach und nach verstand ich Deutsch immer besser. Und dann zogen wir aus dem alten Restaurant ein paar Kilometer weiter, in ein großes Haus, das wir uns mit bulgarischen Flüchtlingen teilten. Es war viel schöner, fand ich, auch wenn es hier nur einen alten Ofen gab statt einer richtigen Heizung. Aber das machte mir gar nichts aus.

Es gab jedoch etwas anderes, das mir Schwierigkeiten bereitete. Und das war, mich kulturell anzupassen. In den ersten Tagen in der Schule sah ich, wie die anderen Kinder ihre Pausenbrote auspackten und in der großen Pause auf der Tischtennisplatte saßen und frühstückten. Ich saß weder auf der Tischtennisplatte, noch hatte ich etwas zu essen dabei. Also erklärte ich Mama, dass sie uns Verpflegung mit in die Schule geben musste. Das tat sie dann auch. Dennoch war ich immer irgendwie außen vor. In der Schule wurden vor jeder Pause kleine Trinkpakete verteilt. Mit Schokoladen- oder Vanillemilch. Jeder Schüler bekam so etwas. Außer ich. Wie ich erfuhr, musste man dafür monatlich im Voraus bezahlen. Aber meine Eltern hatten kein Geld dafür. Ich bekam daher nur Wasser und war wahnsinnig neidisch.

Doch nach und nach gewann ich auch neben der Clique um Mehmet neue Freunde. Besonders mit den Mädchen in meiner Klasse verstand ich mich gut. Sie nahmen mich auf und kümmerten sich irgendwie um mich. Manchmal gaben sie mir sogar ein Paket mit Schokomilch ab. Und einmal schenkte mir ein Mädchen sogar ihr Pausenbrot, weil ich wieder kein eigenes dabeihatte. Es war ein anderes Pausenbrot, als die Dinger, die ich von Mama gewohnt war. Ein deutsches Pausenbrot. Deutsche Pausenbrote waren Premium-Pausenbrote. Sie waren dick mit Butter bestrichen und hatten mehrere Lagen Käse und Aufschnitt drauf. Die Pausenbrote, die Mama mir machte, waren immer nur trocken und mit einer halben Scheibe Käse belegt, die nach gar nichts schmeckte. Ich schloss die Augen und biss voller Vorfreude in das Brot, als ich plötzlich Mehmets Stimme hinter mir hörte. »Ey, ey, ey, Selam«, brüllte er, »was machst du denn da?« Er stieß meine Hand so heftig von meinem Mund weg, dass mir das Brot beinahe aus der Hand gefallen wäre. »Ich esse?«, antwortete ich und schaute ihn mit großen Augen an.

»Das ist Salami!«, sagte er und schaute mich beinahe empört an. Ich klappte das Brot auf. Tatsächlich. Salami. »Das ist Schwein!«, machte Mehmet noch mal deutlich. »Das dürfen wir nicht essen.« Verdammt, darüber hatte ich nicht nachgedacht. Mit traurigen Augen gab ich dem Mädchen ihr Brot zurück. »Ich darf das leider nicht essen«, sagte ich. »Danke trotzdem.« Steffi schien das ziemlich mitzunehmen.

Am nächsten Tag steckte sie mir ein neues Pausenbrot zu. »Dieses Mal ohne Schwein«, sagte sie. Ich glaube, ich war nie zuvor jemandem so dankbar.

Doch gerade als ich dachte, dass ein wenig Frieden in mein Leben einkehrte, passierte etwas Ungewöhnliches. Eines Abends saß ich mit meinen Brüdern auf unseren Matratzen, als wir draußen plötzlich laute Stimmen hörten. »Was ist da los?«, fragte mich Rizgar. Ich zuckte mit den Schultern. Es war schon ziemlich spät, bestimmt schon 22 Uhr, und draußen war es dunkel. Normalerweise war es in Remmelshagen so, dass es draußen um diese Zeit komplett still war. Die Geschäfte hatten längst geschlossen und unterwegs war um diese Zeit auch niemand mehr.

Immer wieder hörten wir ein wildes Gebrüll. Vorsichtig gingen wir an unser Fenster und schauten raus. Merkwürdig. Da hatte sich eine Gruppe von Männern vor unserem Haus versammelt. Sie hatten komische Klamotten an. Dicke Bomberjacken, schwere, schwarze Stiefel. In der Hand hielten sie Bierflaschen und die meisten von ihnen waren kahl rasiert. Sie standen vor unserem Haus und brüllten immer wieder dieselben zwei Wörter. Aber ich verstand sie nicht. Meine Brüder auch nicht. Als die Männer uns am Fenster entdeckten, fingen sie an, noch lauter zu gröhlen. Einer schmiss sogar eine Bierflasche gegen unsere Wand. Ich erschreckte mich beinahe zu Tode. Sofort lief ich zu meinem Vater. »Baba«, sagte ich, »da draußen sind Männer, die irgendwas brüllen und mit einer Bierflasche gegen das Haus werfen!« Baba stand auf und kam an das Fenster. »Was sagen sie, Sohn?«

»Ich verstehe es nicht …«

Dann zeigten die Männer uns den Mittelfinger und zogen wieder ab. Merkwürdig. Doch die Sache war noch nicht erledigt. Denn am nächsten Tag passierte genau dasselbe. Als die Sonne unterging, standen die Männer wieder vor unserem Haus. Wieder gröhlten sie etwas und dieses Mal warf jemand eine Flasche gegen die Hauswand, die plötzlich in Flammen aufging. Die Hauswand brannte für einen kurzen Moment.

»Baba«, rief mein ältester Bruder unseren Vater, »die werfen mit Molotowcocktails auf uns!« Dieses Mal war mein Vater nun wirklich alarmiert und rannte auf die Straße, um die Männer zu stellen. Aber sie waren schon wieder verschwunden.

»Was ist nur los?«, fragte ich ihn und hatte Tränen in den Augen. Ich verstand die Welt nicht mehr. Wir waren doch gerade erst aus einem Kriegsland geflüchtet. Und jetzt kam der Krieg wieder zu uns? Was sollte das? Wir setzten uns gemeinsam im Wohnzimmer zusammen und besprachen die Situation. Wir wussten einfach nicht, was wir machen sollten. Auf die Idee, dass wir die Polizei rufen sollten, kamen wir nicht. Einfach, weil wir nicht wussten, was wir ihnen hätten sagen sollen. Wir begriffen die Situation ja nicht einmal. »Wir müssen mit Onkel Ali reden«, entschied mein Vater schließlich und nahm mich mit zu einer Telefonzelle, von wo aus wir ihn anrufen wollten. Ich konnte von allen schon am besten Deutsch, darum hielt Baba es für sinnvoll, mich dabeizuhaben.

Am Telefon erklärte er Onkel Ali dann die Situation. »Diese Männer. Sie kommen, sie werfen Dinge an unsere Hauswand und sie brüllen immer dieselben Worte, die wir nicht verstehen. Was ist das?«

»Was für Worte?«, fragte Onkel Ali. Baba gab mir den Telefonhörer. Ich sollte übersetzen. »Hallo, Onkel Ali«, sagte ich. »Ich weiß nicht genau, was das bedeutet. Irgendwas mit Raus. Außen raus oder so?«

»Ausländer raus?«

»Ja«, sagte ich. »Genau. Das ist es. Das rufen sie die ganze Zeit.«

»Gib mir mal deinen Vater wieder.«

Ich reichte den Hörer zurück zu meinem Vater. »Hör mal«, erklärte mein Onkel ihm, »ihr müsst aufpassen. Das sind Nazis.«

»Was sind Nazis?«, fragte mein Vater.

»Das sind Menschen, ähm …« Mein Onkel überlegte, wie er es ihm erklären sollte. »Das sind Menschen, die keine Ausländer in Deutschland haben wollen.«

»Und warum wollen sie das nicht?«, fragte mein Vater.

»Herrgott, weil sie Nazis sind. Was weiß ich denn?«

»Warum haben die uns dann aufgenommen?!«

»Es sind ja nicht alle Nazis«, blieb mein Onkel geduldig.

Nazis. Das kannten wir nicht. Genauso wenig, wie wir Fahrstühle oder Hochhäuser oder Schnee kannten, waren auch Nazis etwas völlig Neues für uns, mit dem wir uns wohl irgendwie arrangieren mussten.

»Was sollen wir jetzt machen?«, fragte mein Vater immer noch aufgebracht.

»Ich komme morgen vorbei«, beruhigte ihn Onkel Ali. »Dann gehen wir gemeinsam zur Polizei.«

Aber die Polizei konnte uns auch nicht helfen. Sie konnten nur dafür sorgen, dass hin und wieder ein paar Streifenwagen an unserem Haus vorbeifuhren. Jetzt, da ich verstand, dass diese Menschen uns hassten, einfach nur, weil wir aus einem anderen Land kamen, begann sich plötzlich dieses Gefühl wieder zu melden. Das Gefühl, das sich in den letzten Monaten gar nicht mehr bemerkbar gemacht hatte. Das Gefühl der Angst. Und die Angst wurde noch schlimmer, als sie es jemals zuvor war. Ich wurde regelrecht paranoid. Es ging nicht nur mir so. Wir alle waren völlig am Ende. Mein kleiner Bruder holte sich nachts ein Brotmesser aus der Küche und legte es unter sein Kopfkissen, damit er sich wehren konnte, wenn die »Nazis« kamen, wie er mir sagte. »Ich werde nicht zulassen, dass sie uns etwas antun.« Das Sozialamt wusste nicht, wie es uns helfen konnte, aber sie montierten Gitter vor unseren Fenstern. Es fühlte sich nun an, als würden wir im Gefängnis leben. Wieder veränderte sich alles. Wir sprachen uns mit unseren Nachbarn ab, den Bulgaren. Nachts hielten wir nun Wache. Mit einem Stock und einem Messer ausgerüstet, saßen mein Vater und Serbas vor dem Fenster.

Alles, was in diesen Tagen und Wochen passierte, veränderte auch mich. Die Schläge in der Schule. Die Männer, die uns nachts besuchten. Ich hatte das Gefühl, wahnsinnig schwach zu sein. Ein Opfer zu sein. Dabei wollte ich genau das *nicht* sein, ein Opfer. Ich wollte stark sein. Ich wollte mich verteidigen können.

An einem Nachmittag saß ich mit meinem großen Bruder Serbas vor dem Fernseher und es lief ein Actionfilm mit Jean-Claude van Damme. Ich kannte diesen Typen nicht, aber Jean-Claude van Damme schien mir der coolste Mann der Welt zu sein. Egal, was passierte, er war in der Lage, sich aus jeder Situation heraus zu kämpfen. Niemand konnte sich mit ihm anlegen. Er war einfach der Beste. So wollte ich auch so sein. »Bleib locker, Selam, der Typ hat krasse Kampfsporterfahrung«, sagte Serbas. »Das muss man trainieren. Man ist nicht einfach so.«

»Wie trainieren?«, fragte ich.

»Na, die ganzen Bewegungen, die Schläge, die Tritte, das muss man üben.«

Ich nickte. Ich verstand, was er meinte. Von dem Tag an sah ich mir alle Filme mit Jean-Claude van Damme an, die im Fernsehen liefen. In einem Film gab es tatsächlich eine lange Szene, in der ein alter Mann dem jungen van Damme all sein Wissen weitergab. Van Damme musste immer wieder gegen einen Baum schlagen, bis er irgendwann so hart zuschlagen konnte, dass von dem Baum die Rinde abbrach. Das musste das Training sein, von dem mein Bruder gesprochen hatte.

Ich wusste also, was ich tun musste. Ich musste trainieren. Darum ging ich nach der Schule allein in den Wald und imitierte das, was ich in den Filmen gesehen hatte. Ich versuchte, die Bewegungsabläufe nachzumachen. Ich schlug immer und immer wieder gegen Bäume, damit meine Hände härter wurden. Dann schlug ich immer wieder mit einem Stock gegen mein Schienbein, damit auch das immer und immer härter wurde. Ich hatte vor einiger Zeit Herrn Trabin begleitet und gesehen, wie er mit einem Hammer Nägel in das Holz schlug. Ich wollte, dass meine Faust so hart wie ein Hammer wird. Ich dachte, wenn ich meinen Körper abhärtete, dann würde auch ich härter werden. Und ich wollte so hart werden, wie ich nur konnte. Vielleicht würde ich so meine Angst verlieren können.

Nachdem ich ein paar Wochen allein im Wald trainiert hatte, nahm ich irgendwann meinen kleinen Bruder Rizgar mit. Ich hatte ihm zwei Kissen in den Rucksack gepackt, die er hochhalten sollte, während ich dagegen schlug, wie gegen zwei Pratzen. Ich schlug wild auf die Kissen ein. Rizgar war fünf Jahre jünger als ich, gerade einmal sieben Jahre alt. Er war noch ein kleines Kind, aber er hatte etwas im Kopf. »Mach mal langsam«, sagte er mir. »Es geht nicht nur darum, wie hart du schlägst, sondern welche Technik du hast.« Er hatte recht. Aber ich wollte davon nichts hören. »Nein«, sagte ich. »Du bist zu klein, du verstehst das nicht. Je härter ich schlage, desto besser ist es.«

Dennoch versuchte ich insgeheim, auch meine Technik immer mehr zu verfeinern. Ich sparte mein Taschengeld zusammen und kaufte mir ein Bruce-Lee-Buch. Ich schaute mir die Bilder in diesem Buch ganz genau an und versuchte, die Tritte und die Schlagkombinationen zu imitieren, die abgebildet waren. Außerdem imitierte ich die Schläge und die Tritte, die ich in den Filmen gesehen hatte. Und das tat ich jeden Tag. Eines Tages spürte ich allerdings, dass ich nicht mehr weiterkam.

Am nächsten Morgen stand ich vor dem Bett meines Vaters. »Baba«, weckte ich ihn.

»Was ist?«, fragte er noch im Halbschlaf.

»Darf ich in einen Kampfsportverein?«, fragte ich.

»Verschwinde«, scheuchte er mich weg. Aber ich wusste, dass Beständigkeit der Weg zum Erfolg war. Als ich aus der Schule kam, setzte ich mich neben meinen Vater auf die Couch. »Baba?«, fragte ich. »Darf ich in einen Kampfsportverein?« Er schüttelte den Kopf.

Vor dem Abendessen versuchte ich es wieder. In dieser Taktung versuchte ich mein Glück eine Woche lang. Vergeblich. Allerdings stieg ich bald auf einen anderen Plan um. Ich hatte im Fernsehen nämlich einen Film gesehen, der mich ziemlich beeindruckt hatte: *Rambo*. Und Rambo hatte die ganze Zeit ein Messer bei sich, mit dem er zahlreiche kreative und auch brutale Dinge anstellen konnte. So eine Waffe wollte ich auch haben, für den Fall, dass die Nazis wiederkommen würden. Mir war klar, dass ein Kampfsportkurs viel Geld kostete. Das Rambomesser aber hatte ich in einem Laden für nur 10 D-Mark entdeckt. Also änderte ich meine Strategie. »Baba, kriege ich ein Rambomesser?«, versuchte ich es nun täglich. Ich war hartnäckig, sodass mein Vater irgendwann schwach wurde. Er war so genervt von mir, dass er dachte, es sei für ihn einfacher, den Preis für das Messer zu bezahlen, als seinen Seelenfrieden zu verlieren, weil ihm sein Sohn täglich dreimal mit demselben Satz in den Ohren lag. Und so bekam ich mein Rambomesser.

Auch mit dem Messer trainierte ich nun im Wald. Ich versuchte, mir Pfeil und Bogen aus Holz zu schnitzen. Das gelang mir nur so mittelmäßig, aber ich versuchte es immer und immer wieder.

Irgendwann in dieser Zeit sprach mich mein Englischlehrer an. »Selam«, sagte er nach dem Unterricht, »warte doch einmal kurz.« Nachdem die anderen Kinder den Raum verlassen hatten, winkte er mich zu sich an sein Lehrerpult. »Ich sehe, dass du viel allein bist auf dem Schulhof.«

»Das stimmt nicht«, widersprach ich. »Ich habe Mehmet und meine Jungs.«

»Aber die sind alle älter als du …«

Ich zuckte mit den Schultern. »Vielleicht würde es dir guttun, wenn du auch ein paar Freunde in deinem Alter gewinnst?« Er bekam wohl mit, dass ich in meiner Klasse nach wie vor ein Außenseiter war. Ich war der einzige Junge, der nie eingeladen wurde. Wenn jemand Geburtstag hatte, war ich nicht dabei. Wenn die anderen nach der Schule ins Kino gingen, war ich nie dabei. Ich war immer außen vor. Außer mit den Mädchen verstand ich mich mit keinem aus der Klasse. Ich schaute meinen Lehrer an und überlegte, wie ich ihm erklären sollte, dass ich gerade ganz andere Probleme hatte. Wir wurden schließlich von einer Gruppe Nazis belagert. Ich musste lernen, mich abzuhärten und zu kämpfen. Ich konnte jetzt meine Zeit nicht mit so blöden Sachen wie Kindergeburtstagen verbringen. Ich musste meine Familie beschützen. Das war mein einziger Gedanke.

»Vielleicht«, sagte er, »würde es dir guttun, wenn du in einen Verein gehst. Du hast doch viel Energie. Wie wäre es mit einem Sportverein? Da lernst du dann auch Gleichaltrige kennen.«

Ich schaute betrübt zu Boden. »Ich würde das gerne machen«, sagte ich. »Aber wir haben dafür kein Geld.«

»Ich verstehe«, sagte mein Lehrer nachdenklich. »Aber es gibt auch ein Schulsportangebot. Immer nachmittags. Da gibt es eine Judogruppe. Das kostet gar nichts.«

Ich schaute ihn hoffnungsvoll an. Ich konnte in der Schule Judo lernen? Wieso hatte ich davon noch nie etwas gehört? »Und da kann ich einfach mitmachen?«

Mein Lehrer nickte. »Natürlich …« Er nannte mir Ort und Zeit, und von diesem Tag an hatte ich zweimal in der Woche zwei Stunden Judotraining. Wie gut, dass in Deutschland die Lehrer so aufmerksam sind, dachte ich. Und erinnerte mich bitter an meine Zeit im Irak zurück.

Über meine Judogruppe lernte ich dann tatsächlich noch einmal andere Kinder kennen, die zusätzlich noch in anderen Kampfsportvereinen unterwegs waren. Ich wollte auch unbedingt mehr lernen als bloß Judo, aber ich hatte einfach kein Geld. »Du kannst doch arbeiten«, bot mir einer der Jungs aus meinem Judokurs an.

»Arbeiten? Ich bin doch noch zu jung«, sagte ich.

Er zuckte mit den Schultern. »Hier wohnt ein Bauer, dem helfe ich immer am Wochenende bei der Kartoffelernte.« Bei der Kartoffelernte? Landwirtschaft konnte ich. Im Irak hatte ich Schafe gehütet, da würde ich auch ein paar Kartoffeln aus der Erde buddeln können, dachte ich. Der Junge stellte mich dem Bauern vor und ich bekam den Job. Jedes Wochenende ging ich von nun an auf seine Felder und erntete Kartoffeln. Von dem Geld, das ich verdiente, konnte ich mir die Mitgliedschaft in weiteren Sportvereinen leisten. Ich lernte Kickboxen, Kung-Fu und Taekwondo. Meine Mutter nähte mir in dieser Zeit Shorts aus dem Stoff unserer Kissenbezüge mit den blau-weißen Streifen. Denn für richtige Shorts reichte mein Geld nicht mehr.

An den Tagen, an denen ich nicht im Verein war oder Kartoffeln erntete, ging ich wieder in den Wald und verfeinerte meine Spezialtechnik, die ich mir aus Jean-Claude-van-Damme-Filmen und dem Bruce-Lee-Buch angeeignet hatte.

Aber während ich körperlich immer stärker und fitter wurde, war ich mental noch immer ein Wrack. Die Polizei hatte mittlerweile auf die nächtlichen Besuche reagiert und schickte regelmäßig Streifenwagen vorbei. Ich war inzwischen zwölf Jahre alt und wohnte in einem verriegelten Haus, das regelmäßig angegriffen wurde. Es fühlte sich an, als würde der Krieg unsere Familie verfolgen. Ich bekam ein richtiges Trauma.

Doch die Nazis waren nicht die einzige Gefahr. Als ich eines Nachmittags gerade von der Schule kam, standen meine Schwestern ängstlich vor unserem Haus und winkten mich heran. »Selam«, riefen sie, »komm schnell rein.«

Ich rannte auf sie zu. »Was ist los?«, wollte ich wissen.

»Der Jäger war wieder da …« Ich wusste sofort Bescheid. Der Jäger. Er war eine weitere Gestalt aus dem Horrorkabinett dieses Ortes. Der Jäger war ein älterer Mann, der mit seinem Gewehr und seinem kleinen Dackel durch die Ortschaft stapfte. Immer wenn er uns Kinder sah, verzog er das Gesicht. Aber er wurde von Woche zu Woche aggressiver. Irgendwann schnitt er uns Grimassen. In der vorherigen Woche war er an uns vorbeigegangen und hatte das Kopf-ab-Zeichen gemacht. Wir hatten keine Ahnung, was er gegen uns hatte, aber vielleicht, dachte ich, war er auch ein Nazi. Gerade als wir ins Haus gehen wollten, kam er wieder vorbeigelaufen. Als er uns sah, blieb er stehen, formte seine Finger zu einer Pistole und tat so, als würde er abdrücken. Wir liefen ins Haus, wo Serbas saß und Fernsehen schaute. »Was ist los?«, fragte er, als er sah, wie aufgebracht wir waren.

»Der Jäger«, sagte ich nur.

»Was für ein Jäger?« Anscheinend hatte mein großer Bruder noch gar nichts von dem Mann gehört. Wir erzählten ihm die Geschichte.

Serbas wurde wütend. Eigentlich war mein großer Bruder ein ziemlich ruhiger Kerl, aber wenn man ihn reizte, wurde er zu einem ganz anderen Menschen. »Komm mit«, forderte er mich auf. Wir stiegen in seinen alten Ford Escort, den mein Onkel ihm geschenkt hatte, und fuhren durch den Wald. Dann entdeckte ich ihn. »Das ist er«, rief ich aufgeregt. Serbas trat aufs Gas, fuhr auf den Mann zu und bremste direkt vor ihm ab. Dann stieg er hochaggressiv aus. »Du verdammtes Arschloch, was bedrohst du meine Geschwister?«, brüllte er ihn an. Der Mann wusste gar nicht, wie ihm geschah. Er ging ein paar Schritte rückwärts. Aber Serbas lief mit hochrotem Kopf auf ihn zu. Der Jäger bekam Panik. Er nahm das Gewehr und zielte auf meinen Bruder. Mein Herz setzte für einen kurzen Moment aus. »Bleib stehen!«, forderte er Serbas auf. Aber mein Bruder ließ sich nicht einschüchtern. Er lief weiter auf ihn zu, schlug ihm zweimal ins Gesicht und der Jäger ging zu Boden. Es passierte alles innerhalb von Sekunden. Ich war wie in Schockstarre. Dann hörte ich, wie der Dackel anfing, meinen Bruder anzubellen. Ich riss mich los, lief auf den Jäger zu und nahm das Gewehr, das auf dem Boden lag. Ich hielt es hoch und zielte auf ihn. Ich hatte keine Ahnung, wie man so eine Waffe bediente, aber ich machte es einfach so, wie ich es in den Filmen gesehen hatte. »Verschwinde und lass uns in Ruhe«, rief ich. Der Jäger nahm seinen Hund, ging ein paar Schritte rückwärts und machte mit seinen Händen eine beruhigende Geste in unsere Richtung. »Macht kein' Scheiß, Jungs«, murmelte er. Dann drehte er sich um und lief weg. Ich schmiss das Gewehr auf den Boden und atmete durch. »Denke, der wird uns in Ruhe lassen«, sagte Serbas. Ich betrachtete stolz meinen großen Bruder. Ich wusste nicht, dass er so hart zuschlagen konnte.

Als wir wieder nach Hause kamen, hatte sich vor unserem Haus eine kleine Menschengruppe versammelt. Mein Vater stand in ihrer Mitte. Um ihn herum standen die Bulgaren und die Polen, die auch im Haus wohnten.

Wir stellten uns zu ihnen. Sie hielten gerade eine Art Kriegsrat. »Wir können uns das nicht mehr bieten lassen«, sagte mein Vater, der offenbar der Wortführer der Gruppe war. »Wir müssen jetzt einfach zurückschlagen.«

»Aber wenn sie dann mit mehr Leuten zurückkommen?«, wandte einer ein.

»Dann rufen wir auch mehr Leute«, entgegnete mein Vater. »Versteht ihr nicht? Die sehen, dass sie damit durchkommen. Also machen sie weiter. Wir müssen ihnen eine Lektion erteilen.«

Ich schaute meinen Vater an. Man sah ihm an, dass er wirklich genug hatte von den Schikanen. Er war nicht aus Syrien und dem Irak geflüchtet, hatte nicht alles aufgegeben, nur um in Deutschland erneut verfolgt zu werden.

Die anderen Männer stimmten zu, dann schmiedeten sie einen Plan. Es sollten noch einmal drei Tage vergehen, bis er zur Anwendung kam. Drei Tage später nämlich kamen die Nazis zurück. Sie parkten ihren Wagen vor unserem Haus, stiegen aus und fingen wieder an, ihre Parolen zu grölen. Doch dieses Mal waren wir vorbereitet. Mein Vater trat aus dem Haus. Er hatte einen Baseballschläger in der Hand. Hinter ihm stand mein ältester Bruder. Dann kamen die Polen und die Bulgaren. Aus einer Seitenstraße kam ein Auto vorgefahren, in dem meine Onkel saßen. Insgesamt 15 Mann versammelten sich und standen den Nazis von Angesicht zu Angesicht gegenüber. »Ihr Scheißkerle«, brüllte mein Vater auf Kurdisch und rannte mit seinem Schläger auf sie zu. Ich saß am Fenster und beobachtete alles. Die Nazis ergriffen sofort die Flucht. Panisch sprangen sie in ihr Auto, doch die Männer ließen nicht von ihnen ab. Sie folgten ihnen und schlugen auf den Wagen ein. Die Nazis legten den Rückwärtsgang ein und fuhren direkt in einen Baum. Doch das störte sie anscheinend nicht.

Sie rissen das Lenkrad rum, gaben Vollgas und verschwanden mit quietschenden Reifen. Die Männer jubelten. Sie hatten es geschafft, die Feinde zu vertreiben. Und von diesem Tag an sind die Nazis nie wieder zurückgekommen.

All diese Ereignisse machten wirklich Eindruck auf mich. Ich lernte, dass es etwas brachte, wenn man sich wehrte. Dass man sich nicht alles gefallen lassen durfte. Und eine Woche, nachdem die Männer aus meiner Straße die Nazis vertrieben hatten, kam ich in eine Situation, in der ich mich entschied, ebenfalls zu handeln. Ich stand auf dem Schulhof und die Gruppe um Anjey kam zu mir. Mir war klar, was sie wollten. Stress machen. So wie immer. Sie wussten, dass Mehmet nicht in der Nähe war, und nutzten die Situation schamlos aus. »Na, heute mal keinen Beschützer, der dich rettet, was?«, fragte Anjey und spuckte mir vor die Füße. Dann schubste er mich.

»Lass es bleiben«, forderte ich ihn auf und schaute ihm fest in die Augen.

»Sonst was, du Pisser?«

Ich ballte die Fäuste. Wieder spürte ich die Wut in mir aufsteigen. Aber ich hielt mich zurück.

»Jetzt verpass ich dir eine, du Feigling!«, rief Anjey, rannte auf mich zu, holte aus und schlug nach mir. Ganz automatisch lehnte ich mich nach hinten, um seinem Schlag auszuweichen. So, wie ich das beim Training gelernt hatte. Dann nutzte ich den Schwung und schlug ihm mit voller Kraft in den Magen. Als er sich zusammenkrümmte, holte ich aus und gab ihm noch einen Uppercut. Anjey fiel um und lag flach am Boden. Die anderen Jungs starrten mich an. Niemand sagte etwas. Was war das denn gerade?, fragte ich mich selbst. Ich schaute erstaunt auf meine Hände. Wie hatte ich das gemacht? Ich hatte einfach instinktiv eine Schlagkombination ausgeführt. Dann begriff ich, dass ich die ganzen Übungen, die ich im

Wald und beim Training gemacht hatte, nun offensichtlich problemlos abrufen konnte. Und dass es wirkte. Ich griff mir den nächsten Typen, einen dicken Ossi, und schlug ihm zweimal in die Fresse. Er schmiss sich auf den Boden und fing an zu flennen. Plötzlich durchströmte mich ein Glücksgefühl, wie ich es noch nie zuvor erlebt hatte. Die anderen Jungs liefen weg. Ich hatte mich erfolgreich gewehrt. Ich hatte zurückgeschlagen. Ich war jetzt kein Opfer mehr. Aber das Erstaunlichste war: Es machte mir Spaß zuzuschlagen. Ich hatte Blut geleckt.

Die Gewalt wurde von diesem Tag an zu einem Bestandteil meines Lebens. Ich wurde richtig süchtig nach ihr. Ich suchte nun ständig nach Ärger. Als ich im selben Jahr auf die Hauptschule in Werdohl wechselte, wurde es noch schlimmer. Werdohl war ein benachbarter Ortsteil. Eine neue Schule war so etwas wie ein neuer Abschnitt in meinem Leben, dachte ich. Also würde ich vom ersten Tag an markieren, wer ich war. Wer genau ich sein würde, das wusste ich noch gar nicht so richtig. Ich wusste nur, dass ich kein Opfer mehr sein wollte. Ich suchte ständig Stress. Bei jeder Kleinigkeit schlug ich zu. Man brauchte mich nur einmal falsch anzuschauen und ich ballte die Fäuste. Ich entwickelte eine regelrechte Sucht danach, mich zu prügeln. Und es zeigte Wirkung. Nicht nur, dass sich keiner mehr traute, mich kleinzuhalten, nein, ich wurde sogar richtig beliebt. Ich gewann neue Freunde, die alle Zeit mit mir verbringen wollten. Man suchte meine Nähe. Ich war nun jemand. Je härter ich zuschlug, desto mehr respektierte, desto mehr mochte man mich. Zumindest empfand ich das so. Die Gewalt war für mich eine Art Schlüssel, die ein Tor zu einem ganz neuen Leben öffnete. Doch sie brachte mir auch Ärger ein.

Als ich 16 Jahre alt wurde, war ich bei der Polizei vor Ort mittlerweile bekannt. Ich hatte mehrere Verwarnungen bekommen und wusste, dass ich beim nächsten Übergriff auch wirklich eine Strafe zu erwarten hatte. Aber das war mir egal. Die Gewalt war einfach zu verlockend.

Eines Abends saß ich mit meinem Cousin in der Buslinie 61. Wir waren auf dem Weg nach Lüdenscheid, einem Nachbardorf, wo wir uns mit ein paar Freunden treffen wollten. Wie immer saßen wir ganz hinten, in der letzten Reihe. Dort hatten wir einen perfekten Überblick über den gesamten Bus. Vor uns auf dem Vierer saß ein Deutscher. Er hatte Kopfhörer auf und schaute uns die ganze Zeit schräg an.

Ich empfand das als Provokation. »Was guckst du denn so bescheuert?«, fragte ich ihn. Er schien mich gar nicht zu hören, weil er Musik hörte. Das machte mich noch wütender. War ich irgendein Hund, den man hier ignorieren konnte? Ich stand auf. »Ich habe dich was gefragt, du Hurensohn!«

Mein Cousin zog mich zurück. »Entspann dich, Selam«, sagte er. Aber mir war nicht danach, mich zu entspannen. Der Junge, der vielleicht zwei Jahre älter war als ich, zog sich die Kopfhörer von den Ohren und beugte sich vor. »Was willst du denn?«, fragte er und grinste mich dreckig an. Das ging gar nicht. Das konnte ich mir auf keinen Fall bieten lassen. Ich ging zu ihm und gab ihm zwei Backpfeifen. Die hatten es in sich. Der Junge war sofort weggetreten. Plötzlich bremste der Bus scharf ab und der Busfahrer kam nach hinten, um zu sehen, was hier vor sich ging.

»Sag mal, hast du den Verstand verloren?«, brüllte er mich an.

Was wollte der denn? »Misch dich nicht ein!«, gab ich zurück. »Fahr lieber weiter, wir sind verabredet.« Der Busfahrer war ein dicklicher Deutscher mit einem Schnurrbart. Er zögerte kurz. Als er merkte, wie aggressiv ich war, entschloss er sich, dass es vielleicht doch besser wäre, sich nicht mit mir anzulegen, obwohl ich 30 Jahre jünger war. Er setzte sich wieder auf seinen Platz und rief über Funk die Polizei. »Ey, was machst du da?«, brüllte ich durch den ganzen Bus. Aber der Fahrer blieb stoisch sitzen und fuhr nicht weiter. Ich schaute mich um. Wir waren die einzigen Fahrgäste in dem Bus. Ich starrte auf den Jungen, der auf dem Vierer zusammengesackt war. Er war noch immer weggetreten.

»Komm«, sagte ich zu meinem Cousin, »wir müssen hier raus. Der hat die Bullen gerufen.« Ich nahm dem Jungen noch seinen Walkman ab und steckte ihn mir als Entschädigung für den Ärger ein, den ich seinetwegen hatte, dann ging ich zur hinteren Tür. »Mach auf!«, rief ich zum Fahrer. Er ignorierte mich. »Mach die scheiß Tür auf!« Keine Reaktion. Ich versuchte, sie mit Gewalt aufzuziehen, aber es gelang mir nicht. Scheiße, wir saßen in der Falle.

Es dauerte keine drei Minuten, bis die Polizei kam. Sie nahmen mich fest und riefen meine Eltern an. Zu Hause bekam ich von meinem Vater eine ordentliche Tracht Prügel für mein Verhalten. Ich wusste, dass er maßlos von mir enttäuscht war, aber es war mir egal. Er hatte uns nach Deutschland gebracht. In ein fremdes Land. In eine fremde Welt. Und ich war derjenige, der sehen musste, wie ich hier zurechtkam. Ich hatte meinen Weg gefunden, auch wenn er ihm nicht passte. Aber es war der einzige Weg, der für mich funktionierte. So schien es mir jedenfalls. Doch der Vorfall im Bus war der eine Vorfall zu viel. Ich wurde von einem Gericht zu drei Tagen Jugendarrest verurteilt. Ich musste mich am Freitag in der Jugend-JVA melden, wurde dort in ein Zimmer gesperrt und durfte erst am Sonntag wieder raus. Schöne Scheiße. Ich war 16 Jahre alt und zum ersten Mal im Leben im Knast. Ich lief Kreise in meiner Zelle. Es war einfach totlangweilig. Nichts passierte. Es gab nicht einmal einen Fernseher. »Hey«, rief ich einem der Wärter zu, »mir ist langweilig.«

»Das ist Knast«, sagte er mir.

»Habt ihr nicht wenigstens ein Buch?«

Er brachte mir ein Buch in meine Zelle. Es war wahnsinnig dick. Ich schaute auf den Titel. »Fjodor Dostojewski: *Schuld und Sühne*« stand auf dem Cover. Es hatte mehrere Hundert Seiten. Ich begann es zu lesen, aber es war extrem kompliziert geschrieben. Was für eine Scheiße.

»Ey!«, rief ich den Wärter. »Was ist das für ein Müll? Ich kann das nicht lesen!« Der Beamte nahm das Buch zurück und schüttelte den Kopf.

»Habt ihr nichts anderes? Irgendwas mit Bildern?«

Er brachte mir ein Bilderbuch. Ich blätterte es durch. Da waren irgendwelche gemalten Tiere drin. Schlangen, Löwen, Affen. Ich guckte mir die Zeichnungen an und hoffte, dass die Zeit endlich vergehen würde. Irgendwann schlief ich ein. Am nächsten Morgen wurde ich geweckt. Ein Beamter schob mir ein Tablett mit Frühstück ins Zimmer. Endlich etwas zu essen, dachte ich. Aber ... was war das? Ein Kaffee, der schwarz wie Motoröl war, und ein Stück Brot mit Käse. Das Brot war hart wie Stein. Ich bekam es nicht abgebissen. Es war unkaputtbar. Wollten die mich hier verarschen? Ich tunkte das Brot in den Kaffee. Milch und Zucker gab es nicht. Als es eingeweicht war, biss ich ab und aß die Käsescheibe hinterher. Was für ein Saftladen.

Ich nahm einen Stift, den ich eingeschmuggelt hatte, und verewigte mich neben all den anderen Insassen an der Wand. »Das Leben ist hart. Der Knast ist hart. Aber das Brot hier, das ist am härtesten. Selam Ali. 1993.«

Aber nicht einmal der Jugendknast konnte mich abschrecken. Zu verführerisch war die Gewalt, die in mein Leben gekommen war. Endlich war ich nicht mehr das Opfer. Endlich war ich derjenige, der den Ton angeben konnte. Das war zu verlockend, als dass ich mich davon lossagen konnte. Schon zwei Tage nachdem ich aus dem Jugendknast entlassen wurde, kam es zum nächsten Vorfall. Ich betrat das Klassenzimmer, als ich sah, wie ein Schüler auf meinem Platz saß. Den Jungen kannte ich nicht. Er musste neu in der Schule sein. Für einen kurzen Moment erinnerte ich mich daran, wie es sich für mich angefühlt hatte, als ich der Neue gewesen war. Ich wollte ihm etwas Nettes sagen und ihn willkommen heißen. Aber dann erinnerte mich daran, dass das nicht ging. Dass mir das als Schwäche ausgelegt werden könnte. Und wer schwach ist, der steht am Ende der Nahrungskette. Also musste ich mich beweisen. Mal wieder.

»Ey«, sagte ich dem Jungen, »das ist mein Platz.«

»Scheiß ich drauf«, sagte er ohne mich anzusehen. Oha. Was war das denn? Der Typ kommt neu in meine Klasse und macht mir direkt

Ansagen? Das ging überhaupt nicht. »Letzte Warnung«, sagte ich klar. »Verpiss dich oder du fängst dir eine Bombe.«

Jetzt hatte ich seine Aufmerksamkeit. Der Kerl schaute zu mir hoch. Ohne eine Miene zu verziehen, stand er auf und stellte sich vor mich. Er war einen Kopf größer als ich. Aber das beeindruckte mich nicht. Ich schlug zu. Doch der Junge konnte was ab. Er ging nicht zu Boden, sondern schlug zurück. Wir begannen uns zu prügeln.

Schnell bildete sich ein Kreis aus Klassenkameraden, die uns anheizten. »Ja, schlag ihn kaputt«, brüllten sie und genoßen die Show. Der Kerl war echt ein harter Gegner. So einen hatte ich noch nie gehabt. Ich steigerte mich richtig rein und schlug immer und immer härter zu, als ich plötzlich spürte, wie jemand mich nach hinten zog. Instinktiv drehte ich mich um und versetzte dem Typen einen Schwinger und … oh scheiße! Das war mein Mathelehrer. Er hielt sich die Hand an die Wange, an der ich ihn getroffen hatte, und starrte mich mit großen Augen an. »Entschuldigen Sie, Herr Sieberts«, sagte ich, »das war keine Absicht.« In der Klasse wurde es totenstill. Das würde Ärger geben, das war klar. Herr Sieberts schickte mich zum Direktor. Und mein Direktor rief meinen Vater an. Er kam mit Serbas zur Schule gefahren.

»Was ist hier los?«, fragte er mich auf Kurdisch. »Nichts, Baba, alles ist gut«, beschwichtigte ich ihn, sah Serbas an und bat ihn, die Sache für mich irgendwie zu klären. »Wie soll ich das klären?«, fragte er. Ich zog die Schultern hoch. »Lass dir was einfallen!«

Mein Direktor war stinksauer. »Herr Ali«, sagte er zu meinem Vater, »das war jetzt das letzte Mal. Wir hatten viel Geduld mit ihrem Sohn. Aber es geht einfach nicht mehr. Ich habe keine andere Wahl, als ihn zu suspendieren.« Scheiße, dachte ich. Er wirft mich von der Schule. Das hatte mir gerade noch gefehlt. »Was hat er gesagt«, fragte mein Vater Serbas, der ihm übersetzen sollte. Ich schaute meinen großen Bruder mit großen Augen an. »Baba«, sagte Serbas auf Kurdisch, »er hat gesagt, dass Selam ein außergewöhnlich guter Schüler ist und er auf eine bessere Schule muss, um mehr gefördert zu werden.« Mein

Vater strahlte. Er nahm die Hand von dem Direktor und bedankte sich überschwänglich. Dann nahm er mein Gesicht in seine Hand und küsste mich auf die Stirn. »Ich bin sehr stolz auf dich, mein Sohn!«, sagte er und hatte Tränen in den Augen. »Wir finden eine richtig gute Schule für dich, das verspreche ich dir.«

»Okay, danke Baba«, sagte ich und sah, wie mein Direktor die Welt nicht mehr verstand.

KAPITEL 3
(1995–2004)

GEWALT

Und dann zogen wir nach Köln. Nicht nur, weil es die einzige Stadt war, in der wir eine Schule fanden, die mich noch aufnahm, sondern auch, weil meine Eltern wieder mehr Kontakt zu unseren Verwandten haben wollten. Mein Schulrauswurf war also der perfekte Anlass. Und so landeten wir wieder in Köln. In Köln-Porz, in einer alten Hochhaussiedlung in der Theodor-Heuss-Straße 14. Ich war17 Jahre alt und merkte gleich, dass die Dinge hier ganz anders liefen. Das hier war nicht irgendein Dorf im Sauerland. Köln-Porz war ein hartes Pflaster. Ein Ghetto. Der Ausländeranteil in unserer Hochhaussiedlung lag bei gefühlt 99 Prozent. Die einzigen Deutschen, die hier lebten, waren irgendwelche Biertrinker-Deutschen, gescheiterte Existenzen und Arbeitslose. Die ganze Gegend wimmelte nur so von Klein- und Schwerstkriminellen. An jeder Ecke standen Dealer, die Gras vertickten und ein gutes Geschäft machen wollten. Mir war klar, dass ich mich hier beweisen musste, wenn ich überleben wollte. Aber ich war bereit dazu.

Ich war gerade einmal eine Woche in der neuen Siedlung und mit einem Cousin von mir unterwegs, als mir drei Typen entgegenkamen. Sie musterten mich von oben bis unten. Der Größte von ihnen war ein durchtrainierter Türke, der mit schwarzem Unterhemd und dicker Königskette durch das Viertel stolzierte. Ich hatte ihn schon ein paar Mal bemerkt und wusste, wer der Kerl war: Emrah. Er war einer von den Jungs, die hier etwas zu sagen hatten. Emrah war noch ein Stück größer und ein paar Jahre älter als ich. Der Typ, dachte ich mir, kommt genau richtig. Als die Jungs mich anstarrten, starrte ich zurück. Das provozierte sie.

»Ey, ey«, rief mir einer zu, »du bist neu hier, was?« Ich blieb stehen. Die drei Kerle kamen direkt auf uns zu. Mein Cousin gab mir ein Zeichen, dass ich es ruhig angehen lassen sollte. »Lass stecken, Selam, mit den Jungs hier solltest du dich besser nicht anlegen«, flüsterte er mir zu. Aber ich dachte gar nicht daran, auf ihn zu hören. Denn genau darauf hatte ich es abgesehen. Mich mit ihnen zu messen. »Ich bin neu, ja und?« fragte ich zurück und streckte mein Kinn vor. Ich musterte Emrah von oben bis unten. Die anderen hatten mich vor ihm gewarnt. Nicht ganz zu Unrecht. Er hatte ordentlich Masse auf seinen Oberarmen.

»Wie, ja und? Weißt du nicht, wer ich bin?« antwortete er und baute sich vor mir auf. Wir standen etwa einen Meter voneinander entfernt und starrten uns direkt in die Augen. Ein paar Sekunden schwiegen wir uns an. Standen uns einfach nur gegenüber. Mich erinnerte das an meinen ersten Schultag, als ich von den Jungs an der Bushaltestelle aufgemischt worden war. Aber dieses Mal liefen die Dinge anders. Ich war heute nicht mehr der kleine verschüchterte Junge von damals. Ich hielt Emrahs Blick stand. »Du bist mein Schwanz«, sagte ich, was ihn so richtig wütend machte.

Emrah spuckte demonstrativ neben mir auf den Boden. »Wer neu ist, hat sich bei mir anzumelden. So läuft das hier.« Er holte aus.

»Jetzt nicht mehr«, antwortete ich und noch bevor er reagieren konnte, schlug ich so hart, wie ich konnte, in seine Faust hinein. Es knackte. Einer seiner Finger lief blau an. Er schrie auf und konnte seine linke Hand nicht mehr bewegen. Das war meine Technik. Immer das machen, was niemand erwarten würde. Und es funktionierte. Emrah war so überrascht, dass er gar nicht richtig reagieren konnte.

Sofort zog ich nach. Bam, da hatte er sich schon den nächsten Schlag eingefangen. Die anderen traten zurück. Sie begriffen alle gar nicht, was passierte. Ich schlug auf seinen Unterarm. Er schrie wie am Spieß. Dann schlug ich ihn k. o. Er wurde ohnmächtig.

Direkt vor uns war ein türkisches Café. Das *Café Turan*. Während unserer kleinen Prügelei kamen ein paar Männer raus und schauten, was da passierte. Perfekt, dachte ich. Jetzt würde der ganz Block darüber sprechen, dass ich hier einen der Wortführer kaputt geschlagen hatte. Morgen würde sich niemand mehr trauen, mich blöd anzuquatschen. Ich schaute noch einmal zu Emrah runter. Der Typ war demoliert. Aus seiner Nase lief Blut und er war komplett ausgeknockt. Als er wieder zu sich kam, schaute er nur zu mir hoch und sagte kein Wort. Auch seine Freunde hielten sich zurück.

Ich gab meinem Cousin ein Zeichen und wir verschwanden.

Ein paar Tage später saß ich auf einer Parkbank in unserem Block. Ich hatte meinen Rucksack neben mich gelegt, mir eine Packung Zigaretten aus der Jackentasche gezogen und tastete meine Jeans gerade nach meinem Feuerzeug ab. Die neue Schule machte ich so nebenbei. Ich strengte mich nicht sonderlich an. Meine Energie brauchte ich für andere Dinge. Mir war eh klar, dass ich es nicht sonderlich weit bringen würde. Dafür waren meine Noten zu schlecht. Im besten Fall würde ich nur einen miesen Job bekommen. Wenn überhaupt. Nein, die Karriere, die ich anstrebte, war eine Karriere auf der Straße. Ich sah ja plötzlich, was hier alles möglich war. Ich sah, wie die Älteren mit teuren Autos vor den Cafés parkten, wie sie die Batzen aus ihren Joggingshosen zogen und damit prahlten. Das war anders als im Sauerland. In Köln gab es Gelgenheiten, in Köln gab es auf der Straße jede Menge Geld zu holen. Ich wusste nur noch nicht wie, aber das würde ich schon noch herausfinden.

Ich fand mein Feuerzeug, zündete mir meine Kippe an und sah plötzlich Emrah auf der anderen Straßenseite. Er war allein. Als er mich entdeckte, zögerte er kurz. Dann nickte er mir zu. Ich nickte zurück. Ich nahm noch einen tiefen Zug, schmiss die Kippe weg und ging auf ihn zu. Seine Nase war noch immer ein wenig lädiert von unserer letzten Begegnung und seine linke Hand war eingegipst, aber er schien keine bleibenden Schäden davongetragen zu haben. Ich sah, wie er die Fäuste ballte und abwartete, was ich als Nächstes machen würde, aber ich hatte keine schlechten Absichten. Ich ging zu ihm und streckte ihm meine Hand entgegen. »Hallo«, sagte ich, »ich bin Selam. Ich bin neu hier in der Gegend. Ich habe gehört, du hast hier etwas zu melden.« Er zögerte einen kurzen Augenblick, schaute auf meine ausgestreckte Hand. Dann griff er zu. »Ich bin Emrah«, sagte er. »Willkommen in Porz.«

Der Beginn einer wunderbaren Freundschaft, dachte ich und lächelte. »Warum kommst du nicht mit ins Café?«, fragte mich Emrah. »Dann stelle ich dich den Jungs vor.« Ich nickte. Ich hatte nichts dagegen. Also gingen wir zusammen ins *Turan.*

Das *Turan* war ein türkisches Cafe, direkt zwischen den Hochhäusern. Ich schaute mich um. Es wirkte auf den ersten Blick nicht gerade spektakulär. Es standen ein paar Tische herum, an denen Karten oder Okey gespielt wurde. Es wurde geraucht und Çay getrunken. An einem Tisch saßen ein paar Männer, die etwas besprachen, und in der Ecke standen zwei Spielautomaten.

Von diesem Tag an war ich hier Stammgast. Ich lernte im *Turan* einige interessante Gestalten kennen. So auch Hakan. Hakan war dafür bekannt, dass er das Drogengeschäft hier im Block in der Hand hatte. Ich hielt mich von dem Zeug fern und wollte auch mit den Dealern nichts zu tun haben. Ich wusste zwar, dass man durch den Verkauf gutes Geld machen konnte, aber das war ein Geschäft, dass mir zu dreckig war. Dennoch mochte ich Hakan. Er war ein großer, schlacksiger Typ, der immer etwas zu weite Anzüge trug. Seine langen Haare waren streng zurückgegelt und an seinen Fingern hatte er drei protzige Goldringe. Ansonsten war er aber ein lustiger Typ. Eigentlich.

Als ich eines Abends gerade aus dem Café kam und ihm in die Arme lief, verhielt er sich allerdings merkwürdig. Er stand völlig neben sich, schwitzte und fluchte vor sich hin.

»Selam aleykum, mein Freund«, begrüßte ich ihn. »Ist alles in Ordnung bei dir?« Hakan schien mich gar nicht zu sehen, so beschäftigt war er mit sich selbst. »Ich ficke sein gottverdammtes Leben!«, schrie er vor sich hin. Ich packte ihn an der Schulter. »Bruder …«, versuchte ich es noch einmal, »ist alles okay bei dir?« Er starrte mich an und schüttelte mehrmals schnell seinen Kopf, als würde er seine Gedanken abschütteln oder als würde er langsam aus einem bösen Traum erwachen. »Ich wurde beklaut«, brüllte er dann und spuckte mich dabei fast an. Der Typ war am durchdrehen.

»Ich wurde beklaut«, wiederholte er. Dann wurde sein Gesicht ganz düster. »Hast du was damit zu tun, Selam?« fauchte er mich an.

»Komm runter«, beruhigte ich ihn. »Ich habe keine Ahnung, wovon du sprichst.«

Dann erzählte er mir, dass er gestern eine Großlieferung Piece gekauft hatte. Es ging um mehrere Platten, die er in zwei großen Sporttaschen gelagert hatte. »Ich wollte die Platten gerade zerkleinern und an meine Dealer verteilen, da habe ich gesehen, dass die Tasche weg ist.«

Da ich mit Drogen nichts am Hut hatte, konnte ich nicht wirklich absehen, um was für Beträge es hier ging. Aber Hakan machte da kein großes Geheimnis draus. »Die Dinger hatten einen Wert von rund 100 000 Mark«, fluchte er. Dann schweifte sein Blick wieder ab. Hakan wurde blass. »Ich bin ruiniert«, brabbelte er vor sich hin. »Ich bin nicht nur ruiniert … Ich darf es mir auf keinen Fall mit diesem Typen verspielen!«

Ich verstand nicht ganz, was er meinte. Ich dachte immer, Hakan wäre der große Mann im Drogengeschäft, und das sagte ich ihm auch. Doch er schüttelte abwesend den Kopf. »Nein, Mann. Da ist noch jemand anderes. Und das Zeug habe ich von ihm auf Kombi.«

Er hatte also das Piece angenommen und hatte schon ein festes Datum, an dem er das Geld bezahlen musste.

»Um wen geht es?«

»Sie nennen ihn Mr. Nice.« Mr. Nice? Von dem hatte ich schon auf der Straße gehört. Hakan fuhr fort: »Dieser Kerl ist ein Phantom.

Er kontrolliert hier fast alles. Und er hat die beste Holland-Connection, eine Qualität, wie man sie sonst nirgendwo kriegt. Aber man bekommt ihn nur zu Gesicht, wenn etwas extrem gut oder extrem schlecht läuft. Und ich habe gar kein' Bock, ihm jetzt zu begegnen.«

»Bruder, es war doch nicht deine Schuld …«

»Denkst du, das interessiert ihn?«, fing Hakan nun an, völlig auszurasten. »Der Typ macht mich fertig! Der versteht da kein' Spaß! Der ist wie so ein beschissener Alligator. Er wird ruhig bleiben und in dem Moment, wo man es am wenigsten erwartet, schlägt er zu und fickt dein Leben!«

Ich fing an, Hakan zu schütteln. »Beruhig dich, Bruder«, sagte ich. »Wir kriegen das schon hin!« Ich schaffte es, ihn ein wenig runterzuholen. »Hast du einen Plan?«, fragte ich ihn.

Er nickte. »Ich habe meine Leute zusammengerufen. Wir treffen uns in einer Stunde. Kannst du mit dabei sein?« Ich nickte. Klar, warum nicht?

Eine Stunde später trafen wir uns alle auf einem Parkplatz. Die Zeit spielte gegen uns. Wer auch immer das Zeug geklaut hatte, wir mussten uns beeilen, es zurückzubekommen, bevor es ihm gelingen würde, sich damit abzusetzen. Oder es komplett zu verkaufen. Doch wie sollten wir herausfinden, wer hinter dem Diebstahl steckte? Hakan hatte einen Plan. Wir sollten sämtliche Dealer in der Stadt abfahren und ihnen ihr Zeug abkaufen. Da sein Piece nicht irgendwelches Piece war, würde er erkennen, wer es auf den Straßen vertickte. Die Dealer konnten wir dann befragen, von wo sie ihre Ware bezogen hätten.

Die ganze Nacht fuhren wir durch die Stadt und klapperten die Drogen-Hotspots ab. Als wir uns am Morgen wiedertrafen, checkte Hakan die Proben, die wir eingekauft hatten. Es dauerte nicht lange, bis er seinen eigenen Stoff erkannte. »Das hier ist es!«, rief er laut aus. »Wo habt ihr das gekauft?« Einer seiner Jungs ging seine Liste durch und benannte einen Dealer an den Kölner Ringen. »Dann stattet ihm einen Besuch ab und fragt nach, von wem er das Piece hat, das er hier verkauft«, wies er uns an.

Als wir ihn besuchten, wollte der Dealer zunächst nicht so recht mit der Sprache rausrücken. Als er allerdings erfuhr, dass er geklaute Drogen von Mr. Nice verkaufte, war er wundersamerweise sofort gesprächsbereit. Merkwürdig, dachte ich.

Wir erfuhren, dass die Drogen von Marroko-Mo kamen, und berichteten es Hakan. »Der muss es sein«, zischte der sofort. »Der war schon immer ein ekelhafter Typ. Der würde seine eigene Mutter verkaufen für ein bisschen Kohle.«

Marokko-Mo war wohl ein ehemaliger Dealer von Hakan. Er wusste, wo sich Hakans Lager befand, und musste eingebrochen sein, als er sich sicher sein konnte, dass niemand vor Ort war.

»Lasst uns bei ihm vorbeifahren«, schlug ich vor. Die anderen nickten. Hakan, Serbas und ich setzen uns in Hakans Wagen und fuhren also zu Mo. Er wohnte in einem der Hochhäuser gleich in der Nachbarschaft, im 16. Stock. Wir verschafften uns Zutritt zum Hausflur, fuhren mit dem Aufzug nach oben und klopften an seine Tür. Keine Reaktion. »Versuch es noch mal«, forderte ich Hakan auf. Hakan klopfte erneut. Dieses Mal vehementer. Wieder nichts. Keine Reaktion. »Lass mich mal«, sagte Serbas und scheuchte uns von der Tür weg. Dann trat er die Tür einfach auf.

»Was machst du da?«, fragte ich ihn erstaunt. Ich wusste gar nicht, dass mein großer Bruder auch Schlösser knacken konnte. Er zwinkerte mir nur kurz zu, dann war die Tür auch schon offen. Vorsichtig betraten wir die Wohnung von Mo. Niemand war da. Ich schaltete das Licht ein und ging durch die Zimmer. Die Wohnung war beinahe komplett leergeräumt. Nur ein paar Schränke standen noch herum. Aber auch sie waren leer. »Scheint, als würde er nicht zurückkommen.« Hakan fing an zu fluchen. Er brüllte herum und schlug mit seiner Faust gegen die Wände. »Dieses miese Schwein, er hat mich abgezockt! Jetzt bin ich am Arsch!«

Wenigstens hatten wir nun Gewissheit. Wir sagten den anderen Jungs Bescheid und entschieden uns, in Köln nach Marroko-Mo zu suchen. Vielleicht war er ja noch in der Stadt und versuchte das gesamte Piece zu verkaufen. Auch wenn das unwahrscheinlich war. Ich schaute auf mein Handy. 22 Uhr. Die ganze Nacht lag noch vor uns. Und so fuhren wir alle Ecken ab. Wir besuchten bekannte Dealer, wir gingen in die zwielichtigen Bars, wir fragten jeden, wirklich jeden, ob er etwas wüsste. Doch nichts. Seit einem Tag war Mo einfach verschwunden. Untergetaucht. Es hatte keinen Sinn. Wir beschlossen aufzugeben. Zumindest für heute. Mein Bruder setzte Hakan bei sich zu Hause ab, dann fuhren wir noch zur Tankstelle, bevor wir endlich schlafen gehen wollten. Es war bereits 4 Uhr morgens. Nachdem mein Bruder seinen Wagen vollgetankt hatte, gingen wir gemeinsam in Richtung Kasse und stellten uns an. Da sah ich plötzlich, dass auch Mo an der Kasse stand. Ich konnte es nicht glauben. Er stand tatsächlich direkt vor uns und kaufte eine Packung Kaugummis.

»Mo«, sprach mein Bruder ihn an. Er zuckte sofort zusammen. Aber er wusste, dass er jetzt geliefert war. Er fing an zu zittern.

»Was macht ihr denn hier um die Zeit?«, fragte er. Mein Bruder war schlau genug, die Sache nicht in der Tankstelle eskalieren zu lassen. Überall hingen Überwachungskameras. Das wäre nicht gut ausgegangen.

»Hast du es nicht gehört?«, fragte Serbas ihn. »Es ist etwas Schreckliches passiert …«

»Waaaaaas?«

Ich betrachtete Mo. Er war ein Fliegengewicht. Von ihm hatten wir nichts zu befürchten. Ich legte meinen Arm um seinen Nacken und eskortierte ihn nach draußen, während mein Bruder an der Kasse zahlte. »Ich erzähle es dir …«, sagte ich und brachte ihn zu unserem Auto, das auf dem Parkplatz stand. Mo war blass vor Angst. Er machte nicht einmal Anstalten, wegzulaufen. Ich drückte ihn auf die Rückbank und setzte mich neben ihn. Serbas fuhr ein paar Meter, bis wir einen Ort erreichten, an dem keine Kameras mehr waren. Ich wies Mo an, auszusteigen, und er öffnete den Kofferraum. »Besser hier rein …«, befahl ich ihm. Er kauerte sich wimmernd im Kofferraum zusammen. Ich knallte die Tür zu und stieg mit Serbas wieder nach vorn ins Auto. Von unterwegs riefen wir Hakan an und erzählten ihm von unserem Fund. Er war ganz begeistert. »Bringt den Hurensohn zu mir«, forderte er uns auf. Und so fuhren wir zu Hakan.

Er wohnte in der 13. Etage. Als er uns die Tür öffnete und Mo sah, schlug er ihm direkt ins Gesicht. Zwei Fäuste. Bam, bam. Mo sank zusammen. »Du Drecksschwein, denkst du, dass du mich beklauen kannst?«, fluchte Hakan. Ich hatte ihn noch nie so aggressiv gesehen. Es wirkte, als würde er den Marrokaner gleich umbringen. Direkt hier im Hausflur. Wir schleppten den benommenen Dieb in die Wohnung und legten ihn auf die Couch. Dann gab ich ihm zwei Ohrfeigen, damit er wieder zur Besinnung kam. »Wo sind die Drogen?«, brüllte ich ihn an.

»Ich weiß nicht«, winselte er. Ich schlug ihm eine Faust direkt auf die Nase. Sein Gesicht blutete.

»Auuu, hör auf«, quiekte er.

»Wo sind die Drogen?«

»Ich weiß es nicht«, wiederholte er. Zack, da fing er sich die nächste Ohrfeige von mir. Auf diese Weise demolierte ich nach und nach sein Gesicht. Aber es brachte nichts. Er schwieg weiter. Ich spürte, wie ich selbst immer wütender wurde. »Also gut, du gottverdammter Hurensohn, wenn du es nicht auf diese Weise willst, dann machen wir ernst.« Ich schlug ihm noch einmal ins Gesicht, dann schleifte ich ihn in den Hausflur, wo es einen offenen Schacht gab, der nach draußen führte. Ich packte einen Fuß von ihm, mein Bruder nahm den zweiten und wir hievten den Kerl über das Geländer. Wir hielten ihn aus dem dreizehnten Stock und ließen ihn mit dem Kopf nach unten baumeln. Aus seiner Jackentasche fielen erst Münzen heraus, dann sei Handy.

»Seid ihr völlig verrückt geworden?«, kreischte er. Er klang wie ein hysterisches Mädchen.

»Du ruinierst meinen Freund«, brüllte Serbas so aggressiv, wie er nur konnte. »Wenn er wegen dir alles verliert, werde ich dich töten!« So hatte ich meinen großen Bruder noch nie erlebt. Aber ich tat es ihm nach. »Bei Gott«, sagte ich, »meine Geduld ist endgültig vorbei.

Ich gebe dir genau zehn Sekunden und du sagst uns, wo die Drogen sind. Oder ich lasse dich einfach runterfallen, sodass dein Kopf auf dem Beton da unten aufschlägt. Hast du mich verstanden?« Wir schüttelten Mo hin und her.

Das zeigte Wirkung. »Ich sage euch alles!«, schrie er mit hoher Stimme. »Lasst mich wieder runter …« Wir zogen ihn zurück über das Geländer.

»Also?«, fauchte ich ihn aggressiv an.

»Der Koffer ist im Kofferraum von meinem Auto. Es steht noch immer an der Tankstelle.« Ich durchsuchte ihn. Seine Autoschlüssel waren in seiner Hosentasche. Ich nahm sie mir. »Wartet mit ihm hier«, sagte ich und ging zurück zur Tankstelle. Dort öffnete ich den Kofferraum von seinem Wagen. Und tatsächlich. Die zwei Taschen lagen da. Ich öffnete sie und schaute hinein. Sie waren voller Piece-Platten. Jackpot! Ich nahm die Taschen an mich und rief Hakan an. »Ich habe sie«, sagte ich. Ich konnte durch das Handy hören, wie er tief durchatmete. »Seeelaam«, rief er, »ich schulde dir was. Du hast mir mein Leben gerettet.«

»Alles gut, Bruder«, sagte ich.

»Nimm die Taschen mit nach Hause, ich will nicht, dass der Hurensohn hier noch eine linke Aktion bringt über Nacht. Ich hole das Zeug morgen ab.«

»Gut, gut«, sagte ich.

»Wir kümmern uns derweil um den Marrokaner. Der hat noch eine lange Nacht vor sich.«

Als ich nach Hause kam, ging bereits die Sonne wieder auf. Ich war todmüde. Ich schlich leise durch den Flur, weil ich meine Eltern und meine Geschwister nicht wecken wollte. Ich öffnete den kleinen Abstellraum, den wir hatten, und packte dort die beiden Taschen rein. Hier würden sie nicht weiter auffallen. Dann ging ich in mein Zimmer und ließ mich in mein Bett fallen.

Als ich mittags wieder aufwachte, sah ich, dass mein großer Bruder neben mir lag. Er musste noch später als ich nach Hause gekommen sein. Er war noch immer im Tiefschlaf. Ich streckte mich und schaute auf den Wecker. Es war 12.30 Uhr. Müde kämpfte ich mich aus dem Bett und ging ins Bad. Auf dem Weg kam ich an dem Abstellraum vorbei. Er stand offen und war leer. Ich nahm das zunächst nur am Rande wahr und ging weiter ins Bad und knipste das Licht an. Moment mal. Der Abstellraum stand offen und leer? In meinem Kopf arbeitete es. Plötzlich war ich hellwach! Ich sprintete zurück in den Flur und starrte in die kleine Kammer, die normalerweise voller Gerümpel war. Nichts. Sie war leer. Auch die beiden Taschen waren weg. Ich bekam beinahe einen Herzinfarkt. Ich rief nach meiner kleinen Schwester. »Was ist los?«, fragte sie.

»Was ist hier passiert?«, schrie ich sie an und gestikulierte wild in Richtung Abstellraum.

»Was meinst du?«

»Mit dem Raum! Warum ist er leer?«

Mittlerweile war von meinem Geschrei auch mein großer Bruder aufgewacht. »Was ist los?«, fragte er.

»Die Taschen sind weg!«, brüllte ich. »Sie waren hier in dem Raum!«

Er wusste sofort, von welchen Taschen ich sprach. »Es ist doch Sperrmüll«, sagte meine kleine Schwester. »Und Mama und Papa haben alles ausgeräumt. Sie sind eben runtergegangen.« Mein Bruder und ich schauten uns an. Dann sprinteten wir, so schnell wir konnten, die Treppe runter.

Draußen standen Mama und Baba vor dem Haus und sortierten den ganzen Krempel, den sie hier rausgetragen hatten. Am Ende der Straße kam schon der orangene Müllwagen. »Mama, wo sind die Sporttaschen?«, schrie ich panisch. Dann entdeckte ich sie zwischen alten Kartons und riss sie an mich. »Da sind nur alte Sachen drin«, winkte meine Mutter ab und wollte sie mir aus der Hand nehmen, um sie wieder zu dem Restmüll stellen.

»Mama, da sind keine alten Sachen drin!«, beharrte ich.

Nun wurde Mama richtig wütend. »Die Taschen sind ja total schwer. Sagt mir jetzt, was da drin ist!«

»Mama«, sagte ich, so ernst ich konnte, »da sind Elektrosachen drin. Die haben wir gestern gekauft und müssen sie heute zu einem Freund bringen.«

Sie schlug die Hände vor dem Gesicht zusammen. »Oh je, mein Sohn, das tut mir leid. Und ich hätte sie beinahe weggeworfen!«

»Alles gut, Mama«, beschwichtigte ich sie. Dass sie beinahe Drogen im Wert von 100 000 D-Mark auf den Sperrmüll geworfen hatte, habe ich ihr bis heute nicht erzählt.

Auch wenn ich noch immer nicht wusste, wieso dieser mysteriöse Mr. Nice so eine besondere Connection hatte, wurde über unsere Nacht-und-Nebel-Rettungsaktion im gesamten Block gesprochen. Es war das ganz große Thema. Und es zog seine Kreise.

Am nächsten Tag im Café sprach mich ein Mann an. Ich spielte gerade Karten mit meinen Jungs. Ich kannte diesen Mann. Ich hatte ihn schon öfter gesehen. Er fuhr von Café zu Café und belieferte sie alle mit Getränken und Nüssen. Er war schon etwas älter, hatte einen kahlen Kopf, einen bauschigen Schnäuzer und mächtige Oberarme. Er wirkte so, als wäre er als kleines Kind einmal in einen Topf voller Anabolika gefallen. An diesem Tag sprach er ein wenig länger mit dem Besitzer, dann winkte er mich zu sich. »Junge«, rief er, »kommen einmal her.«

Ich ging auf den Mann zu. »Was kann ich für dich tun, Onkel?«

»Wie heißen du?«, fragte er mich in seinem kaputten Deutsch.

»Selam«

»Bist du Kurd?«

Ich nickte. »Ich bin auch Kurd«, sagte er und stellte sich vor. Seine Name war Nuri. Dann griff er nach meinen Händen. »Zeigen mir deine Fäuste«, forderte er mich auf. Ich spannte meine Fäuste an. Er betastete sie und nickte. »Gut, gut«, sagte er. Dann lächelte er mich an und verschwand.

Merkwürdig, dachte ich und setzte mich wieder an meinen Tisch, um mit den Jungs weiter Karten zu spielen. Es sollte noch ein wenig dauern, bis ich verstand, was es mit dieser Begegnung auf sich hatte.

Ein paar Tage später saß ich zu Hause, als Kinder an unsere Haustür klopften. »Selam«, sagten sie, »der Onkel will mit dir reden ...«

»Welcher Onkel?«, fragte ich.

»Onkel Nuri. Er wartet auf dich im Café.«

Ich zog mir meine Schuhe an und machte mich auf den Weg. Als ich in das Café kam, war es komplett leer. Es war wahrscheinlich einfach noch zu früh. Nur Onkel Nuri saß an einem der Tische und schaute mich erwartungsvoll an. Ich setzte mich zu ihm. »Ich habe gehört, du kannst gut was weghauen«, kam er gleich zur Sache. »Ich habe einen Auftrag für dich.«

»Was für einen Auftrag?«

»Es ist ganz einfach«, sagte Onkel Nuri. »Du gehst zu einem Typen und haust ihn weg.«

Das klang wirklich ganz einfach. Und nach einem Job für mich. »Wer ist der Mann, den ich weghauen soll?«, fragte ich.

»Spielt keine Rolle«, entgegnete der Onkel. Ich betrachtete den älteren Herren. Bislang hatte ich ihn für einen freundlichen Getränkelieferanten gehalten. Mittlerweile bekam ich allerdings viel mehr den Eindruck, dass er irgendein Mafia-Pate war. »Wie viel kriege ich dafür?«, fragte ich weiter.

»200 Mark.«

»Nein«, schüttelte ich sofort den Kopf, »das ist zu wenig. Gib mir 400 Mark.« Ich hatte überhaupt keine Ahnung, was ich da sagte. Natürlich wusste ich nicht, welcher Betrag für einen solchen Auftrag angemessen war. Was man da so nehmen konnte. Aber für mich klangen 400 D-Mark erst mal gut.

Onkel Nuri legte den Kopf schräg und betrachtete mich. »Einverstanden«, sagte er schließlich und wir gaben uns die Hand. Ich machte auf cool und abgeklärt, aber innerlich freute ich mich wie ein kleines

Kind. 400 D-Mark dafür, dass ich irgendeinen Typen wegschlagen sollte. Das war leicht verdientes Geld.

Nuri gab mir einen Zettel, auf dem ein Name und eine Adresse standen.»Sag dem Mann: Schöne Grüße von Kemal«, trug mir Onkel Nuri auf.

»Alles klar«, sagte ich und ging nach Hause. Dort fragte ich meinen großen Bruder, ob er mir seinen Wagen leihen konnte, und fuhr direkt zu der Adresse auf dem Zettel. Ich hielt vor einem türkischen Café in Gladbeck. Ich stieg aus dem Wagen und betrat das Cafe. »Wer ist Ahmed?«, fragte ich. Ein Mann zuckte zusammen. Das merkte ich sofort. Er war ein normaler Kerl, 1,70 Meter, schmächtig, nicht weiter auffällig. Ich ging schnurstracks auf ihn zu. »Bist du Ahmed?«, fragte ich.

Der Mann nickte. »Was kann ich für dich tun?«

»Ich muss mit dir reden.« Da saßen sechs, sieben Leute, doch es kümmerte mich nicht. In dem Moment, wo Ahmed aufstand, schlug ich ihm direkt zweimal in die Fresse. Ohne groß zu reden. Zwei Männer standen reflexartig auf und wollten sich einmischen. Dann musterten sie mich, wägten ihre Chancen ab – und setzen sich wieder auf ihren Platz. Daraufhin gab ich Ahmed noch eine dritte Bombe. Der Typ knickte sofort um. »Schöne Grüße von Kemal«, sagte ich und ließ den Kerl liegen. Dann fuhr ich zurück ins Café und ließ mich bezahlen.

Ich hatte Blut geleckt. Mit der Schule war ich inzwischen fertig. Ich hatte einen Volkshochschulabschluss gemacht und mich auf eine Stelle bei UPS beworben. Die haben mich allerdings nicht angenommen. Ich hatte also jede Menge Zeit und sowieso keine andere Perspektive. Also hoffte ich auf weitere Aufträge. Ich wollte Geld verdienen.

Ich hatte keine Ahnung, dass für mich jetzt ein ganz neues Leben beginnen sollte. Da ich meinen Auftrag ordentlich ausgeführt hatte, bekam ich weitere Aufträge von Onkel Nuri. Ich wurde zu seiner Faust.

Über diese Aufträge lernte ich in Köln ein paar Türsteher kennen. Sie fragten, ob ich nicht bei ihnen arbeiten wollen würde. Natürlich wollte ich das! Als Türsteher war man ein Motherfucker, man entschied darüber, wer in die Discos und Clubs reinkam. Die Jungs erkannten mein Potenzial. Sie erkannten, dass ich hochaggressiv war und keinem Konflikt aus dem Weg ging. Und so setzten sie mich ein. War ich bei Onkel Nuri die Faust, so war ich hier der Pitbull. Immer wenn es Ärger gab, ließ man mich von der Leine. Ich arbeitete zunächst in der Discothek *A4* in Poll in der Rolshover Straße 384. Es gab zwei große Hallen. In der einen liefen House und Black Music, in der anderen eher so Kölsche Partymusik.

Die Hallen sorgten für unterschiedliche Probleme. In der Black-Music-Halle waren die Kanaken-Gangster, die Stress machten, sobald sie von irgendwem falsch angeschaut wurden. In der Kölsch-Halle waren die Deutschen, die zu viel gesoffen hatten und sich dann prügelten. Und draußen gab es von beiden Seiten Ärger, wenn jemand nicht reinkam. Mir war egal, welcher Stress da auf mich zukam. Stress war Stress. Und der machte mir wahnsinnig viel Spaß.

Das war jetzt mein neues Leben. Ich schlief jeden Tag bis mittags, dann frühstückte ich und ging zum Training. Im Gym traf ich mich mit meinen Jungs. Wenn wir mit dem klassischen Training fertig waren, gingen wir runter in den Keller, dort war ein Boxclub. Hier lernten wir Aldo, den Italiener kennen. Aldo war jeden Tag hier. Seine Arme waren so dick wie die Beine von normalen Menschen. Der Kerl war ein Monster. Und er brachte mir am Boxsack noch so einiges bei.

Am Wochenende arbeitete ich in der Diskothek. Unter der Woche nahm ich Aufträge an. Von meinem ersten Geld kaufte ich mir einen BMW. Einen M3. Ich war wahnsinnig stolz. Ich fuhr den ganzen Tag damit herum. Am nächsten Tag war er weg. Gestohlen. Einfach so. Also nahm ich noch mehr Aufträge an, um noch mehr Geld zu verdienen, um mir einen zweiten BMW zu kaufen. Ich hatte mir in der Gegend mittlerweile einen Namen gemacht, sodass ich nicht nur von

Onkel Nuri, sondern auch von fremden Männern irgendwelche Aufträge zugespielt bekam. So wie von dem Polen.

Der Pole war ein schmächtiger Mann, ein Fabrikarbeiter, der unbedingt mit mir sprechen wollte. Er versuchte, mich über verschiedene gemeinsame Bekannte zu erreichen. Schließlich wandte er sich an meinen großen Bruder, der dann wirklich einen Kontakt vermittelte. Wir verabredeten uns an einem Dienstagabend im Industriegebiet. Ich hasste es, wenn Leute so einen Aufriss machen. Wir hätten uns auch ganz unkompliziert im Café treffen können. Aber stattdessen schickte er mich in die Pampa. Vor einer alten Lagerhalle saß er auf seinem schrottreifen Ford Fiesta und rauchte nervös eine Kippe nach der anderen. Der Mann hatte einen kahl rasierten Kopf, trug ein Unterhemd und wirkte schon fast paranoid. Ständig schaute er sich um, ob wir nicht vielleicht doch beobachtet wurden. »Alles gut«, versicherte ich ihm. »Wir sind alleine.« Wir hatten unsere Autos mitten im Nirgendwo geparkt. Ich hatte mir meine schönen Felgen mit Lehm beschmiert, allein deshalb war ich schon abgefuckt.

»Niemand darf etwas von diesem Treffen erfahren«, sagte der Pole und schaute sich wieder um. »Das muss alles unter uns bleiben, klar?«

»Mach hier keine Show«, holte ich ihn wieder runter. »Sag mir, was du willst.«

Er nahm einen tiefen Zug von seiner Zigarette und schnippte sie weg. »Da ist ein Typ, der braucht eine Abreibung«, sagte er und schaute mir jetzt direkt in die Augen.

»Warum?«, fragte ich. Es war nicht unbedingt nötig, dass man mir das begründete. Es reichte auch, mich zu bezahlen. Aber aus irgendeinem Grund wollte ich es hier genauer wissen.

»Der Kerl hat versucht, sich an meine Frau ranzumachen. Aber sie ist eine gute Frau, weißt du, sie hat ihn einfach stehen lassen. Aber darauf kam er nicht klar. Und hat ihr eine gescheuert. Ich kann gegen ihn nichts ausrichten. Er ist nicht ganz ungefährlich. Und die Polizei …«, sagte er, lachte höhnisch und zog sich noch eine Zigarette aus der Box, »die macht sowieso nichts. Keine Beweise.«

»Was soll ich mit dem Kerl machen?«

»Schlag ihn zusammen. So hart, wie es geht.«

»Gut«, sagte ich. »Ich will 3 000 Mark.«

Der Pole schluckte. »3 000 ist eine Menge Geld.«

»Wenn ich ihn ordentlich zusammenschlage«, sagte ich, »ist das auch eine Menge Blut.«

Der Pole nickte. »Einverstanden«, sagte er. »Ich gebe dir 1500 Mark sofort. Und die zweite Hälfte, wenn der Auftrag durch ist. Aber der Kerl soll nicht wissen, dass ich dahinter stecke.«

»Keine Sorge«, sagte ich, »ich bin diskret.«

Diese Formulierung hatte ich mal irgendwo aufgeschnappt und fand, dass der Satz ziemlich professionell wirkte. Der Pole gab mir ein paar Daten über mein Opfer. Er hieß Mischa. Mischa wohnte in Wuppertal und arbeitete in derselben Fabrik wie der Pole, musste also morgens um 6 Uhr zu seiner Schicht antreten. Das war der beste Moment, um ihn abzufangen, rechnete ich mir aus. Ich fragte meinen alten Kumpel Emrah, ob er Lust hatte, mitzukommen. Ich war auch bereit, ihm einen guten Teil von meinem Lohn dafür abzugeben.

»Um diese Zeit?«, stöhnte er.

»Komm schon«, sagte ich, »wir müssen Geld verdienen.«

Zwei Tage später standen wir in meinem BMW vor dem Haus, in dem Mischa wohnte. Die gesamte Nacht über standen wir einfach nur hier und warteten. Es passierte nichts. Zwischendurch schaltete ich das Radio ein, aber die Gute-Laune-Musik machte das Warten nur noch unerträglicher. Die Zeit schien überhaupt nicht zu vergehen. Immer wieder starrte ich angestrengt auf das Haus. Irgendwann fielen mir die Augen zu. Aber ich wurde durch Emrahs Schnarchen schnell wieder wach.

»Mann«, sagte ich und boxte ihn in die Schulter, »du musst wach bleiben. Dafür bist du hier.« Er grummelte nur und drehte sich zur Seite. Ich schaute auf die Uhr. Es war mittlerweile Montagmorgen. 4 Uhr. Ich richtete mich auf. Konzentrier dich, Selam, sprach ich mir selbst zu. Es könnte jetzt jederzeit etwas passieren. Du musst wach bleiben.

Doch es passierte nichts. Die Zeit verging. Und dann ... endlich! Das Licht ging an. Jackpot, dachte ich. Bestimmt würde er gleich rauskommen. Ich schaute auf die Uhr. 5.10 Uhr. Ich stellte das Radio an, wieder lief nur Mist. Ich steckte eine Kassette mit Hip-Hop ein. Notorious B.I.G. Das war genau meine Musik. Da fühlte ich mich richtig Gangster, das hörte ich immer, bevor ich irgendeinen Coup durchzog. Um mich zu beruhigen.

Ich schaute wieder auf die Uhr. 5.16 Uhr. Emrah schlief noch immer auf meinem Beifahrersitz. Ich schüttelte den Kopf, atmete schwer durch und drehte die Musik noch ein wenig lauter auf. Dann endlich – es war 5.25 Uhr und das Licht in der Wohnung ging aus, dafür wurde es im Hausflur hell. »Hey, hey«, weckte ich Emrah, »wach auf, ich glaube, da kommt jemand.«

Er schreckte hoch. Die Haustür ging auf. Ein übergewichtiger Glatzkopf mit roter Knollnase kam aus dem Haus. Er trug eine Jacke, die ihm viel zu eng war. Das war er. Mischa. »Komm schon«, sagte ich zu Emrah, »den packen wir uns jetzt.« Der fette Mischa war gerade auf dem Weg zu seinem Auto und wollte es aufschließen, als wir auf ihn zuliefen. »Warte mal, Kollege«, brüllte ich rüber. Er schaute mich an und schien sofort zu begreifen, was los war. Keine Ahnung, wieso, vielleicht war er es schon gewohnt, Ärger zu haben. Zumindest reagierte er direkt. »Pomoc«, schrie er auf Polnisch nach Hilfe. »Pomoc! Pomoc!« Noch während wir auf ihn zuliefen, sahen wir, wie wieder die Lichter im Hausflur angingen. Plötzlich öffnete sich die Tür. Und drei, vier, fünf, nein sechs stabile Kerle kamen herausgelaufen. Alles richtige Brocken. Emrah und ich schauten uns an und blieben stehen. Okay, gegen diese Übermacht hatten wir keine Chance. Und es war ja auch nicht Sinn der Sache, sich hier mitten auf der Straße eine große Prügelei zu liefern. Wir warfen uns einen vielsagenden Blick zu und entschieden uns zur Flucht. »Du links, ich rechts«, rief ich Emrah zu. Ich malte mir bessere Chancen aus, wenn wir uns aufteilten.

Wir liefen auf eine offene Wiese. Draußen war es noch immer stockdunkel, die Laternen beleuchteten bloß die Straße, aber die Felder, die vor uns lagen, waren komplett dunkel. Ich lief, so schnell ich konnte, stolperte aber immer wieder über meine eigenen Füße. Verdammt, ich sah hier einfach überhaupt nichts. Hinter uns hörte ich die Meute an Polen näherkommen. Sie brüllten irgendwelche polnischen Kampfschreie. Scheiße, das lief gar nicht so wie erwartet. Ich kämpfte mich irgendwie über die große Wiese, bis ich dort einen alten Pick-up mit Ladefläche stehen sah. Der war wahrscheinlich für irgendeine Ernte gedacht. Ich warf mich auf den Boden und krabbelte unter das Fahrzeug. Hier würden sie mich nicht finden, dachte ich. Dann blieb ich liegen und stellte mich tot. Ich sah, wie die Polen über das Feld liefen, aber in die falsche Richtung rannten. Ich war sicher. Puh, das war knapp, dachte ich und blieb dennoch zur Sicherheit noch etwas in meiner Position.

Als die Sonne langsam aufging und es heller wurde, wollte ich gerade zurück zum Auto gehen, als ich zwei Füße vor dem Pick-up sah. Vielleicht war es Mischa. Gut, dann würde ich die Gelegenheit jetzt nutzen und dem Kerl eine verpassen. Ich sprang unter dem Auto hervor, holte schon mit meiner Faust aus und … Moment! »Emrah?«

»Willst du mich schlagen, oder was?«

»Was ist denn mit dir passiert?«, fragte ich ihn und betrachtete meinen Freund, der von oben bis unten mit Schlamm bedeckt war. Es tropfte regelrecht von ihm runter. »Bira, ich bin geflohen und habe nichts gesehen, verdammte Scheiße und dann bin ich in diesen Teich gefallen … Wallah, eklig! Alles voller Frösche.«

»Bruder«, sagte ich, »du stinkst bestialisch.«

»Ja, Mann!«

Ich zog einen toten Fisch aus seiner Kapuze. »Aber ich glaube, die Polen sind weg. Lass uns nach Hause fahren.«

Deprimiert zogen wir ab und kehrten zu meinem Auto zurück. Als Emrah einsteigen wollte, zog ich ihn zurück. »Bist du bescheuert?«, fragte ich ihn. »So gehst du nicht in mein Auto!«

»Selam, lass den Scheiß. Ich will nach Hause.«

»Ich will auch nach Hause, Bruder. Aber das ist mein BMW. So kannst du da nicht rein!«

Emrah schaute mich entgeistert an. Der Schlamm triefte noch immer von seinen Klamotten runter. »Ja und jetzt?«

»Zieh die Sachen aus und schmeiß sie in den Kofferraum.«

»Das ist nicht dein Ernst …«

»Das ist mein voller Ernst, Brudi.«

Und so zog sich Emrah splitternackt aus und durfte erst dann neben mir auf dem Beifahrersitz Platz nehmen. Er war stinksauer. Ich verstand das. Aber er musste mich auch verstehen. Ich hatte den Wagen gerade erst reinigen lassen. Als ich mit meinem nackten Beifahrer wieder in Porz angekommen war, hatte er sich ein wenig beruhigt. »Und jetzt?«, fragte er.

»Und jetzt ficken wir Mischas Mutter«, versprach ich. Wir warteten extra weitere drei Tage, damit sich der Dicke halbwegs in Sicherheit wägte.

Dann fuhren wir wieder zu seinem Haus. Dieses Mal gingen wir strategisch ein wenig klüger vor. Wir wollten nichts überstürzen. Wir blieben also in unserem Auto sitzen und beobachteten den Dicken. Eine kluge Entscheidung, denn Mischa war nicht ganz so dumm, wie er aussah. Er ging nur noch in Begleitung raus. Seine Freunde umringten ihn. Und sie waren bewaffnet. Mindestens einer hatte einen Baseballschläger bei sich. Wir hielten uns dezent im Hintergrund und warteten, bis er in sein Auto stieg und losfuhr. Seine Beschützer blieben zurück.

Er wusste wohl, dass es jemand auf ihn abgesehen hatte. »Was machen wir jetzt?«, fragte Emrah.

»Wir jagen ihn«, sagte ich und stellte den Motor an. Langsam und möglichst unauffällig fuhr ich ihm hinterher. Wie ein Raubtier, dass seiner Beute folgte. Ich wollte, dass er sich in absoluter Sicherheit wiegte. Ich schaute auf die Uhr. 5.30 Uhr. Draußen war noch nicht viel los. Die Straßen waren leer. Wir folgten Mischa Kilometer um Kilometer, bis er an einer roten Ampel stehen blieb. Das war unsere Gelegenheit. Ich schaute in den Rückspiegel. Die Bedingungen waren perfekt. Wir befanden uns auf irgendeiner Landstraße. Niemand war in der Nähe. Ich bremste hinter ihm ab. »Jetzt«, gab ich ein Zeichen.

Wir stiegen aus und rannten auf den Wagen von Mischa zu. Ich schlug ihm mit meiner Faust die Fensterscheibe ein und zerrte ihn aus seinem Wagen. »Ruf jetzt mal deine Freunde«, blaffte ich und schlug den Bastard behindert. Ich ließ meine ganze Wut an ihm aus. »Kurwa, kurwa!«, schrie er.

»Weißt du, wie mein Wagen nach Fisch gestunken hat, wegen dir, du Hurensohn?«, brüllte ich, als ich ihm ins Gesicht schlug. Als ich mit ihm fertig war, lag er am Boden und wimmerte. Der Kerl wusste ja nicht einmal genau, wofür er die Abreibung bekommen hatte. Aber da er scheinbar gut auf so etwas vorbereitet war, hatte er sich in der Vergangenheit wahrscheinlich so einige Feinde gemacht. »Arschloch«, rief ich noch, setzte mich mit Emrah wieder in den Wagen und rief den Polen an, der mich beauftragt hatte, um ein Treffen zu vereinbaren. »Hör zu, du Hurensohn«, schrie ich ihn an, »deinen Freund habe ich zu Brei geschlagen, aber wegen dieser Sache stinkt mein BMW nach Matsch. Außerdem hatte ich einen beschissenen Frosch im Kofferraum! Das kostet dich noch mal 2 000 Mark mehr!«

Dann fuhr ich nach Hause. Ich war fertig. Ich war todmüde. Ich wollte einfach nur noch ins Bett. Aber es wäre ja zu schön gewesen, wenn die Dinge einmal nach Plan gelaufen wären. Ich tastete meine Jacke ab und merkte, dass ich meinen Haustürschlüssel vergessen hatte. Scheiße. Auch das noch. Ich musste klingeln. Mein Vater öffnete die Wohnungstür zur Hälfte und starrte mich an. Er war sichtlich verschlafen, trug seinen Pyjama und eine Schlafmütze, die er immer trug.

»Baba, lass mich rein«, sagte ich müde. Ich wusste, was jetzt kommen würde.

»Es ist 6 Uhr morgens. Wo warst du?«, fragte er mich.

»Arbeiten …«

Er öffnete die Tür ganz und sah mich von oben bis unten an. Meine Fäuste waren blutverschmiert. Er legte den Kopf schräg und fing an zu schimpfen. So, wie er das beinahe immer machte, wenn ich nach Hause kam. »An deinen Fäusten ist noch Blut!«, sagte er. »Du solltest dich schämen, Selam!« Dann spuckte er auf den Boden vor mir aus. »So habe ich dich nicht erzogen. Was für eine Schande du bist!«

Ich kannte das mittlerweile. Ich kannte das nur zu gut. Ich konnte seine Beschimpfungen mittlerweile auswendig mitsprechen. »Baba«, sagte ich, »spuck mich an, gib mir eine Ohrfeige, alles gut. Aber bitte mach schnell, ich bin todmüde und will schlafen.«

Er schüttelte den Kopf und ließ mich in die Wohnung. Ich drückte mich an ihm vorbei, überhörte die Moralpredigten im Hintergrund und ging ins Badezimmer, wo ich mir das Blut von den Händen wusch. Ich betrachtete mich im Spiegel. Was für eine Nacht, dachte ich. Dann ging ich in mein Zimmer und ließ mich direkt auf meine Matratze fallen. Doch kurz nachdem ich eingeschlafen war, hörte ich wieder die Stimme von meinem Vater. »Selam!«

Ich presste mir mein Kissen auf den Kopf.

»Selam!«

Das konnte doch nicht wahr sein! Ich wollte einfach schlafen! Mein Vater trat mir in den Rücken. »Verdammt«, fluchte ich und zog mir das Kissen vom Kopf. »Baba, was soll das?«

»Telefon für dich!«

Ich rieb mir die Augen und quälte mich hoch. Dann ging ich ins Wohnzimmer und nahm den Hörer entgegen. »Hallo?«

»Selam, ich bin's«, erkannte ich die Stimme von meinem großen Bruder Serbas. »Hier am Autokino sind Leute, die mich abfucken.«

»Okay«, sagte ich mechanisch, »ich komme.«

Ich atmete schwer aus. Ich war echt fertig. Ich wollte doch einfach nur schlafen. Außerdem hatte ich Hunger. Und wenn ich Hunger hatte, wurde ich wirklich unerträglich. Ich suchte meinen Autoschlüssel. Aber ich fand ihn nicht. Mit jeder Minute wurde ich aufgebrachter. »Scheiße«, fluchte ich vor mich hin.

»Selam«, ermahnte mich mein Vater streng, »hör auf zu fluchen.«

Ich verkniff mir einen Kommentar und verließ das Haus. Egal, dachte ich. Dann gehe ich eben zu Fuß. Ich wusste ja, wo mein Bruder war. Er verkaufte um diese Zeit Gebrauchtwagen in Köln, im sogenannten Autokino, einem riesigen Verkaufshof. Er war etwa ein Kilometer von unserer Wohnung entfernt. Wie ein wütendes Tier lief ich durch die Straßen. Ein paar Nachbarn grüßten mich, aber ich hatte einen Tunnelblick. Ich wollte das jetzt hinter mich bringen und dann einfach schlafen. Mit jedem Schritt, mit dem ich dem Autokino näher kam, wurde ich aggressiver. Schließlich fand ich meinen Bruder.

»Was los?«, fragte ich nur.

»Die beiden Typen da …«, Serbas zeigte auf zwei Kanaken, die irgendwelche Fake-Designer-Shirts aus der Türkei trugen und auf cool machten. Einer hatte einen Zahnstocher im Mund.

»Okay!«, unterbrach ich meinen Bruder. Ich wollte gar nicht hören, was die Arschlöcher gemacht hatten. Ehrlich gesagt, war es mir scheißegal. Ich ging direkt auf sie zu und verpasste ihnen zwei brutale Bomben. Sie gingen sofort zu Boden und wimmerten. »Noch was?«, fragte ich Serbas. Er schaute mich mit großen Augen an und schüttelte den Kopf. Die anderen Leute, die da waren, wichen ein paar Schritte zurück. Ich musste wirklich wie ein tollwütiges Tier auf sie gewirkt haben.

»Gut«, schnaufte ich, »dann gehe ich jetzt schlafen.«

Ich marschierte den gesamten Weg zu unserer Wohnung zurück, klingelte an der Tür und hatte wieder meinen Vater vor mir stehen. »Deine Hände sind schon wieder voller Blut«, schimpfte er. »Was hast du gemacht?«

»Das ist wegen deinem Sohn!«, brüllte ich zurück. »Wegen dem musste ich wieder irgendwelche Leute kaputtschlagen. Klär das mit Serbas, ich will verdammt noch mal schlafen!«

Dann ließ ich mich auf das Sofa fallen und schlief sofort ein.

Am Abend saß ich mit den Jungs wie gewohnt im Café und erzählte ihnen die Geschichte von den verrückten Polen. Ich verrührte den Zucker in meinem Çay und zündete mir eine Kippe an. Dann legte ich den Kopf in den Nacken und blies den Zigarettenqualm in die Luft. Die Stimmung an diesem Abend war ausgelassen. Die Geschäfte liefen gut. Alle waren in bester Laune. Doch dann passierte etwas, was ich so noch nie erlebt hatte. Plötzlich traten drei Männer in das Café. Von einer Sekunde auf die nächste kippte alles. Niemand sagte mehr ein Wort. Eine schwere Stille legte sich über das ganze Café. »Selam aleykum«, sagte einer der Männer, der ganz offenbar der Anführer war. Der Kerl war eine Erscheinung. Ein großer, breit gebauter Mann mit langen Haaren und einem stechenden Blick, wie ich ihn noch nie zuvor gesehen hatte. Er setzte sich zu uns an den Tisch. Direkt neben mich.

»Wa aleikum assalam«, antwortete ich höflich. Ich war diesem Mann noch nie begegnet, aber ich wusste sofort, wer er war.

»Spielen wir eine Runde?«, fragte er. Die Jungs am Tisch schauten sich an, dann nickten sie und gaben die Karten aus. Die Spannung in dem Raum war beinahe greifbar. Alle waren plötzlich extrem nervös.

»Was treibt dich in unser Café?«, fragte einer der Brüder freundlich. Aber ich hörte, wie seine Stimme zitterte.

»Ich will nur eine Runde mit euch spielen«, sagte der Mann. In seiner Stimme lag eine Ruhe und eine Bestimmtheit, wie ich es noch nie zuvor gehört hatte. »Das ist doch nicht verboten?«

»Natürlich nicht«, sagte der Bruder. »Es ist eine Ehre, dass du zu uns kommst.«

Der Mann lächelte. Sein weißes Hemd war weit geöffnet. Und dann spielten wir. Drei Runden. Er gewann sie alle. Als das Spiel beendet war, nickte er, schaute mich lange an und verabschiedete sich dann. »Danke, dass ich mit euch spielen durfte«, sagte er und verließ mit seinen beiden Begleitern das Café wieder. Als er den Raum verließ, war es, als würde eine gewaltige Anspannung von allen abfallen. Die Jungs atmeten tief durch. Einer der Jüngeren zog mich ein wenig zu sich heran. »Wer zur Hölle war das?«, fragte er mich.

»Das war Necati Arabaci«, antwortete ich ihm, »der Pate von Köln.« Er war der Mann, von dem gerade alle auf der Straße sprachen. Er war der Mann, der die gesamten Ringe in seiner Hand hatte, alle Discotheken, alle Clubs. Nichts lief hier ohne ihn. Necati Arabaci galt als kluger und gerader Geschäftsmann. Er galt aber auch als ein gnadenloser Gegner. Jemand, mit dem man sich nicht anlegen sollte. Hatte man ihn als Freund, dann hatte man einen loyalen Kämpfer an seiner Seite. Machte man ihn sich zum Feind, dann waren deine Tage gezählt.

Arabaci hatte in den vergangenen Jahren auf der Straße eine beispiellose Karriere hingelegt. Viele Jahre später sollte er eine ebenso beeindruckende Karriere bei den Hells Angels hinlegen. Er galt als unantastbar. Wenn sein Name fiel, dann zitterten selbst die härtesten Kerle. Niemand in Köln hatte einen solchen Status wie er. Jetzt verstand ich auch endgültig, warum. Allein seine Aura gab einem das Gefühl, dass dieser Mann über allem stand. Dabei war er Gentleman und Killer in einer Person. Ich bewunderte ihn sehr. Necati Arabaci war jemand, dem ich nacheifern wollte. Aber warum er an diesem Abend in unser Café gekommen ist, weiß ich bis heute nicht. Vielleicht, weil er immer ein Ohr auf der Straße hatte. Und sehen wollte, wer der Neue war, der gerade entschieden hatte, in Porz mitzumischen.

Als ich am Abend nach Hause kam, lag eine merkwürdige Stimmung in der Wohnung. Meine Geschwister waren ganz still. Niemand sagte etwas. Meine Mutter saß auf dem Sofa und wirkte abwesend. Mein Vater hingegen lief aufgeregt im Zimmer herum und telefonierte lautstark.

»Was ist los?«, fragte ich Rizgar. Er zuckte nur mit den Schultern. Ich stellte mich zu den beiden und versuchte, irgendwie aus den Gesprächsfetzen schlau zu werden, die ich aufschnappen konnte. Vergeblich. Schließlich beendete mein Vater das Telefonat. »Ja … ja … okay. Wir kommen sofort!«

Er flüsterte meiner Mutter ein paar Worte auf Kurdisch zu und sie begann zu weinen. »Was ist denn passiert?«, fragte ich aufgebracht.

Mein Vater ließ sich auf den Sessel fallen und atmete schwer durch. »Es geht um Onkel Ali«, sagt er und starrte irgendwo in die Leere.

»Was ist mit Onkel Ali?«, drängte ich ihn.

»Er wurde angegriffen …« Sofort begann meine Mutter wieder zu schluchzen. Ich schüttelte den Kopf. Angegriffen? Onkel Ali? Das konnte doch gar nicht sein. Er war ein älterer Mann. Wer zur Hölle greift denn einen alten Mann an?

Schließlich fing sich mein Vater. »Kommt«, sagte er und stand langsam auf. »Zieht euch an. Wir müssen los. Wir fahren zu ihm.«

Serbas, meine Eltern und ich gingen zum Wagen meines Bruders und fuhren gemeinsam in die Gernsheimer Straße. Wir hielten vor genau den Hochhäusern, in denen wir vor ein paar Jahren gewohnt hatten, als wir frisch in Deutschland angekommen waren. Draußen auf der Straße hatte sich schon ein kleiner Auflauf gebildet. Es standen zahlreiche Onkels, Tanten, Cousins und Cousinen beisammen, die sich miteinander besprachen. Zum ersten Mal wurde mir bewusst, wie groß meine Familie hier wirklich war. Wir stiegen aus dem Auto und gingen auf die anderen zu. Mein Vater entdeckte Onkel Ali und griff ihn am Arm. »Onkel Ali«, versicherte meine Vater mit zitternder Stimme und Tränen in den Augen, »wer auch immer dir das angetan hat, ich verspreche dir, dass ich meine Söhne für dich in den Krieg schicken werde!« Als ich diese Worte hörte, spürte ich, wie mein Blut kochte. Wer immer das gemacht hatte, ich würde ihn fertigmachen!

Onkel Ali lächelte gequält. Er hatte einen Zahn verloren, wie man jetzt sah. Man merkte ihm an, wie unangenehm ihm die ganze Sache war. Dass es wegen ihm jetzt hier so eine Versammlung gab, machte ihm zu schaffen. Aber es ging nicht anders. Wenn jemand unsere Familie angriff, dann hatten wir als Familie darauf zu reagieren. Ich sprach ein wenig mit einem Cousin von mir, der sich nervös eine Zigarette ansteckte. »Das wird böse enden«, sagte er und blies den Rauch in die Luft.

»Wie meinst du das?«, fragte ich nach.

»Na, das wird einen Krieg geben.«

Ich spürte, wie sich in mir immer mehr Wut aufbaute. Gut, dass es Krieg geben würde! Wer es wagt, einen alten Mann anzugreifen, der sollte damit rechnen, dass es eine Reaktion gab.

»Wer steckt dahinter?«, fragte ich meinen Cousin.

Der zog noch einmal gierig an seiner Zigarette. »Du weißt es nicht?«, fragte er.

»Ich weiß was nicht?«

Er musterte mich und klopfte mir dann auf die Schulter. »Komm Bruder«, sagte er, »wir gehen jetzt alle zu Onkel Lezgin. Dort besprechen wir uns. Dann wirst du auch die ganze Geschichte erfahren.«

Wir folgten den anderen Männern, die sich alle nach und nach in der Wohnung von Onkel Lezgin versammelten. Dort hielten wir Kriegsrat. Die Älteren saßen um den kleinen Wohnzimmertisch herum und die Jüngeren standen verteilt im Raum. Im Zentrum saß Onkel Ali, dem man nach wie vor ansah, dass es ihm nicht gut ging.

Dann erzählte er uns, was genau passiert war. Die Geschichte hatte eigentlich schon vor einigen Jahren begonnen. Onkel Ali hatte eine Tochter, die einen Mann kennengelernt hatte. Abdul. Die beiden verliebten sich, heirateten und gründeten eine Familie. Aber Abdul hatte Probleme. Er war ein Trinker und ein Spieler. Das gefiel Onkel Ali nicht. Als er aber mitbekam, dass Abdul auch gewalttätig gegenüber seiner Frau wurde, bestand Ali darauf, dass die beiden sich trennten. Er nahm seine Tochter und die Kinder eine Zeit lang bei sich auf. Das war etwas, das Abdul nie überwand. Er empfand es als eine Demütigung, seine Familie verloren zu haben, und gab Ali die Schuld dafür. Sein Hass muss sich über Monate und Jahre aufgestaut haben. Und an diesem Nachmittag hatte er sich endgültig entladen. Er war gerade mit seinen Brüdern unterwegs, als er Ali zufällig auf dem Marktplatz traf. Die Männer nutzten die Gelegenheit und prügelten auf meinen Onkel ein. Und das vor den Augen seiner Frau. Glücklicherweise gingen irgendwann Passanten dazwischen, wer weiß, wie weit diese Mistkerle sonst noch gegangen wären.

Je länger ich zuhörte, desto mehr übermannte mich die Wut. Ich ballte meine Faust so hart, dass sich meine Fingernägel in das Fleisch bohrten. Am liebsten wäre ich sofort losgefahren und hätte diesen Bastard von Abdul kaputtgeschlagen. Aber ich war der Jüngste im Raum und es wäre respektlos gewesen, wenn ich jetzt vorangeschritten wäre. Also versuchte ich, mich zu beherrschen.

»Wir werden das nicht auf uns sitzen lassen«, sprach Onkel Lezgin endlich das aus, was ich dachte. »Wir werden uns für diese feige Tat rächen!«

Die Männer im Raum nickten und stimmten zu. Dann meldete sich Onkel Mustafa zu Wort: »Ich weiß, wo wir diese Typen finden«, sagte er. »Die haben eine Kneipe in der Neusser Straße. Dort sind sie die ganze Zeit.«

»Dann sollten wir da sofort hinfahren!«, rief einer übermütig.

Genau, dachte ich und schlug mit meiner geballten Faust in meine offene Hand. Ich wollte endlich handeln.

»Moment«, sagte Onkel Lezgin, der ein kluger Stratege war und unseren Übermut ein wenig ausbremste.

»Sie werden damit rechnen, dass wir kommen. Sie wissen doch, dass wir eine solche Tat nicht ungesühnt lassen können.«

»Und was heißt das?«, rief einer der Männer in den Raum. »Das wir jetzt nicht handeln sollen?«

Onkel Lezgin schüttelte den Kopf und warf dem Mann einen wütenden Blick zu. »Nein«, sagte er schroff. »Das heißt nur, dass wir gut vorbereitet sein müssen.« Er stand von seinem Sessel auf und ging in sein Schlafzimmer. Nach etwa einer Minute kam er wieder zurück – und legte eine Waffe auf den Tisch. »Nur für den Fall der Fälle«, sagte er, »sollten wir das bei uns haben.«

Plötzlich wurde es ganz still im Wohnzimmer. Alle Blicke lagen auf der Knarre, die da einfach mal auf dem Tisch lag. Man konnte das Unbehagen, das im Raum lag, beinahe greifen.

Ich spürte, wie mein Vater mir einen scharfen Blick zuwarf. Aber ich ignorierte ihn.

»Wer erklärt sich bereit, sie zu nehmen?«, fragte Lezgin.

Wieder spürte ich den eindringlichen Blick meines Vaters, der mir wohl signalisieren sollte: Junge, lass es bleiben! Aber es war mir egal. Ich ging einen Schritt nach vorne und nahm die Knarre. »Ich mache das«, sagte ich. Wieder lag eine Totenstille im Raum. Alle Blicke waren auf mich gerichtet. Ich versuchte die Gesichter der Männer zu lesen. Es war eine Mischung aus »Der Junge ist wahnsinnig« und Erleichterung, dass es sie nicht selbst getroffen hatte. Aber ich nahm die Waffe nicht, weil ich irgendjemandem hier etwas beweisen wollte. Ich nahm sie, weil die Wut und der Zorn komplett von mir Besitz ergriffen hatten. Ich war so geladen, dass ich einfach nur Rache wollte!

»Selam«, sagte Lezgin schließlich, »nutze die Waffe nur im absoluten Notfall. Wir sind keine Männer, die unsere Probleme auf diese Art klären. Wir haben dafür unsere Fäuste.«

»Ich weiß, Onkel Lezgin«, sagte ich respektvoll und steckte die Knarre in meinen Hosenbund. Dann machten wir uns auf den Weg. Wir stiegen in unsere Autos und fuhren in die Neusser Straße. Das Gebiet kannte ich ganz gut. Hier gab es zahlreiche Geschäfte, Bars und Cafés, die Ecke war ziemlich belebt. Als wir ankamen, war es allerdings schon nach 20 Uhr und auf den Straßen war nicht mehr allzu viel los. Als ich mit Serbas aus seinem Wagen stieg, atmete ich tief durch. Ich war bereit, alles zu ficken. »Warte«, hielt mich Serbas zurück. »Schau mal da …« Er nickte mit dem Kopf in Richtung Kneipe, vor der zwei Polizisten auf ihren Motorrädern saßen. Als sie sahen, dass immer mehr Autos parkten, aus denen irgendwelche Kanaken ausstiegen, wurden sie unruhig, standen von ihren Motorrädern auf und warfen sich kurze Blicke zu. Sie waren wohl vorgewarnt worden, dachte ich. »Und jetzt?«

»Bleib ruhig«, sagte Serbas, der die beiden Bullen fokussierte. »Ich mache das.«

»Was hast du vor?«

»Komm einfach mit.«

Wir gingen langsam auf die Kneipe zu. Als wir uns den Polizisten nährten, hielten sie uns an. »Guten Abend, wo geht's denn hin?«, fragten sie uns. Gerade als ich antworten wollte, herrschten sie uns an. »Ausweise!«

Genau in dem Moment zog Serbas einem der Cops den Schlagstock vom Gürtel, holte aus und schlug ihm mit brachialer Gewalt auf den Rücken, dann drehte er sich um und schlug dem zweiten Polizisten in den Magen. Es passierte alles so schnell und unerwartet, dass ich es gar nicht richtig realisieren konnte.

»Los, los, los!«, brüllte Serbas und winkte die ganze Familie heran. »Jetzt oder nie!« Und wie auf Kommando begann eine ganz Horde von wütenden Kanaken, einfach auf die Kneipe zuzulaufen. Ich spürte, wie mein Adrenalin durch den Körper schoss, sprang über die beiden Bullen, die auf dem Boden lagen und sich vor Schmerzen krümmten, und riss die Tür zur Kneipe auf. An mir liefen 20 Männer vorbei und stürmten den Laden.

»Wo bist du, du Hurensohn!«, brüllte ich, so laut ich konnte, und blickte einmal durch den Laden, den meine Cousins und Onkels bereits begannen auseinanderzunehmen. Die ersten Gäste ergriffen panisch die Flucht. Unsere Jungs gingen sofort auf die Brüder von Abdul los, die alle an einem Tisch saßen. Eine wilde Schlägerei brach aus. Die Brüder wurden komplett zu Brei geschlagen. Es war brutal.

Da ich mir Abdul unbedingt selbst schnappen wollte, griff ich mir einen seiner Brüder, der blutend am Boden lag. Er hatte schon ordentlich kassiert. »Wo ist Abdul?«, brüllte ich ihn an.

»Er ist nicht hier«, stammelte er.

»Wo ist Abdul?!«, schrie ich jetzt noch aggressiver und begann den Bastard wild zu schütteln. Doch er wimmerte nur. Der Typ hatte schon einen solchen Totalschaden, dass es keinen Sinn mehr machte, weiter auf ihn loszugehen, und so ließ ich von ihm ab. Dann zog ich die Knarre aus meinem Hosenbund und lief damit durch die Kneipe. »Wo ist Abdul?«, brüllte ich wie ein Wahnsinniger. Einer meiner Cousins lief auf mich zu und forderte mich auf, die Waffe runterzunehmen, aber ich war so hart in meinem Film, dass ich ihn einfach nur wegschubste. Ich hatte einen Tunnelblick des Todes. So lief ich durch die gesamte Kneipe und suchte alles ab. Ich lief in die Toiletten und trat jede Tür auf. Nichts. Dieser Hurensohn war nicht da! Das machte mich nur noch wütender! Wie im Rausch begann ich nun auf die Theke zu schießen. Der Lärm war ohrenbetäubend. Flaschen und Spiegel zersprangen. Als hätte ich den Verstand verloren, schoss ich einfach weiter und brüllte dabei so laut, wie ich nur konnte. Ich war nur noch ein Tier und ich wollte diesen beschissenen Laden komplett auseinandernehmen!

Als das Magazin leer geschossen war, atmete ich ein paar Mal tief durch. Dann hörte ich Polizeisirenen. Es war, als würde ich auf einen Schlag wieder zu Sinnen kommen. Ich schaute auf die Waffe in meiner Hand. Scheiße, Selam, was machst du da?, war mein einziger Gedanke in dem Moment. Doch ich hatte nicht viel Zeit, groß darüber nachzudenken. Die Sirenen kamen immer näher. »Jungs, wir müssen …«

Ich drehte mich um. Was war denn jetzt passiert? Der Laden war leer. Bis auf die kaputt geschlagenen Brüder, die am Boden lagen und sich wanden, war niemand mehr da. Ich kratzte mich am Kopf. Was war passiert? Wo waren denn alle?

Egal, ich hatte jetzt keine Zeit, darüber nachzudenken. Instinktiv steckte ich die Waffe wieder ein und lief zur Tür. Als ich sie nur einen Spalt breit öffnete, sah ich, dass die gesamte Straße voller Blaulicht war. Ein Polizeiwagen nach dem nächsten fuhr vor. Scheiße! Ich saß komplett in der Falle. Ich zog die Tür wieder zu und rannte instinktiv zum Hinterausgang der Kneipe. Vorsichtig schaute ich raus. Perfekt, hier war es noch ruhig. Keine Bullen. So schnell ich konnte, stürmte ich aus dem Laden heraus, bog ein paar Mal ab und rannte immer weiter von Seitenstraße zu Seitenstraße. Ich lief und lief und lief. So, wie ich als kleiner Junge barfuß durch den Schnee gelaufen war. Ich wollte einfach nur so weit weg wie möglich. Irgendwann ging mir die Puste aus. Ich wurde langsamer und schaute mich um. Keine Polizei. Aber ich hatte überhaupt keine Ahnung mehr, wo ich war. Die Leute starrten mich an, weil ich so außer Atem war. Ich versuchte, ein wenig zur Ruhe zu kommen und mich möglichst unauffällig zu verhalten.

Im nächsten Moment fuhr ein Polizeiwagen an mir vorbei. Ich begann zu schwitzen. Ich hatte immer noch eine Knarre im Hosenbund.

Wenn die mich damit erwischen würden … Ich musste dringend nach Hause, also setzte ich mich erneut in Bewegung. Als ich eine Bahnhaltestelle erreichte, sprang ich in die erste Straßenbahn, die kam. Aber ich kannte mich überhaupt nicht aus. Ich hatte keine Ahnung, wo sie hinfuhr. Trotzdem blieb ich sitzen, so lange, bis ich genug Abstand zu dem Tatort hatte.

Irgendwann stieg ich aus und sprang in eine andere Bahn. Doch auch ein paar Haltestellen später hatte ich keinen blassen Schimmer, wo ich war. Ich hatte völlig die Orientierung verloren. Ich hatte auch kein Handy dabei, mit dem ich irgendjemanden hätte anrufen können. Und so fuhr ich Stunde um Stunde durch Köln, bis ich irgendwann zufällig einen Ort wiedererkannte, an dem ich mich orientieren konnte. Als ich weit nach Mitternacht endlich wieder in der Gersheimer Straße ankam, sah ich, dass sich meine gesamte Familie vor Onkel Lezgin Wohnung versammelt hatte. Wütend stapfte ich auf die anderen zu. Als Onkel Lezgin mich sah, war er ganz bleich. »Selam, du bist frei …«

»Natürlich bin ich frei!«, schrie ich. Dann schaute ich die Männer an. »Wieso seid ihr einfach abgehauen? Wieso habt ihr mich zurückgelassen?«

»Selam«, rief mein Onkel, »du hast wie ein Wahnsinniger in dem Laden um dich geschossen. Wir dachten, du hättest jemanden getötet.«

Ich spürte, wie mir das Blut ins Gesicht schoss. »Ich habe niemanden getötet«, sagte ich etwas kleinlaut. »Ich habe mich nur ein bisschen von meinen Gefühlen und meiner Wut leiten lassen …« Noch während ich das sagte, kam Onkel Lezgin einen Schritt auf mich zu und nahm mir sanft die Waffe wieder weg, die ich in meiner Hand hielt. »Und selbst wenn ich jemanden erschossen hätte, ist das ein Grund, mich zurückzulassen?«, schnauzte ich die anderen aufgebracht an.

»Wir dachten, du wurdest verhaftet …«

»Wurde ich nicht!«, sagte ich verärgert.

»Und wo warst du dann?«

Ich stutzte. Ich wollte mir nicht die Blöße geben, zu erzählen, dass ich die letzten Stunden orientierungslos durch die Stadt geirrt war, während die Polizei höchstwahrscheinlich mit einem Großaufgebot nach mir gesucht hatte. »Unterwegs«, sagte ich nur knapp.

»Und warum hast du die Knarre nicht einfach weggeschmissen?«, fragte mich mein Vater. »Wenn sie dich damit erwischt hätten …«

»Mich erwischt man nicht«, entgegnete ich trotzig. Alle schauten mich an. Dann fing Onkel Lezgin laut an zu lachen. »Selam, du bist völlig wahninnig! Was soll nur aus dir werden?«

Die anderen fielen in das Lachen ein. Nur mein Vater betrachtete mich mit einer Mischung aus Anerkennung und Sorge. Seit dieser Aktion hatte ich in bestimmten Kreisen endgültig den Ruf, dass man sich mit mir nicht anlegen sollte. Weil ich selbst nicht wusste, was dann alles passieren könnte. Abdul hatte an diesem Abend Glück gehabt, dass er nicht vor Ort gewesen war. Seine Familie hat sich ein paar Tage später bei uns in aller Form für seine Taten entschuldigt und so haben wir Frieden geschlossen. Ihn selbst habe ich nie wieder in Köln gesehen.

Ich war gerade bei Serbas auf dem Autohof, als plötzlich sein Handy klingelte. Nach ein paar Sekunden wirkte mein großer Bruder ganz aufgeregt. Das war ungewöhnlich für ihn. »*Was* ist passiert?«, brüllte er ins Telefon. »Das kann doch nicht … ja … ja … ja, Selam ist hier. Wir kommen sofort!« Er legte auf, winkte einen Kollegen heran und sagte ihm, dass er sich ein Auto ausleihen müsste. Es ginge um ein Notfall.

»Scheiße«, sagte ich, während wir in einen roten VW stiegen, »was ist passiert?«

Serbas fuhr mit Vollgas in Richtung Gersheimer Straße. »Das war unsere Schwester. Sie hat mir erzählt, dass unser Schwager verprügelt wurde. Es hat ihn schwer erwischt.«

Schon wieder, dachte ich. Erst Onkel Ali, jetzt der Mann meiner Schwester. Köln war ein verdammter Dschungel. Als wir ihre Wohnung erreichten, bekam ich einen Schock. Mein Schwager sah ordentlich mitgenommen aus. Er hatte ein blaues Auge und seine Nase war verbogen. Sie war wirklich verbogen. »Junge, was haben die mit dir gemacht?«, fragte ich ihn.

Serbas bremste mich. »Du musst ins Krankenhaus«, sagte er zu dem Mann meiner Schwester. »Die Nase ist kaputt. Das müssen die richten. Komm, wir fahren dich hin. Dann reden wir über alles.«

Während der Fahrt erklärte er uns, was passiert war. Er hatte Stress mit Hamza und seinen Brüdern gehabt. Das war so eine Gruppe, die in der Gersheimer Straße was zu melden hatte. Die beiden hatten sich gerade unterhalten, um ihre Sache zu klären, doch mitten im Gespräch war Hamza wohl ausgerastet und hatte meinem Schwager eine Kopfnuss gegeben. »Was für ein Hurensohn!«, fluchte ich.

»Ich hatte keine Chance, mich zu verteidigen«, schimpfte mein Schwager. Dann hatten wir das Krankenhaus erreicht. Es war noch schlimmer, als es aussah. Die Nase musste operiert werden. Mein Schwager ließ sich einen Termin geben und wir fuhren ihn zurück nach Hause. Als wir wieder in die Gersheimer Straße einbogen, sahen wir plötzlich Hamza und seine Jungs an einer Ecke stehen. »Schau mal da«, sagte ich und klopfte gegen die Scheibe.

»Die schnappen wir uns«, brüllte Serbas und parkte den Wagen.

»Seit ihr verrückt?«, versuchte mein Schwager, uns zu bremsen. »Das sind 20 Mann, wir sind zu dritt.«

Das stimmte. Ich schaute zu Serbas rüber. Er hatte sich an das Lenkrad gekrallt und starrte aus der Scheibe auf die Gruppe von Männern. Sein Kopf war rot. Ich wusste, was das bedeutete. Es war dieser Tunnelblick, der besagte, dass er schon längst beschlossen hatte, diese Typen zu ficken. Komme, was wolle. Ich drehte mich um. »Was ist das für eine Tasche da?«, fragte ich meinen Schwager. Den Wagen hatten wir uns nur ausgeliehen, das Zeug hier drin gehörte uns nicht. Mein Schwager reichte mir die Tasche und ich öffnete sie. Drinnen waren Billardqueues. Ich schraubte die massiven Stöcke zusammen und grinste. Wir waren zwar immer noch in der Unterzahl, aber damit könnte es klappen. Ich drückte Serbas einen der Stöcke in die Hand, dann stiegen wir aus. »Ey ihr Hurensöhne!«, brüllte ich.

Sie unterbrachen ihre Gespräche und schauten zu uns rüber. »Jetzt ficken wir die«, brüllte Serbas vor sich hin und begann wie ein Geisteskranker auf die Gruppe zuzurennen. Ich folgte ihm. Ich spürte, wie das Adrenalin durch meinen Körper rauschte. Mein Verstand setzte völlig aus. Ob irgendwer in der Überzahl war, ob es einen strategischen Vorteil gab, es interessierte mich nicht mehr. Ich war im Kampfmodus. Ich schlug wie ein Wilder um mich, prügelte mit dem Stock auf die Hamza-Clique ein.

Mein Bruder schlug gerade einen Typen auf den Boden, als ich aus den Augenwinkeln wahrnahm, wie ein paar der Jungs ihren Pitbull von der Leine ließen. Das war ein ganz schöner Brocken. Er lief los, fletschte die Zähne und war beinahe direkt hinter Serbas, der den Kampfhund noch gar nicht wahrgenommen hatte. Ich ließ von meinen Gegnern ab und schnitt der Bestie den Weg ab. Kurz bevor der Pitbull Serbas erreicht hatte, kam ich von der Seite und schubste ihn um, der Hund kam aus dem Tritt und stolperte. Er fing an, wie verrückt zu bellen, und nahm mich jetzt ins Visier. Ich nutzte die Gelegenheit, dass das Tier noch verwirrt war, packte es an den Hinterbeinen und schleuderte den Hund in eines der parkenden Autos. Genau durch die Scheibe. Ich war komplett im Blutrausch. Der Hund torkelte benommen aus dem Wagen. Und plötzlich wurde es ganz still. Hamza und seine Leute schauten mich an, als wäre ich ein Teufel. Und das war ich auch. »Was ist?«, brüllte ich. »Was ist los? Kämpft weiter.« Aber die Jungs hatten keinen Bock mehr. Sie schauten sich an und ergriffen gemeinsam die Flucht. 20 Mann rannten vor uns weg. Keiner will sich mit solchen Irren anlegen, wie wir es sind, dachte ich und wischte mir das Blut aus dem Gesicht.

Ein paar Monate später, als ich eines Tages gerade im Gym war und ein paar Gewichte stemmte, klingelte mein Handy. Eigentlich war ich hier mit einem Kollegen verabredet, um gemeinsam zu trainieren, aber der Kerl hatte wahrscheinlich verschlafen. Mal wieder. Ich zog mein Handy aus der Tasche und schaute auf das Display. Es war Onkel Nuri. »Selam«, sagte er, »ich habe einen besonderen Auftrag für dich …« Er gab mir eine Adresse durch. »Es wäre gut, wenn du gleich kommen könntest.« Das sagte er normalerweise nie. Es schien also wirklich etwas Dringendes zu sein. Ich schaute auf die Uhr. Wir hatten gerade einmal Mittagszeit. »Gut, Onkel«, sagte ich. »Ich fahre gleich los.« Ich beendete mein Training, setzte mich in meinen Wagen und fuhr zu der Adresse, die er mir gegeben hatte. Sie lag in Lindlar, direkt im Zentrum.

Ich parkte vor einem Dönerladen, stieg aus und schaute mich um. Dann hörte ich, wie jemand meinen Namen rief. »Selam, hier oben …« Ich legte meinen Kopf in den Nacken und sah Onkel Nuri, wie er auf einem Balkon direkt über dem Dönerladen stand und mir zuwinkte. »Komm hoch«, wies er mich an.

Die Tür summte und ich drückte sie auf. Das Haus war ziemlich schick, wurde offenbar gerade frisch modernisiert. Ich ging die Treppen hoch in den ersten Stock, wo mich ein älterer Mann an der Tür begrüßte. »Sie sind Selam?«, fragte er beinahe unterwürfig und verbeugte sich regelrecht vor mir. »Wir haben so viel Gutes von Ihnen gehört, kommen Sie rein.«

Ich zog meine Schuhe aus und ging in die große Wohnung. Der Boden war mit einem weichen Teppich ausgelegt und an den Wänden hingen alte Fotografien von fremden Orten. Ich meinte, dass ich die Türkei darauf erkannte.

Der alte Mann führte mich ins Wohnzimmer und bat mich, auf seinem Sofa Platz zu nehmen. Dort saß bereits seine Frau, eine ältere Dame mit Kopftuch. Neben ihr hockte ein junger Kerl in einem Fußballtrikot, er war vielleicht 18 oder 19 Jahre alt. Daneben saß ein Ehepaar und in einem Sessel ihnen gegenüber Onkel Nuri, der mir zunickte. Niemand sagte etwas. Die Stimmung wirkte gedrückt. Auf dem Küchentisch standen einige Süßigkeiten und ein paar Plastikflaschen mit Wasser. »Bitte«, bat mir die ältere Dame gleich etwas an.

»Vielen Dank«, lehnte ich ab und setzte mich auf die Couch. »Schön haben Sie es hier«, sagte ich zu der Frau.

»Der Dönerladen unten gehört uns«, erklärte sie. »Er läuft gut, sodass wir einen Kredit bekommen haben und das gesamte Gebäude kaufen konnten. Aber leider hat uns in den letzten Wochen unser Glück verlassen.« Sie blickte betrübt auf den Boden.

»Dieser Mann«, sagte Onkel Nuri und zeigte auf mich, »ist wahrscheinlich der einzige Mensch hier, der euch noch helfen kann. Ich lege meine Hand für ihn ins Feuer.«

»Was ist denn passiert?«, fragte ich. »Wie kann ich helfen?«

»Vor einem Monat bekam ich Besuch von meiner Schwester und ihrem Mann«, sagte der Alte und zeigte auf das Ehepaar, das auf der Couch saß. »Sie kamen gemeinsam mit ihrem Sohn Mehmet. Ich hatte meine Schwester lange nicht mehr gesehen, denn sie sind schon vor vielen Jahren nach London gezogen.«

Ich tauschte einen kurzen Blick mit Onkel Nuri. Ich hatte eigentlich keine Lust, mir hier irgendwelche Familiengeschichten anzuhören, aber er gab mir zu verstehen, dass ich geduldig sein sollte. Ich wollte auch nicht unhöflich sein. Also ließ ich den Mann weiterreden. »Es waren ein paar schöne Tage. Bis es …« Er stockte. »… bis es zu dem Vorfall kam.«

»Welcher Vorfall?«, fragte ich nach.

Der Mann und seine Frau schauten sich an.

»Welcher Vorfall?«, fragte ich noch einmal etwas nachdrücklicher.

»Mehmet ist verschwunden.«

Ich schüttelte den Kopf. »Guter Mann, hier in Köln verschwindet man nicht so einfach. Was genau ist passiert?«

Seine Frau fing an, leise zu schluchzen. Sie drehte sich weg und wischte sich die Tränen mit einem Taschentuch aus dem Gesicht.

»Erzähl die Geschichte, Erkan«, forderte Onkel Nuri den Jungen im Fußballtrikot auf.

Erkan schaute auf den Boden, setzte ein paar Mal an und fand keine Worte. Irgendwas schien den Knaben so richtig zu belasten. »Na ja«, druckste er schließlich rum, »wir waren in Wuppertal. Und dann war Mehmet plötzlich weg. Und ich habe bis heute nichts mehr von ihm gehört. Sein Handy ist auch abgeschaltet. Als wäre er komplett untergetaucht.«

»Wahrscheinlich«, weinte die alte Dame, »wurde er entführt.«

»Entführt?«, fragte ich. »Hat sich denn irgendwer bei euch gemeldet? Wegen Lösegeldforderung?« Alle im Raum schüttelten den Kopf. »Dann wurde er auch nicht entführt«, sagte ich. »Wir sind in Nordrhein-Westfalen. Das ist nicht Türkei hier. Wo genau warst du mit Mehmet?«

»Ach … überall, einfach … unterwegs.«

Ich merkte, dass es Erkan unangenehm war. Ich sprach nun ein wenig sanfter mit ihm und legte meine Hand auf seine Schulter. »Ist es etwas Schlimmes?«

Der Junge nickte. »Du musst es mir erzählen«, versuchte ich ihn zu animieren, »bevor es noch schlimmer wird …«

»Ich wollte mit meinem Cousin ein bisschen Spaß haben und wir waren …« Er stockte, schaute zu Boden und sein Kopf lief rot an. »Wir waren im Puff«, sagte er so leise, dass man es fast nicht hören konnte. »Ich war in einem Zimmer. Mehmet in einem anderen Zimmer. Als ich … als ich … fertig war, kam ich raus, aber Mehmet war weg. Einfach verschwunden. Und niemand wollte etwas gesehen haben …«

Ich atmete schwer durch und schaute auf die Eltern von Mehmet. Sie begannen zu weinen. »Ich wartete auf ihn«, versuchte sich der Junge weiter, zu rechtfertigen. »Zwei Stunden lang, aber er kam einfach nicht wieder. Und sein Handy war abgeschaltet.«

Das Ganze war mittlerweile ein Monat her, klärte mich Onkel Nuri auf, und von dem Jungen fehlte seither jede Spur.

»Wir waren auch schon bei der Polizei«, sagte der alte Mann. »Aber die sagen, dass sie nichts machen können. Mehmet sei 18 Jahre alt und es gebe keine Anzeichen für ein Verbrechen.«

»Erzähl mir, was du noch weißt«, bat ich Erkan. »Woran erinnerst du dich noch?«

»Na ja«, sagte der Junge, »nachdem nichts passierte, bin ich irgendwann in das Zimmer gegangen, in dem er mit der Prostituierten war ... und es war leer. Die Frau war auch weg«, erzählte der Junge.

Ahaaa, dachte ich und bekam nun so langsam eine Vorstellung davon, was hier passiert war.

»Weißt du noch, wie die Frau hieß?«, fragte ich den Jungen.

Er nickte. »Claudia«, sagte er.

»Und wie hieß der Puff?«

Erkan schaute auf den Boden und lief wieder rot an. »*Jenny's*«, sagte er.

»Was willst du dafür haben, dass du mir unseren Sohn zurückholst?«, fragte der Vater von Mehmet.

»10 000 Euro«, antwortete ich ihm direkt. Ohne zu zögern, stimmte er zu und warf dem Alten einen kurzen Blick zu. Der ging an seinen Schrank und holte das Geld. 5 000 Euro. In bar. Das reichte mir als Anzahlung. »Ich melde mich«, sagte ich und stand auf. »Gebt mir 24 Stunden!«

Onkel Nuri begleitete mich nach draußen, wo ich ihm 500 Euro als Provsion für den Auftrag zusteckte. Wie üblich. »Meinst du, du kannst den Jungen finden?«, fragte er mich. Ich nickte. Ich hatte schon eine ungefähre Vorstellung, was passiert war.

Und so machte ich mich auf den Weg zum *Salon Jenny*, wie der Laden richtig hieß. Ich kannte dieses Etablissement, es hatte einen gewissen Ruf.

Ich hielt mit meinem Wagen direkt vor dem Laden und schaute auf die Uhr. Es war noch früh. Gerade einmal 14 Uhr. Um die Zeit dürfte hier noch nicht allzu viel los sein. Ich ging an meinen Kofferraum, zog mir einen langen Ledermantel an und griff mir eine schwere

Aluminiumstange, die ich im Ärmel des Mantels verschwinden ließ. Dann klopfte ich an die Tür.

Durch eine Kamera, die in der oberen Ecke der Tür installiert war, musterte man mich. »Selaaam?«, hörte ich die Stimme einer älteren Dame durch die Gegensprechanlage. »Willst du auf deine alten Tage doch noch mal sündigen?« Ich verzog keine Miene. Die alte Puffmutter wusste genau, was ich von ihrer Art des Gewerbes hielt. Dass ich dennoch das ein oder andere Mal an ihrer Bar zu Gast gewesen war, lag nur daran, dass ich hier irgendwelche Leute treffen musste. »Du weißt doch, Jenny, ich bleibe da konservativ«, sagte ich ungeduldig. »Ich muss mit dir reden!«

»Mit mir?«, fragte sie unsicher. »Ist denn … alles in Ordnung?« Man hörte die Angst, die sie hatte, durch die Gegensprechanlage.

»Komm, mach die Tür auf«, sagte ich nun etwas aggressiv. Ich fühlte mich wie ein Hund, den man vor der Tür stehen ließ. Das gefiel mir überhaupt nicht. Jenny schwieg und nach ein paar Sekunden wurde von innen die Tür geöffnet. Ein Zwei-Meter-Mann in einem schwarzen Anzug und mit Glatze stand vor mir. »Mach Platz«, knurrte ich und schubste ihn einfach zur Seite. Das war er nicht gewohnt. Er wusste nicht, wie er reagieren sollte, entschied sich aber dazu, erst einmal still zu halten und mich passieren zu lassen.

Ich betrat den Puff und schaute mich um. Es gab hier eine kleine Couchecke, in der ein paar Prostituierte saßen und sich räkelten. Am linken Ende des Raumes war eine Bar, an der auch Jenny saß und mich heranwinkte. Hinter der Bar gab es eine Treppe, die in die oberen Büroräume führte. Ich setzte mich zu Jenny.

Es war schwer zu sagen, wie alt sie war. Das Leben hatte diese Frau extrem gezeichnet. Tiefe Furchen zogen sich durch ihr Gesicht, sie war stark geschminkt und parfürmiert, außerdem trug sie eine Perücke. Jenny war eine alte Gaunerin. Sie zog jeden ab, wo sie nur konnte. Und dennoch hatte ich irgendwie Respekt vor ihr. Wer sich so lange in einem so schäbigen Gewerbe halten kann, der braucht Nerven wie Drahtseile. »Ich suche einen Jungen«, fiel ich gleich mit der Tür ins

Haus. »Er heißt Mehmet. Er spricht nur Englisch. Er war vor einem Monat hier und ist danach verschwunden.«

»Mein Schöner«, sagte Jenny schmeichlerisch, während sie hinter die Bar ihres Etablissements ging, »weißt du, wie viele Mehmets wir hier haben?«

Sie öffnete eine Flasche Gin und schüttete sich ein Gläschen ein. Dann exte sie es pur.

»Nicht so viele von denen verschwinden einfach.« Ich schaute mich um. Die kleine Bar war beinahe leer. Nur ein etwas dickerer Deutscher, der ein weißes Hemd und eine offene Krawatte trug, ließ sich gerade von einer Blondine umgarnen. Das Licht im Raum war gedimmt. Über die Boxen lief sanfte Jazz-Musik. Ich gab Jenny ein Bild in die Hand. »Das ist der Junge, was weißt du?« Sie betrachtete das Bild. Dann gab sie es mir zurück und lächelte. »Ach, Selam«, sagte sie, »du weißt doch … ich muss ja auch meine Kunden schützen. Ich bin da ebenfalls konservativ.« Ich hatte nichts gegen Jenny. Wirklich nicht. Aber hier ging es um 10 000 Euro.

Ich zog die Aluminiumstange aus meinem Ärmel und fing an, mit ihr die gesamte Bar zu zertrümmern. Erst den großen Spiegel, dann die Alkoholflaschen. Der dicke Deutsche kreischte wie eine Frau und lief aus dem Raum, die Prostituierte folgte ihm. Nur Jenny keifte wie verrückt und versuchte, mich anzuspringen. »Du wahnsinniger Dreckskanake«, brüllte sie. Ich schob sie mit dem Arm locker weg, was sie nicht davon abhielt, erneut zu versuchen, mich anzuspringen und mir in den Arm zu beißen. »Hör auf, hör auf, hör auf!«, brüllte sie. Aber ich dachte gar nicht dran. Ich trat die Barhocker um und überlegte gerade, was ich als Nächstes zerstören konnte. »Du Hure!«, brüllte ich so aggressiv, wie ich nur sein konnte. »Wo ist der Junge??«

Da besann sich die alte Puffmutter. »Also gut!«, brüllte sie und hob beschwichtigend beide Hände in die Höhe. »Also gut! Ich sage dir, was ich weiß! Aber komm mit in mein Büro, bevor du hier noch mehr anrichtest!«

Ich atmete schwer aus, schwang meine Aluminumstange noch einmal durch die Luft und folgte Jenny schließlich die Treppe rauf.

»Du bist ganz schön geschäftsschädigend«, fauchte sie mich an.

»Die Nutte heißt Claudia«, überging ich das. »Was weißt du von ihr?«

Jenny setzte sich an ihren Schreibtisch und zog ihren Rolodex heran. Sie rollte ihn einmal durch und zog schließlich eine Visitenkarte hervor. »Versprichst du mir, dann endlich zu verschwinden?«, fragte sie.

»Was weißt du über Claudia?«, wurde ich nun wieder lauter und schlug mit meinem Schläger auf ihren Schreibtisch, der erbebte.

»Sie ist mit einem Kunden abgehauen«, sagte Jenny. »Durchgebrannt! Einfach so!«

»Das weiß ich, aber was ist denn das für eine Art? Der Junge ist 18!«

»Ich weiß, ich weiß«, beschwichtigte sie mich. »Darum habe ich sie ja auch rausgeworfen, sie darf hier nicht mehr arbeiten.« Dann schob sie mir die Karte zu. »Claudias richtiger Name ist Nicole. Und sie wohnt gemeinsam mit einer Freundin in Aachen.« Ich schaute auf das Kärtchen, auf dem auch eine Adresse notiert war. »Mehr weiß ich nicht, ich schwöre es dir«, sagte Jenny eindringlich. Ich nickte und steckte die Karte ein. Dann stieg ich die Treppe herunter und lief durch den zertrümmerten Raum. Der glatzköpfige Türsteher sah mich an und ging mit hochgehaltenen Händen zwei Schritte zurück. Er hatte keine Lust auf Ärger. Besser für ihn. Ich schnaubte ihn an und verließ den Laden. Dann setzte ich mich in meinen BMW und fuhr los. Ich wollte schnellstmöglich hier weg, bevor die alte Jenny noch die Bullen rief.

Als ich auf der Autobahn war, zog ich mein Handy aus der Tasche und wählte die Nummer von Dirk. Dirk war ein deutscher Alt-Hooligan, eine Maschine von einem Mann, den ich mal in meinem Fitnessstudio kennengelernt hatte. Ich hatte erst letzte Woche mit ihm gesprochen und er hatte mir erzählt, dass er finanziell so einige Probleme hatte. Ich hatte keine Ahnung, was mich in Aachen noch erwarten würde, daher dachte ich, es könnte nicht schaden, ein bisschen Verstärkung mitzubringen.

»Hallo?«, ging er nach dem zweiten Klingeln dran.

»Selam hier …«, begrüßte ich Dirk. »Hast du Interesse, mir bei einem Auftrag zu helfen? Ich zahle auch.«

»Na klar«, willigte Dirk sofort ein. Er hatte keine Ahnung, worum es ging, aber war ohne zu zögern an Bord. Das gefiel mir. Mit solchen Männern ließ es sich arbeiten. »Gut, kannst du in 20 Minuten am Verteilerkreisel sein? Ich sammle dich ein.«

»Werde da an der Tanke warten«, sagte er ganz unkompliziert.

Als ich die Tankstelle erreichte, stand Dirk schon da. Er hatte einen Hoodie an, der seine Testo-Muskeln versteckte, und eine graue Jogginghose. Mit einem breiten Lächeln stieg er zu mir ins Auto. »Was machen wir?«, fragte er.

Verdammt, ich mochte diesen Kerl. Ich erklärte ihm, worum es ging. »Ich habe die Adresse von der Nutte in Aachen, aber ich habe keine Ahnung, ob das nicht vielleicht doch eine Falle ist«, sagte ich und nickte in Richtung Handschuhfach. Er öffnete es und reichte mir die Knarre, die sich darin befand. »Nur zur Sicherheit«, sagte ich und steckte sie mir ein. Dann fuhren wir los.

Schließlich erreichten wir die Adresse. Wir waren in einem Vorort von Aachen, einem typischen Arbeiterviertel. Überall standen braune Backsteinhäuser, auf der Straße spielten ein paar Kinder. Es sah recht trostlos aus. Wir stiegen aus dem Wagen und stellten uns vor die Haustür. Es war etwa 14 Uhr. »Bingo«, sagte Dirk und schaute auf das Klingelschild. Dort stand tatsächlich der Name von Nicoles Freundin. Wir klingelten. Nichts passierte. Wir klingelten noch einmal. Wieder nichts.

Scheiße.

Dirk ging jetzt zum Sturmklingeln über. Das zeigte mehr Wirkung. Im ersten Stock öffnete sich ein Fenster und ein kleiner Italiener im Unterhemd schaute heraus. »Minga, was solle Klingelei?«, brüllte er uns an und gestikulierte wild herum. »Haben verloren Verstande, oder was?«

»Ich muss mit Nicole sprechen«, sagte ich.

Der Italiener fuchtelte mit seiner Hand wild herum. »Nixe Nicole hier, nixe!«

»Du machst jetzt besser die Tür auf, Kollege«, rief ich und zog mein Shirt ein wenig hoch, sodass der Kerl erkennen konnte, dass ich eine Knarre in meinem Hosenbund stecken hatte. »Santa Madre di Dio«, bekreuzigte er sich und verschwand vom Fenster. Wenig später summte der Türöffner. Dirk und ich schauten uns an, nickten uns zu und liefen, so schnell wir konnten, die Treppe hoch. Wir stießen die Tür auf, packten uns den kleinen Italiener und drückten ihn brutal auf den Boden. Dann zog ich meine Waffe und hielt sie ihm an den Kopf.

»Wase machen, wase machen?«, kreischte der.

»Wo ist Nicole?«, brüllte ich.

Noch bevor er antworten konnte, kam eine leicht bekleidete Frau aus der Küche und schrie laut auf, als sie uns sah. Dirk packte sie am Arm und zog sie zu uns. »Bist du Nicole?«, fragte ich sie aggressiv.

»Nein, nein, ich bin Sandra …«, schrie sie. Sie zitterte am ganzen Körper, verstand überhaupt nicht, was hier passierte. »Ich wohne hier …«

»Wo ist Nicole?«

»Sie … sie ist schon vor zwei Wochen umgezogen.«

»Ihr Name steht noch an der Klingel!«, brüllte ich.

»Aber sie ist umgezogen, es ist die Wahrheit. Sie hat … sie hat jetzt eine Wohnung mit ihrem neuen Freund.«

Dirk und ich schauten uns an. Der kleine Italiener lag noch immer am Boden und sprach ein paar Stoßgebete in Italienisch, während er sich sein dichtes Brusthaar kratzte. »Wer ist ihr neuer Freund?«

»Irgendein Türke, glaube ich. Er … er spricht nur Englisch«, sagte Sandra mit zugekniffenen Augen. Bingo! Das war unser Junge. Sie waren also noch immer zusammen. Ich hatte es mir schon fast gedacht. Ich zeigte Sandra meine Knarre und steckte sie weg. »Der Junge muss zurück! Er ist noch ein Kind …«, erklärte ich ihr. »Du wirst mir sofort ihre neue Adresse geben.« Die Arme war so eingeschüchtert, dass sie sofort zustimmte. Sie wollte uns einfach nur loswerden. Sie schrieb die neue Adresse auf einen Zettel und gab mir sogar freiwillig den Zweitschlüssel der Wohnung.

»Wir haben alles, was wir brauchen«, meinte Dirk. »Lass uns abhauen.«

»Moment noch …« Ich zog den kleinen Italiener an seinem Unterhemd hoch und schaute die beiden an. »Eure Handys«, sagte ich schroff.

»Bitte nicht«, flehte Sandra.

»Keine Angst, ihr werdet sie wiederbekommen«, versprach ich. Ich wollte den beiden ja nicht schaden. Oder sagen wir so: Ich wollte ihnen nicht noch mehr schaden, als ich es eh schon getan hatte. Ich wollte einfach nur sichergehen, dass sie Nicole nicht vorwarnen würden. Sie gaben mir ihre Handys, ich nahm die SIM-Karten heraus, und wir verließen ihre Wohnung. Beim Hinausgehen schmiss ich die Karten in den Briefkasten im Hausflur. Bis sie das bemerkten, wären wir schon längst bei Claudia in der Wohnung, war ich mir sicher.

Wir stiegen in meinen BMW und fuhren los. Die Adresse, die uns Sandra gegeben hatte, lag in Düsseldorf. Ich beschleunigte meinen Wagen und fuhr auf die Autobahn. Es war mittlerweile 16 Uhr. »Mit dir kommt man ziemlich rum«, sagte Dirk. »Macht Spaß. Danke, dass du an mich gedacht hast.«

»Immer, Bruder«, sagte ich.

Schließlich erreichten wir Düsseldorf. Ich parkte meinen Wagen direkt bei der angegebenen Adresse. In Düsseldorf kannte ich mich gut aus und das hier war nicht gerade der angesagteste Teil der Stadt. Ich schaute mich um. Alles hier war heruntergekommen. Auch das Haus, in dem Mehmet mit seiner neuen Freundin wohnte, wirkte wie eine schäbige Absteige. Dirk ging die Klingelschilder durch. Dann grinste er und nickte. »Treffer, hier haben wir sie. Nicole Schmitz.« Er zog den Schlüssel heraus, den er von Sandra bekommen hatte, und steckte ihn ins Schloss. Er passte. »Sie hat uns nicht verarscht«, stellte er fest.

»Ich glaube, dafür hatte sie zu viel Angst.« Sandra hatte gemeint, dass sich die Wohnung im zweiten Stock befände. Wir stiegen leise die Treppen rauf und als wir die richtige Wohnung gefunden hatten, hielt ich mein Ohr an die Tür. Von drinnen hörte ich laute Geräusche. Da war auf jeden Fall jemand zu Hause.

Ich steckte den Schlüssel ganz leise und vorsichtig ins Schloss, ich wollte keine Aufmerksamkeit erregen. Dann drehte ich ihn langsam um und nickte Dirk zu. Dirk hatte einen Baseballschläger in der Hand und in dem Moment, als ich die Tür öffnete, rannte er wie ein Berserker schreiend in die Wohnung. Wir folgten den lauten Geräuschen, die aus dem Wohnzimmer kamen, und tatsächlich, da saß ein Junge vor dem Fernseher und spielte Nintendo DS. Das musste Mehmet sein. Er war komplett nackt. Als er mich sah, begann er laut zu kreischen. »Komm mit!«, forderte ich ihn auf, aber er sprang auf und rannte wie ein wildes Tier auf der Flucht durch die Wohnung. Dabei erschreckte er sich so sehr, dass er einfach … ich konnte es nicht glauben! Junge! Das konnte doch wirklich nicht wahr sein! Mehmet fing vor Angst an zu pinkeln. Direkt auf den Boden. Wir wollten ihn packen, wichen aber sofort zurück. »Junge«, sagte ich, »mach keine Show!« Doch er war total überfordert. Er kreischte immer weiter und lief von links nach rechts und pisste dabei die gesamte Bude voll. Irgendwann reichte es mir. Ich gab ihm einen Schlag und knockte ihn aus. In dem Moment kam seine Nuttenfreundin aus dem Schlafzimmer angerannt und schlug von hinten auf mich ein, aber ich ignorierte sie, schubste sie einfach nur weg.

»Bist du Mehmet?«, fragte ich den Jungen.

Er kreischte nur. Ich gab ihm eine Ohrfeige. »Bist du Mehmet?«

Er nickte und sagte dann etwas auf Englisch. »Bruder, ich kann kein Englisch«, entgegnete ich und drohte ihm die nächste Schelle an, wenn er nicht aufhören würde, rum zu schreien.

Wieder faselte er etwas auf Englisch. Ich schaute Dirk an, aber der beherrschte die Sprache auch nicht so wirklich. »We come from your Vater«, versuchte er es.

»My father?«, fragte der Junge, wurde einen kurzen Moment ruhiger und schaute uns beide an.

»Ja, your Vater«, beruhigte ihn Dirk. »No Gefahr.«

Doch das schien Mehmet erst den Rest zu geben. »I won't go back!«, schrie er, rappelte sich auf und tigerte wieder splitternackt durch das Wohnzimmer. »Es reicht!«, brüllte ich ihn an und zog meine Waffe aus der Hose. Ich hatte genug von diesem Schwachsinn. Ich packte Mehmet am Ohr und zog ihn in den Flur. »Zieh dich an«, sagte ich ihm genervt.

»Warte«, sagte Dirk und zog einen Seidenschal von dem Kleiderständer. »Was soll das?«, fragte ich. Er verband Mehmet damit die Hände.

»Damit er nicht wegläuft.«

»Tut er nicht«, beschwichtigte ich, ließ aber zu, dass er dem Jungen die Arme fesselte. Sicher war sicher. Dann brachten wir ihn runter und setzten ihn ins Auto. Vor der Tür kam uns ein älteres Paar entgegen, dass uns merkwürdig anstarrte. »Hier gibt's nichts zu sehen, einfach weitergehen«, murmelte ich schlecht gelaunt.

Unterwegs rief ich Erkan an, während ich mit 200 Sachen über die Autobahn bretterte. »Ich habe deinen Cousin«, sagte ich. Aber die Verbindung war ziemlich schlecht. »Was sagst du?«

»Ich sagte, ich komme gleich! Hallo? Hörst du mich?« Nichts mehr. Nur noch rauschen. Ich legte fluchend auf. Scheiß drauf, wir waren eh gleich da.

Ich drehte mich um und sah, wie der Knabe wie ein eingefallener Sack traurig auf der Rückbank saß. Er gab mir zu verstehen, dass er ein bisschen frische Luft brauchte.

Jetzt fiel mir ein, dass er ja Türkisch sprach. Ich nickte und ließ das Fenster runter. Doch der kleine Pisser nutzte die Lage sofort aus, steckte sein Kopf raus und brüllte laut um Hilfe. »Heeeelp, pleaaase help!«

Jetzt war meine Geduld endgültig am Ende. Ich zog ihn mit der rechten Hand zu mir, die linke hatte ich immer noch am Lenker. Dirk schlug ihn. Wir erreichten einen Parkplatz. Ich fuhr den Wagen rechts ran, bremste scharf, stieg aus, riss seine Tür auf und schlug Mehmet mit der Faust zweimal ins Gesicht. Dann zerrte ich den Jungen in den Kofferraum. »Ich habe genug von der Scheiße«, brüllte ich. Da hinten konnte er so viel kreischen, wie er wollte. Das würden wir wenigstens nicht hören.

»Was denkst du, warum die Nutte ihn mitgenommen hat?«, fragte Dirk. »Wollte sie Geld?« Ich schüttelte den Kopf. »Ich denke nicht«, sagte ich. »Dann hätte sie sich früher gemeldet. Der Knabe ist zwar nervig, aber ganz ansehnlich. Vielleicht hatte sie sich wirklich in ihn verliebt.«

Eine halbe Stunde später parkte ich den Wagen vor der mir schon bekannten Dönerbude in Lindlar. Draußen empfingen mich Erkan und Mehmets Eltern. »Du hast ihn gefunden?«, fragte Erkan und schaute mich erwartungsvoll an. Ich nickte und öffnete den Kofferraum. Dann zog ich Mehmet heraus.

Seine Familie seufzte vor Erleichterung. Dennoch bekam der Junge erst einmal eine saftige Ohrfeige von seiner Mutter. »Warum ist seine Hose nass?«, fragte mich Erkan.

»Amina koyim«, fluchte ich und schaute in den Kofferraum. Hatte der kleine Pisser etwa schon wieder …?

»Das wäre mir bei dir wahrscheinlich auch passiert«, grinste Erkan und musterte mich.

Mehmets Vater kam auf mich zu und umarmte mich. »Ich kann gar nicht in Worte fassen, wie dankbar ich für alles bin! Wie habt ihr ihn so schnell gefunden?«

Ich zuckte mit den Schultern. »Ist mein Job«, sagte ich nur.

Er schaute Dirk und mich an. »Seid ihr hungrig, Männer?« Das waren wir. Es war wirklich ein langer Tag. Es war mittlerweile 18 Uhr. 24 Stunden. Ich hatte gerade mal acht gebraucht. Der Alte brachte uns hoch in die Wohnung und ließ uns zwei extra dicke Döner zubereiten. Nach dem Essen zahlte er uns aus. Mehmet saß die ganze Zeit geistesabwesend neben uns auf der Couch und bekam kein Wort raus. Er war wohl ziemlich beleidigt.

»Wie geht es jetzt weiter?«, fragte ich die Familie.

»Wir fliegen nach Hause«, erzählte mir Mehmets Vater. »Ich habe gerade eben drei Tickets zurück nach London gebucht. Wir nehmen noch heute Abend den letzten Flug.«

Ich wünschte der Familie alles Gute, dann verabschiedeten wir uns. Ich fuhr Dirk zurück zur Tankstelle am Verteilerkreis, wo er seinen Wagen geparkt hatte, und zahlte ihm dort seinen Anteil aus. »Danke dir, mein Bruder«, sagte Dirk und strahlte. »Das Geld kann ich wirklich gerade gut gebrauchen. Wenn irgendwas anliegt, melde dich immer wieder gerne.«

»Gut, dass du dabei warst.« Wir gaben uns die Hand und ich machte mich auf den Weg Richtung Porz. Ich war fertig. Ich wollte einfach nur noch nach Hause und schlafen. Was für ein Tag.

Unterwegs klingelte mein Handy. Ich schaute auf das Display. Es war Serbas. »Bruder«, begrüßte ich ihn. »Was geht?«

»Was hast du getan?«, fragte er mich direkt. Serbas klang noch ernster als sonst. So kannte ich ihn gar nicht.

»Was los?«, fragte ich. Ich verstand nicht, worauf er hinauswollte.

»Hast du … jemanden entführt?«

»Was?«

»Selam, die Kriminalpolizei war gerade bei uns. Ich begriff noch immer nicht, was hier los war. Ich war schließlich die ganze Zeit mit Mehmet beschäftigt gewesen. Wann sollte ich jemanden entführt haben?

»Sie sagten, es gibt Augenzeugen.«

»Augenzeugen? Von was denn?«, rief ich ungeduldig.

»Augenzeugen, die sagen, dass es in Düsseldorf eine Entführung gegeben haben soll. Sie konnten dich beschreiben. Sie konnten den Jungen beschreiben. Und sie haben sich dein Nummernschild gemerkt. Du wurdest eindeutig identifiziert.«

So langsam setzte sich in meinem Kopf das Puzzle zusammen. Das musste das ältere Paar gewesen sein. Klar, dass die gedacht hatten, dass das eine Entführung gewesen wäre. Ich lachte auf. »Bruder«, sagte ich, »das ist ein Missverständnis. Ich schwöre, ich habe niemanden entführt. Ich habe einen Jungen nach Hause gebracht, der entführt wurde.«

»Ich glaube nicht, dass die Polizei dir das abkaufen wird.«

»Was meinst du damit?«

»Scheiße, Selam, die Lage ist ernst. Die fahnden in ganz NRW nach dir! Das ist eine Großlage gerade, checkst du das? Wenn die dich irgendwo finden, dann sperren die dich weg.«

Okay, die Lage war wirklich ernst. Fuck! Was sollte ich denn jetzt machen?

»Ich sehe nur eine Möglichkeit«, sagte Serbas, der mein Schweigen richtig interpretierte. »Du musst unbedingt mit dem Jungen gemeinsam zum Polizeirevier gehen und das aufklären. Und zwar sofort.« Wie gut, dass mein kleiner Bruder so ein helles Köpfchen war. »Aber«, fügte er noch an, »du brauchst einen anderen Wagen.«

»Warum?«

»Weil nach deinem Wagen gefahndet wird?«

Ach ja. Das hatte er ja gesagt. Hm. Doch auch für dieses Problem hatte Rizgar bereits eine Lösung parat. »Selam«, sagte er, »erinnerst du dich an den Ort, an dem du Marroko-Mo erwischt hast, als er etwas klauen wollte?«

Die Aral-Tankstelle. Klar. »Mhm«, antwortete ich nur.

»Fahr dort hin, dort steht mein Auto für dich bereit. Der Schlüssel steckt.«

Was ich an Brutalität besaß, das hatte mein kleiner Bruder im Kopf. So ein cleveres Kerlchen, dachte ich und fuhr zu besagter Aral-Tankstelle. Unterwegs rief ich Onkel Nuri an und erzählte ihm, von dem Problem, das sich gerade ergeben hatte.

»Nun«, sagte er, »das nicht dein einziges Problem dann.«

»Was meinst du?«

»Mehmet und Familie gerade auf Weg zu Flughafen.«

Ach ja. Da war ja noch etwas. Verdammt! Ich schlug auf das Lenkrad und fluchte. Sie wollten zurück nach London fliegen. Scheiße, wie konnte ich das vergessen! Jetzt hatte ich wirklich ein Problem!

»Ich finden heraus, wo Abflug, du fahren schnell zu Flughafe Köln-Bonn.«

»Alles klar«, sagte ich und trat auf das Gaspedal. Ich fuhr zur Tankstelle, wo tatsächlich schon der Wagen von meinem Bruder stand, tauschte das Fahrzeug und fuhr dann mit Höchstgeschwindigkeit zum Flughafen. Ich stellte den Wagen ab, sprang heraus und lief einmal quer durch die Empfangshalle. Und tatsächlich. Am Check-in-Schalter entdeckte ich die Familie. Wie ein Verrückter lief ich auf sie zu. Als Erstes entdeckte mich Mehmet. Als er sah, wie ich auf ihn zugelaufen kam, riss er die Augen groß auf und bekam wahrscheinlich einen Fluchtreflex. Hauptsache, er pisst sich nicht wieder ein, dachte ich.

»Was machst du denn hier?«, strahlte mich sein Vater an, als ich völlig außer Atem vor ihnen stand. »Willst du dich noch mal verabschieden?« Ich schüttelte den Kopf. »Es tut mir leid, aber ich brauche euch«, sagte ich. Dann erklärte ich ihm die Situation. Die Familie erklärte sich sofort bereit, mir zu helfen, auch wenn sie dafür ihren Flug verpassen würden. Während wir einen Plan machten, traf auch Onkel Nuri mit Erkan ein. Wir teilten uns auf zwei Wagen auf. Mehmet, Erkan, Onkel Nuri und ich fuhren mit dem Wagen meines Bruders, der Rest der Familie folgte uns in Nuris altem Opel.

»Erkan«, sagte ich, während wir über die Autobahn bretterten, »erklär deinem Cousin die Situation. Und sag ihm, dass ihm sehr schlimme Dinge wiederfahren werden, wenn er vor der Polizei irgendwas Falsches aussagt.«

Ich machte mir eigentlich keine Sorgen, weil Mehmet wirklich Angst vor mir hatte. Aber man wusste ja nie so genau, was passieren würde.

Dann simste mir Rizgar die Nummer von dem zuständigen Kripo-Kommissar, den ich gleich anrief. »Hallo«, sagte ich. »Hier ist Selam

Ali …« Schweigen am anderen Ende. »Ich habe gehört, Sie suchen mich.«

»Herr Ali«, gab sich der Kommissar nun betont freundlich, »das kann man so sagen, es gibt hier eine Großfahndung nach Ihnen. Sämtliche Kollegen im Umland haben gerade Ihr Foto geschickt bekommen.«

»Na, wieso rufen Sie nicht einfach an?«, fragte ich. »Im Ernst, es gibt da ein ganz großes Missverständnis. Ich habe niemanden entführt. Ich habe meinen Cousin abgeholt. Und das kann er Ihnen auch gerne selber erzählen.«

»Sie haben Ihren Cousin abgeholt und in den Kofferraum gesteckt?«

»Hm. Das war … na ja. Bruder, das war nur Spaß!«, sagte ich.

»Können Sie denn vorbeikommen?«

»Ich bin schon auf dem Weg. Sagen Sie mir, wohin, ich komme mit meinem Cousin, er wird alles aufklären.«

Der Kommissar gab mir die Adresse der zuständigen Polizeistation durch und ich lenkte den Wagen wieder in Richtung Düsseldorf. »Ich bin in 40 Minuten da …«, beendete ich das Gespräch. Ich schaute Onkel Nuri an, der ganz ruhig blieb, so, als ob er das alles schon viele Male erlebt hatte. Dieser Mann war mir nach wie vor ein Rätsel.

Nach einer guten halben Stunde hatten wir die Polizeistation erreicht. Ich fuhr die Straße zur Wache hoch und bremste ab, als ich plötzlich lautes Sirenengeheul hörte. Noch bevor ich begriff, was eigentlich passierte, wurde ich von sieben Streifenwagen eingekreist, die gerade aus allen Richtungen angefahren kamen. Die Beamten rissen ihre Türen auf, zogen ihre Waffen und richteten sie auf unseren Wagen. Scheiße, was ging denn hier ab? »Ganz langsam die Tür öffnen und mit den Händen hinter dem Kopf aussteigen«, brüllten sie.

»Amina koyim«, fluchte ich, öffnete die Tür und stieg langsam aus. »Was ist euer scheiß Problem? Ich habe doch angerufen, dass ich komme!«

Wo alles begann: Meine Eltern mit mir und meiner großen Schwester Mahfusa in Syrien, im Jahr 1981. © privat

© privat

Eine neue Welt: Meine Eltern kommen in Deutschland an, in Remmelshagen finden wir eine Heimat. Seit wir in Deutschland sind, trägt mein Vater nur noch Anzüge.

Deutschland war für meine Geschwister und mich ein Kulturschock. Zum ersten Mal in unserem Leben sahen wir: Schnee. Auf meinem Schoß sitzt meine kleine Schwester Fatima. © privat

Um Geld für meinen Kampfsportverein zu verdienen, begann ich bei einem Bauern auf dem Feld Kartoffeln zu ernten. © privat

Erst waren wir Feinde, dann wurden wir zu Freunden: © privat
Mit Andreas und Ronny, 1993 auf der Kirmes in Neuenrade.

Alles was zählt ist die Familie: Hier feiern wir gemeinsam © privat
den Geburtstag meiner kleinen Schwester Fatima

Darauf waren wir richtig stolz: Mein großer Bruder Serbas und sein erstes Auto. In dem Haus links haben wir gewohnt, die Fenster wurden aus Angst vor Übergriffen vergittert.

Nicht nur einer der besten Rapper in Deutschland, sondern bis heute auch ein enges Familienmitglied für mich: Eno (links) und ich vor einem Auftritt. Auch im Bild: der Rapper Miami Yacine.

© privat

Der Pate von Köln und ein wahrer Freund: Necati Arabaci.

Eine der dunkelsten Episoden meines Lebens: Meine Verhaftung in der Türkei wurde in der Presse aufgegriffen.

© Privatfoto von »Express«-Zeitung

*Mit Zuna (rechts) und Azet (links) von der KMN-Gang.
Im Kosovo rette uns Azet den Arsch.* © privat

*Selten hat mich ein Mensch so inspiriert wie dieser Mann:
Ich lernte den legendären Regisseur Fatih Akin bei der Verfilmung
von Rheingold kennen.* © privat

Auf dem Roten Teppich mit dem Mann,
dem ich mein neues Leben zu verdanken habe: Xatar.

Mit der neuen Generation des Deutschrap unterwegs:
Mero und ich in einer Hotellobby.

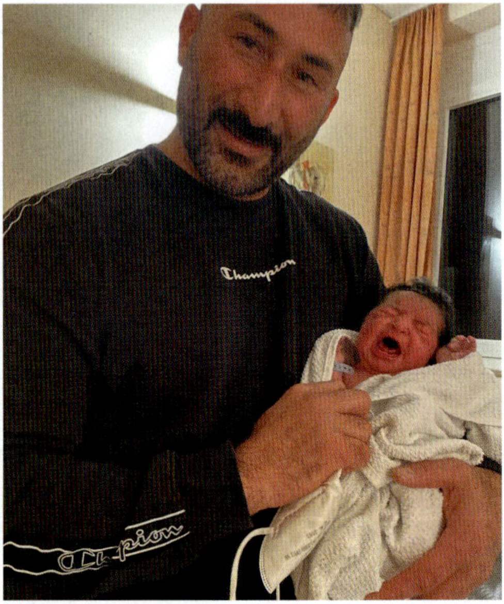

Dieser Tag hat mein Leben für immer verändert: Ich halte zum ersten Mal meinen kleinen Sohn …

… Diyan in den Armen. Er veränderte meine Art zu denken. Und zu leben.

Es half nichts. Mehrere Beamten kamen auf mich zugestürmt, legten mir Handschellen an und führten mich ab. Ich wurde in eine kleine Verhörzelle gebracht, wo ich erzählen sollte, was passiert war. Ich hielt mich an die Wahrheit. Ein paar Dinge ließ ich dabei aus, etwa die Sache mit der Knarre, aber sonst erzählte ich das, was passiert war. Insgesamt eine Stunde wurde ich verhört. Dann ließ man mich wieder laufen. Offenbar hatte Mehmet meine Geschichte so bestätigt.

Es war schon dunkel, als wir uns alle vor meinem Wagen auf dem Parkplatz wiedertrafen. »Sorry für die Umstände«, sagte ich und bot der Familie an, sie wieder zum Flughafen zu fahren, sie waren eh viel zu früh dran gewesen und mit ein bisschen Glück würden sie ihren Flieger sogar noch bekommen.

Zum Abschied fragte ich Mehmet noch, wie ihm Deutschland gefallen hätte und ob er wiederkommen würde. »In diesem Leben nicht mehr«, übersetzte mir Erkan seine Antwort. »Never, never, never!« Ich lachte. Was für eine Nacht!

Am nächsten Morgen schlief ich ordentlich aus. Als ich aufwachte, war es bereits Mittag. Ich machte mich fertig und traf ein paar meiner Jungs. Es war ein herrlich heißer Sommertag und als wir so durch die Stadt liefen, stellte sich mir auf einmal ein kleiner Junge in den Weg. Ich schaute zu ihm herunter. Er war vielleicht sieben oder acht Jahre alt. »Komm mal mit«, sagte der Kleine zu mir, »ich muss mit dir reden.« Ich musste grinsen. Der Kleine hatte Mut, dass er mir Ansagen machte. Das gefiel mir. Ich folgte ihm in eine Seitenstraße und gab meinen Jungs ein Zeichen, dass sie warten sollten. Ich kniete mich hin, damit ich mit dem Jungen auf Augenhöhe war. »Ich heiße Abbas«, sagte der Junge. »Und ich habe gehört, dass du Aufträge erledigst.«

»Wer sagt das?«, fragte ich ihn.

»Alle«, konterte er selbstbewusst und schaute mich direkt an. »Ich habe auch einen Auftrag für dich.«

Ich nickte und ließ ihn weitersprechen. »Es geht um meinen Vater«, sagte er ernst. »Er nimmt uns das Geld weg.« Er ließ eine kurze Pause. »Er behandelt meine Mama sehr schlecht. Er schlägt sie. Und er nimmt unser ganzes Geld und verliert es«, fuhr er fort und man konnte regelrecht spüren, was der Kleine innerlich für einen Krieg in sich austrug.

»Was soll ich machen?«, fragte ich ihn ernst.

»Mach einfach, dass es aufhört«, bat er mich und man hörte, dass eine große Last auf diesem kleinen Kind lag.

»Okay«, sagte ich, »aber ich bin nicht billig.«

Der Junge griff sich in die Hosentasche und zog ein paar Münzen raus, die er mir gab. Es waren 5 D-Mark. »Gut«, nickte ich. »Das akzeptiere ich als Anzahlung. Aber wenn der Auftrag erfüllt ist, dann kaufst du mir noch eine Kugel Eis.«

Abbas schaute mich ernst an und gab mir dann die Hand. »Deal«, sagte er.

»Deal.«

Ich ging zurück zu meinen Jungs. »Was wollte der Kleine von dir?«, fragten sie mich.

»Er hat mir einen Auftrag gegeben.«

»Wallah?«

»Wallah!« Ich wies einen meiner Jungs an, dass er herausfinden sollte, wer der Vater von dem Kleinen war.

Einen Tag später wussten wir es. Sein Vater war Ömer. Ein einfacher Arbeiter hier aus dem Viertel. Er war bekannt für seine Spielsucht. Wenn er von seiner Schicht in der Fabrik kam, ging er nicht nach Hause, sondern in das Spielcafé, um sein Geld in den Automaten zu verzocken. Es war für uns also nicht schwer, ihn zu finden. Ich nahm Emrah und Hakan mit. Hakan war einer der Jungs, die immer im *Café Turan* rumhingen. Ich mochte ihn. Ich hatte das Gefühl, dass man ihm vertrauen konnte. Und dass er genau der richtige Mann für diesen Job wäre.

Es war 17 Uhr und wir betraten die Spielhalle. Es war stickig. Der abgestandene Qualm von Tausenden Zigaretten lag in der Luft. Die

Automaten piepten und klingelten. Hakan, Emrah und ich liefen einmal durch den Laden und schauten uns um. Überall saßen Kanaken und drückten auf die Knöpfe der Automaten. Auf den Bildschirmen drehten sich die Bilder von irgendwelchen Früchten oder ägyptischen Symbolen. Niemand beachtete uns. Alle waren nur auf ihre Monitore fokussiert. Dann sahen wir einen Mann, der vor gleich drei Automaten saß, die er gleichzeitig bespielte. Ich betrachtete den Mann. Er war ein dünner, abgemagerter Kerl, der schlecht rasiert war und rote Augen hatte. Das musste er sein. Er war der Einzige hier, auf den die Beschreibung des Jungen zutrag. Er nahm gar nicht mehr wahr, was um ihn herum passierte, so vertieft war er in die Automaten. Ich erkannte seinen Blick gleich. Das war der typische Blick eines Spielsüchtigen. Ich ging zu ihm und legte meine Hand um seine Schulter. »Mein Freund«, sagte ich, »es wird Zeit zu gehen.« Er zuckte zusammen, so als würde er aus seiner Realität herausgerissen werden. Ich drückte auf die Auszahlungsknöpfe und sagte ihm, er solle das Geld einstecken, das aus dem Automaten kam. »Ich bin hier noch nicht fertig«, widersprach er.

»Doch«, sagte ich kühl, »das bist du.«

Dann geleiteten wir ihn raus, in eine kleine Unterführung. »Wer seid ihr? Was wollt ihr von mir?«, fragte er mit zitternder Stimme.

»Wir sind Freunde der Familie«, sagte ich, stellte ihn vor mich und gab ihm die härteste Ohrfeige meines Lebens. Er taumelte und sackte zusammen. Ich fing ihn auf, damit er nicht zu Boden ging. »Hör mir jetzt gut zu. Wenn du denkst, dass deine Frau keine Familie hat, dann täuschst du dich. Wir sind ihre Familie. Du wirst sie nie wieder anrühren. Hast du das verstanden?« Er schaute mich immer noch benommen an. Ich gab ihm eine zweite Ohrfeige. »Hast du mich verstanden?«, brüllte ich.

»Ja«, wimmerte er.

»Und hör mir zu, Ömer. Wenn du noch einmal in ein Spielcasino gehst, dann werden wir kommen und dich vergewaltigen, hörst du?«

»Ob du hörst?«, schrie ihn Emrah an. Ömer begann nun zu heulen. Er wusste gar nicht, wie ihm geschah.

»Hör auf zu weinen«, forderte ich ihn auf. »Sei froh, dass du heute noch eine Chance bekommen hast. Es ist deine letzte. Nutze sie.« Dann schickten wir ihn nach Hause und gingen noch mal in das Spielcafe. Ich befahl dem Besitzer, dass er Ömer Hausverbot geben sollte. »Wenn ich ihn noch einmal in deinem Laden erwische«, drohte ich, »dann schlage ich ihn kaputt. Und deine Geräte auch.«

Ich hoffte, dass die Botschaft angekommen war. Anscheinend war sie das. Drei Wochen später traf ich den kleinen Abbas wieder auf der Straße. Es war, als hätte ich ein anderes Kind vor mir. Seine Sorgen schienen wie abgefallen von ihm. »Hallo, mein Großer«, sagte ich, »wie geht es dir?«

Er strahlte mich an. »Sehr gut. Du hast den Auftrag ausgeführt, oder?«

Ich nickte. Dann sagte er mir, dass ich warten solle, lief weg und kam nach ein paar Minuten mit einer Kugel Schokoladeneis in einem Hörnchen wieder. »Das schulde ich dir noch«, sagte er.

Die Monate und Jahre vergingen und ich verrichtete weitere Aufträge. Eines Tages ging ich mit ein paar Jungs von mir zu *Kim-Wan*. *Kim-Wan* war unser chinesisches Lieblingsrestaurant auf der Maastrichter Straße. Die hatten verdammt gute gebratene Nudeln mit Hähnchen. André, Klaus und ich bestellten unsere Standardgerichte und nahmen wie immer die Portion zum Mitnehmen. Das war unser Ritual. Immer wenn wir vom Training kamen, lehnten wir uns an die Motorhaube meines Wagens und aßen gleich auf dem Parkplatz. Während wir auf unser Essen warteten, sahen wir Aldo aus dem Boxclub. Aldo saß auf einem Hocker vor dem Laden direkt nebenan, dem *Tingel Tangel*. Das *Tingel Tangel* war ein billiger Stripclub und Aldo war hier Türsteher. Wir winkten rüber, aber Aldo sah uns gar nicht, denn im selben Moment kam der Besitzer von dem Laden, Pino. Die beiden begannen, sich lautstark zu unterhalten. Wir bekamen nicht mit, worum es da genau ging, wir bekamen nur mit, dass aus der Unterhaltung nach und nach ein Streit wurde. Und der Streit wurde immer heftiger. »Mit Aldo sollte sich der Kerl nicht anlegen«, sagte André.

»Jap«, bestätigte ich. Wir beobachteten die Szene, als würden wir uns einen Kinofilm anschauen. Irgendwann eskalierte der Streit. Aldo stand von seinem Hocker auf und gab Pino eine dicke Ohrfeige. Dann setzte er sich wieder.

»Da haben wir es«, sagte Klaus. »Besser keine Faxen mit Aldo machen.«

Doch Pino schien das gar nicht akzeptieren zu wollen. »Nicht mit mir«, brüllte er laut und lief wütend in seinen Laden. Ein paar Minuten später kam er wieder raus. Er hatte eine Knarre in der Hand. Es ging alles so schnell, dass wir gar nicht richtig reagieren konnten. Pino hielt die Waffe an Aldos Kopf. »Bist du jetzt ein Mann geworden, du Fotze?«, entgegnete Aldo und blieb ruhig sitzen.

»Soll ich dich erschießen?«, brüllte Pino.

»Mach doch.«

Junge, dachte ich. Das sah übel aus. Pino hielt die Waffe etwa fünf Sekunden an Aldos Kopf. Und dann drückte er ab. Einfach so. Wir schreckten bei dem lauten Knall zusammen. Er hatte ihm einfach durch das Auge geschossen. Dann legte er die Pistole auf den Boden, atmete schwer und setzte sich neben die Leiche und starrte ins Leere. Wir schauten uns fassungslos an. War das gerade eben wirklich passiert? Die anderen Passanten liefen panisch weg und schrien. Es dauerte kein drei Minuten, bis mehrere Polizeiwagen vorgefahren kamen und Pino verhafteten.

Mir wurde schlecht. Ich konnte nicht glauben, was ich da gerade gesehen hatte. Das war eine regelrechte Hinrichtung gewesen. Aber so krass das auch war, irgendwie war es auch Normalität für uns geworden.

Als ich nach Hause kam, hatte ich den Vorfall schon beinahe wieder vergessen. Ich ging ins Badezimmer, wusch mir mein Gesicht. Ich war nun seit zehn Jahren in Köln. Seit zehn Jahren auf der Straße.

Und nicht einmal eine offene Hinrichtung schockte mich mehr. Ich schaute in den Spiegel. Dieser Mann, der mir da entgegenblickte, dachte ich, war irgendwann mal ein kleiner Junge gewesen, der nur Angst gekannt hatte. Jetzt war ich die Angst. Ich hatte in all den Jahren etwas gelernt. Das Leben schlägt hart zu. Also musste man härter zurückschlagen. Aber so langsam begriff ich auch, dass die Gewalt wie ein Virus war. Sie breitete sich immer weiter aus. Und irgendwann, da ergriff sie einfach Besitz von dir.

KAPITEL 4
(2004–2007)

LIEBE

Ich sprang noch einmal unter die Dusche und ließ mich schließlich auf meine Matratze fallen. Was für ein beschissener Tag, dachte ich und war so froh wie selten, dass er nun endlich vorbei war. Gerade als ich endlich die Augen schloss, klingelte mein Handy. »Amina koyim«, fluchte ich. Wer war das jetzt schon wieder? »Hallo?«, bellte ich in den Hörer.

»Selam, grüß dich. Hier ist Ertan, alles gut?«

Ich richtete mich auf. Ertan. Von Ertan hatte ich lange nichts gehört. Er war ein Junge aus der Nachbarschaft, der aber mittlerweile richtig dick Geschäfte machte. Er war irgendwo in der Veranstaltungsbranche eingestiegen, und die Jungs erzählten sich, dass er nur noch mit irgendwelchen Promis rumhing. »Ertan!«, grüßte ich ihn. »Was los? Lange nicht gesehen. Lange nichts gehört. Bist du jetzt High Class aufgestiegen oder was? Zu berühmt für unser Café, ja?«

»Bruder«, wiegelte er ab, »viel zu tun, du weißt. Aber hör mal, Selam, ich wollte dich fragen, ob du Interesse an einem Job hast?«

»Was für ein Job?«, fragte ich und kratzte mich am Hinterkopf.

»Wir haben hier bald eine größere Veranstaltung. Sagt dir Ebru Gündeş etwas?«

Ebru Gündeş? Natürlich. Das war eine extrem bekannte türkische Popsängerin. Meine Schwestern hörten sie rauf und runter.

»Sie hat einen Auftritt in Köln«, erzählte Ertan weiter. »Und wir bräuchten jemanden, der Personenschutz allgemein und Security an dem Abend macht. Da habe ich an dich gedacht.«

»Bester Mann«, entgegnete ich. »Ich übernehme das gerne.« Wir handelten noch ein wenig hin und her, einigten uns schließlich auf einen guten Preis, dann legte ich mein Handy weg und schlief endlich ein.

Zwei Wochen später war es so weit. Der Auftritt von Ebru Gündeş. Haider, ein Kollege, und ich fuhren in meinem BMW zum Hyatt-Hotel am Kennedy-Ufer, wo Ebru untergebracht war. Wir beide sollten ihren direkten Personenschutz übernehmen, die anderen Jungs hatte ich direkt zum Palladium geschickt, um dort für Sicherheit zu sorgen. Das Palladium war eine der größeren Konzert-Locations in Köln. 4000 Leute passten da rein. Und das Konzert war restlos ausverkauft. Ganz Köln sprach gefühlt schon seit Tagen nur von diesem Konzert. Zumindest die türkische Community in der Stadt.

Ich parkte meinen Wagen, und wir betraten die Lobby. Das Hotel war eindrucksvoll. Man hatte einen perfekten Blick auf den Kölner Dom auf der anderen Rheinseite. Die Eingangshalle war riesig. Alles war verglast, es standen überdimensional große Blumenkübel herum. Ich ging an die Rezeption und fragte nach dem Hotelmanager. »Wir sind der Personenschutz für Ebru Gündeş«, stellte ich uns vor. Der Mann nickte. Er hatte uns bereits erwartet. »Ich sage Frau Gündeş Bescheid und lasse sie runterbringen«, bot er freundlich an. »Warten Sie am besten hier in der Lobby.«

Haider und ich setzten uns auf eine der vielen Couches, die hier herumstanden, und betrachteten die Menschen, die eincheckten. Es war ziemlich viel los. Es war merkwürdig, dachte ich. Wir waren noch immer in Köln. Aber irgendwie fühlte es sich an, als wären wir in einer ganz anderen Welt. Ich beobachtete die älteren Damen, die mit teuren Handtaschen an der Bar saßen, lachten, ein Glas Wein in der Hand. Die Männer sahen aus, als wären sie Ärzte oder Ingenieure oder was weiß ich, was. Keiner von diesen Leuten hatte wahrscheinlich jemals das gesehen, was wir jeden Tag sahen. »Meinst du, dass diese Menschen glücklich sind?«, fragte ich Haider.

»Wie meinst du das, Bruder?«

»Ich weiß nicht«, sagte ich nachdenklich. »Guck mal, die müssen sich nicht mit dieser abgefuckten Scheiße auseinandersetzen, mit der wir es jeden Tag zu tun haben. Da kommt keiner und will die einfach abstechen oder so was.«

»Bruder, glaub mir, die haben andere Scheiße, mit der sie sich befassen müssen. So abstrakte Scheiße, weißt du? Die müssen ihre Probleme mit Briefen und Anwälten und so was klären.« Er hielt kurz inne. »Bei uns«, fuhr er dann fort und ballte demonstrativ seine Faust, »geht das schneller und einfacher.«

Ich nickte. Er hatte recht. Die Welt, in der ich lebte, war eine Welt, in der ich gut zurechtkam. Und dennoch kam in mir immer wieder der Gedanke auf, irgendwann einmal etwas ruhiger zu treten. Etwas normaler zu werden. Mir eine bürgerliche Existenz aufzubauen.

Ein paar Minuten später öffnete sich der Aufzug und ich sah, wie Ebru herauskam. Wow, ein echter Popstar, dachte ich. Und sie hatte überhaupt keine Starallüren. Ich ging auf sie zu und gab ihr die Hand. Mit meinem gebrochenen Türkisch stellte ich mich ihr vor.

»Danke, dass ihr auf mich aufpasst, Jungs«, sagte sie. »Wollen wir?« Sie stieg zu mir in den BMW und wir fuhren gemeinsam zum Palladium.

Nach ihrem Auftritt kam Ebru zu uns. Sie sagte, dass sie gerne noch Autogramme geben würde. Das würde sie immer so machen. »Kein Problem«, antwortete ich. Das Publikum wirkte friedlich. Es sah nicht so aus, als würde irgendjemand hier Stress machen. Ich bat einen Kollegen, dass er direkt vor der Tür zum Backstage einen kleinen Tisch aufbauen sollte. So hatten wir die Möglichkeit, Ebru sofort rauszubringen, wenn es doch Probleme geben sollte. Vor dem Tisch sollten sich die Leute, die noch ein Autogramm oder ein Foto wollten, in einer Schlange anstellen.

Wir warteten noch ein wenig, bis Ebru sich frisch gemacht hatte, dann brachten wir sie wieder in die Halle. Als die Leute sie sahen, rasteten sie wieder völlig aus. Krass, dachte ich. Diese Frau ist wirklich ein Superstar. Haider stellte sich links, ich stellte mich rechts hinter ihren Stuhl. In die Schlange reihten sich Hunderte von Menschen ein. Einer nach dem anderen kam zu Ebru, ließ sich eine CD oder ein Poster oder sonst irgendwas signieren, einige baten darum, dass wir Fotos mit ihr machten. Das machten wir natürlich. Irgendwann sah ich eine Gruppe von Mädchen, sie waren vielleicht Anfang 20. Unter ihnen war ein Mädchen, dass so bildschön war, wie ich es noch nie gesehen hatte. Sie sah aus wie eine Prinzessin. Langes, schwarzes Haar, wunderschöne braune Haut und tiefschwarze Augen. Wow. Ich konnte meinen Blick kaum von ihr lösen. Als ihre Gruppe an der Reihe war, kamen zwei Mädchen auf uns zu und machten Fotos, nur das hübsche Mädchen stellte sich an den Rand. »Was ist los mit eurer Freundin?«, fragte ich. »Wieso will sie keine Fotos machen?«

Eines der Mädchen winkte ab. »Die mag so was nicht so.«

»Okay, okay«, sagte ich. Aber ich konnte es dann doch nicht lassen. »Wie heißt deine Freundin?«, fragte ich noch einmal nach.

»Derya. Warum willst du das wissen?«

»Ich … finde sie interessant«, sagte ich ehrlich. Es war mir etwas unangenehm.

»Dann sprich sie doch an«, riet mir ihre Freundin. »Aber mach dir keine großen Hoffnungen. Derya ist sehr eigen.«

»Was meinst du?«, fragte ich sie. Aber sie zuckte nur mit den Schultern. Ich sagte Haider, dass er die Augen offen halten sollte. Dann ging ich auf das Mädchen zu. Es fiel mir wahnsinnig schwer. Ich hatte so etwas noch nie gemacht. Das war eigentlich nicht meine Art. Aber ich hatte das Gefühl, es zu bereuen, wenn ich sie heute nicht ansprechen würde.

»Hey«, sagte ich.

»Hey«, entgegnete sie cool und verschränkte die Arme.

»Wenn du hier schon stehst, dann mach doch ein Foto.«

»Ich will aber kein Foto mit Ebru Gündeş.«

»Ich meinte auch ein Foto mit mir.«

Sie lächelte. »Auch kein Interesse«, sagte sie dennoch grob.

»Darf ich deine Nummer haben?«, fragte ich sie.

»Nein«, gab sie mir einen Korb.

So funktionierte das nicht. Ich kritzelte meinen Namen und meine Nummer auf einen Zettel und reichte ihn ihr hin. »Okay, dann gebe ich dir meine Nummer. Vielleicht rufst du mich ja mal an?«

»Vielleicht«, sagte sie, nahm den Zettel und schaute mir in die Augen. Dann waren ihre Freundinnen fertig und die Gruppe zog ab. Wow, dachte ich. Was für eine Frau.

Wir verbrachten den Abend damit, weiter Fotos zu machen und zu beobachten, wie Ebru Autogramme gab. Es zog sich noch Stunden, bis wir sie endlich wieder in das Hotel zurückbringen konnten.

Die nächsten Tage starrte ich dauernd auf mein Handy. »Was ist denn los?«, fragte mich Emrah irgendwann. »Du scheinst irgendwie neben dir zu stehen.«

»Ach, ich weiß auch nicht«, sagte ich. Es war bereits viel zu viel Zeit vergangen. Sie würde mich wohl nicht mehr anrufen. Irgendwie traf mich das. Ich hatte mit diesem Mädchen nicht mehr als drei Minuten gesprochen. Und dennoch bekam ich sie einfach nicht aus dem Kopf.

»Erwartest du einen Anruf?«

Ich nickte. »Wer ist sie?«, fragte Emrah. Ich schaute ihn erstaunt an. »Woher weißt du, dass es um eine Frau geht?«

Er lachte und klopfte mir auf die Schulter. »An deinem Blick, Bruder. Wenn man so betrübt schaut wie du, dann geht es immer um ein Mädchen. Also, wer ist sie?«

Ich legte meinen Kopf in den Nacken. »Weißt du, Emrah«, sagte ich. »Das ist ja das Problem. Ich weiß es nicht wirklich …«

Es vergingen sechs ganze Wochen, bis eines Abends mein Telefon klingelte. »Hallo?«, ging ich dran.

»Ja, hallo«, hörte ich die Stimme einer Frau.

»Derya?«, fragte ich ungläubig.

»Ja«, antwortete sie erstaunt. Sie ließ eine kurze Pause. »Kennst du mich noch?« Aber natürlich kannte ich sie noch. Ich konnte es kaum glauben, dass sie sich tatsächlich noch meldete. Ich hatte wirklich nicht mehr mit ihrem Anruf gerechnet. »Du hast mich aber warten lassen«, lachte ich unsicher in den Hörer.

»Ich wollte sehen, ob du bereit bist, auf mich zu warten«, entgegnete sie. Das war ich. Irgendwie hatte ich auf diese Frau bereits mein ganzes Leben gewartet, dachte ich in diesem Moment, aber sprach es nicht aus. Wir fingen an, uns vorzustellen.

»Woher wusstest du, dass ich es bin?«, fragte sie.

»Wer solltest du sonst sein?«, entgegnete ich.

»Ich bin nicht die einzige Frau auf dieser Welt.«

»Aber die einzige, der ich meine Nummer gegeben habe.«

Ich hörte, dass sie lächelte. »Ich melde mich bald wieder«, sagte sie. Dann legten wir auf.

Am nächsten Tag rief sich mich wieder an. Und am übernächsten auch. Wir telefonierten stundenlang. Und immer wenn ich ihre Stimme hörte, fühlte es sich an, als wären all die Probleme, die ich auf der Straße hatte, plötzlich ganz weit weg. Irgendwann entschieden wir uns, uns zu treffen. »Wann?«, fragte ich.

»Dieses Wochenende.«

»Und wo?«

»In Leverkusen«, sagte sie.

In Leverkusen? Das war ja eine Ewigkeit entfernt. »Wieso nicht in Köln?«, fragte ich sie.

»Bist du wahnsinnig? Wenn meine Familie mich mit dir sieht, bringen sie mich um.«

Und so trafen wir uns am Wochenende in Leverkusen und gingen spazieren.

Erst bei unserem zweiten Treffen durfte ich ihre Hand halten. Erst beim dritten Treffen bekam ich einen Kuss.

»Warum treffen wir uns immer hier in Leverkusen?«, fragte ich sie noch einmal, obwohl ich die Antwort bereits kannte. »Ich will mich nicht verstecken«, sagte ich.

Derya schaute auf das Wasser. »Du weißt, dass es kompliziert ist.«

Kompliziert. Damit meinte sie ihre Eltern. Ihre Eltern waren türkische Nationalisten. Für sie war es unvorstellbar, dass eine Türkin mit einem Kurden zusammenkommt. Ich ballte die Faust. Ich fühlte mich wieder in meine Kindheit zurückversetzt. Ich hatte gedacht, dass wir diese unsinnigen Kämpfe hinter uns gelassen hatten, als wir nach Deutschland gekommen waren. Aber ich hatte mich ganz offensichtlich getäuscht.

»Eigentlich ist es ganz einfach«, entgegnete ich. »Ich empfinde etwas für dich. Du empfindest etwas für mich. Niemand hat ein Recht, sich dazwischen zu stellen.«

»Meine Eltern haben dieses Recht …« Ich atmete schwer durch. Ich kannte Derya mittlerweile gut genug, um zu wissen, dass ihr die Familie alles bedeutete. Dass sie nicht bereit wäre, sich für einen Mann gegen ihr Blut zu stellen. Aber ich spürte auch, dass sie hin- und hergerissen war. »Hör zu, Selam«, sagte sie und nahm meine Hand, »ich weiß nicht, wie ernst du das alles meinst mit mir, aber …«

»Ich meine es todernst«, unterbrach ich sie und schaute sie lange an.

»Wärst du bereit, mich zu heiraten?«, fragte sie.

»Selbstverständlich« antwortete ich, ohne auch nur eine Sekunde zu zögern. Und so meinte ich das auch. Ich war verrückt nach dieser Frau. Ich war bereit, alles für sie zu tun.

Sie lächelte. »Aber … da ist nicht nur meine Familie«, sagte sie. »Es ist auch … dein ganzes Leben. Ich weiß nicht, ob ich so leben kann.«

Ich wusste gleich, was sie meinte. Ich verdiente mein Brot nicht gerade mit anerkannter Arbeit. Ich dachte einen kurzen Moment nach. Dann nahm ich Deryas Hände und schaute ihr fest in die Augen. »Ich will dich heiraten«, sagte ich. »Und ich will mein Leben ändern für dich. Ich will ein guter Mann sein. Und ich will ein noch besserer Vater werden. Ich werde für dich sorgen. Wenn du bereit bist, mit deiner Familie zu reden.« Eigentlich war Derya die coolste und abgeklärteste Frau, die ich je getroffen hatte. Aber in diesem Moment fehlten ihr die Worte. Sie hatte Tränen in den Augen. Sie spürte, dass ich es ernst meinte. Dass das keine leeren Versprechen waren. Dann drückte sie sich fest an mich. »Ich werde gleich morgen mit meinen Eltern reden«, versprach sie mir. Und ich musste das auch tun.

Als ich am Abend wieder zu Hause war, setzte ich mich zu Mama und Baba an den Wohnzimmertisch. »Ich habe jemanden kennengelernt«, sagte ich gerade heraus. »Eine Frau. Ich liebe sie.« Dann erzählte ich meinen Eltern, dass sie Türkin und ihre Eltern Nationalisten waren. »Junge«, schüttelte mein Vater den Kopf. »Weißt du, in was für eine Lage du dich da bringst?«

Ich wollte das nicht hören. »Ich liebe sie, Baba, und ich will mit ihr zusammen sein.«

Mein Vater atmete durch und schaute mich dann milde an. »An mir liegt es nicht, Selam, du hast meinen Segen«, sagte er. »Ich will nur, dass du dir dessen bewusst bist, dass ihre Eltern Ärger machen werden.«

Auch wenn ich das in dem Moment nicht hören und noch weniger wahrhaben wollte. Er sollte recht behalten.

Ihre Eltern lehnten ab. Sie wollten auf keinen Fall, dass wir zusammen waren. Ich bat Derya immer wieder, es noch einmal zu versuchen. Ich wollte, dass sie uns wenigstens einmal einluden. Es dauerte Ewigkeiten, aber irgendwann erlaubte uns Deryas Mutter, dass wir mit der Familie zu ihnen nach Köln-Kalk kommen und vorsprechen durften. So, wie es Tradition bei uns war. Und so saß ich mit meinen Eltern, einem Onkel von mir und meinem großen Bruder im Wohnzimmer von Deryas Eltern. Derya und ihre Schwester saßen am Rand, auf zwei Plastikstühlen. Meine Familie saß auf einem der Sofas und uns gegenüber Deryas Eltern. Ihre Mutter war eine liebe, herzliche Frau, aber ihr Vater war ein rauer Kerl. Er war 1,80 Meter groß, hatte die Gesichtszüge eines tatarischen Kriegers und kurz geschorene Haare. Sein Gesicht war immer düster. Ich sprach vor. Ich erklärte ihnen, dass ich Derya liebte, dass ich sie heiraten und für sie sorgen wollte. Aber ihr Vater schüttelte nur den Kopf. »Niemals«, sagte er, »werde ich zulassen, dass meine Tochter einen Kurden heiratet!«

Mein Vater mischte sich ein. Er versuchte zu vermitteln. »Was sagt unsere Herkunft aus? Wie kann sie wahrer Liebe im Weg stehen?«, gab er sich versöhnlich. Doch der tatarische Krieger blieb eiskalt. »Zwischen Türken und Kurden kann es keine aufrichtige Liebe geben.« Ich war erstaunt, wie ruhig mein Vater trotz der schweren Beleidigungen blieb. Erst jetzt bekam ich ein sehr einfaches Gefühl für das, was er schon sein ganzes Leben an Diskriminierung erfahren haben musste. Es hatte keinen Sinn. Wir kamen bei ihren Eltern nicht weiter.

Ich dachte, vielleicht würden sie einsehen, dass ich es ernst meinte, wenn ich beständig blieb. Und so schrieb ich Deryas Vater jede Woche einen Brief, in dem ich betonte, dass ich seine Tochter heiraten wollte. Monate vergingen. Aber es änderte nichts. Sie gaben uns nicht ihren Segen. Und Derya war nicht bereit, gegen den Willen ihrer Familie zu handeln. Irgendwann konnte ich nicht mehr. Ich hatte die Liebe meines Lebens gefunden. Aber wir hatten keine Perspektive. Das machte mich wahnsinnig. Es fraß mich innerlich auf. Irgendwann sprach ich mit Derya und sagte ihr, dass es vielleicht besser wäre, wenn wir uns trennten. Sie fing an, zu weinen. »Ich will mich nicht von dir trennen.«

»Aber wir können auch nicht zusammen sein«, sagte ich. Dieser Zustand machte mich verrückt. Ich begriff einfach nicht, wie das sein konnte. »Warte, bitte … ich werde meine Eltern überreden …«

»Wir sind seit elf Monaten zusammen, du hast es die ganze Zeit über nicht geschafft, sie zu überreden«, sagte ich sanft und war selbst den Tränen nahe. Es ging einfach nicht mehr. Ich machte Schluss. Ich war der traurigste Mensch der Welt.

Ich wusste, dass die Trennung nötig war, aber sie tat mir gar nicht gut. Ich zog mich komplett zurück. Ich verlor in dieser Zeit meinen ganzen Lebensmut. Es verging Tag für Tag – ohne dass ich irgendeine Form von Freude empfand. Wenn ich morgens aufwachte, dann wusste ich nicht, wofür ich eigentlich aufstehen sollte. Ich machte nur noch das Nötige. Ich arbeitete. Ich aß. Und dann legte ich mich wieder schlafen. Na ja. Und ich trainierte. Das Training war der einzige Moment des Tages, an dem es mir ein wenig besser ging. Wenn ich im Gym war, konnte ich mich so auspowern, dass ich meinen Kopf komplett ausschalten konnte. Das Training betäubte mich. Als ich gerade einen Satz auf der Hantelbank abgeschlossen hatte, kam ein Kollege aus meiner alten Nachbarschaft zu mir, den ich schon seit einigen Jahren nicht mehr gesehen hatte. Sein Name war Ömer.

»Selam«, begrüßte er mich. »Bruder, wie siehst du aus, ya? Richtiger hayvan geworden.«

Ich winkte ab und gab ihm die Hand. »Alles gut?«

»Alles gut, Bruder, alles gut. Aber im Ernst, du bist krass breit geworden.«

Wieder musterte er mich von oben bis unten. Langsam wurde es mir unangenehm. »Was starrst du mich denn so eklig an, Junge?«

»Hey, hey, ganz ruhig. Ich hatte da nur so eine Idee. Ich kenne da einen Typen, der veranstaltet in Köln-Kalk, hm, wie soll ich das sagen, Sportveranstaltungen.«

»Was für Sportveranstaltungen?«

»Na ja, es geht um, mh, Bruder, wie sage ich das am Besten?« Er schaute sich um, um sicherzugehen, dass niemand zuhörte. »Illegale Straßenkämpfe«, brachte er schließlich hervor. Ich hatte schon davon gehört, dass es in Köln solche Kämpfe gab. Aber es interessierte mich nicht sonderlich. Ich hatte bereits genug Action in meinem Leben. Warum sollte ich mir anschauen, wie zwei Typen sich irgendwo die Köpfe einschlugen? »Du sollst nicht zugucken«, half mir Ömer auf die Sprünge. »Du sollst mitmachen.«

Ich schüttelte den Kopf und lachte. »Ich bin kein Boxer.«

»Genau darum geht es. Bei diesen Kämpfen geht es nicht darum, dass Kampfsportler gegeneinander antreten. Es geht darum, dass zwei Straßenkämpfer aufeinandertreffen. Ohne Regeln. So was kannst du doch.«

Ich setzte mich auf die Schrägbank und griff mir zwei Kurzhanteln. »Kein Interesse«, brach ich das Gespräch ab.

»Du kannst damit jede Menge Geld verdienen«, versuchte Ömer mich zu ködern.

Ich setzte die Hanteln auf meinen Schenkeln ab. »Was heißt jede Menge Geld?«

»Na ja«, sagte Ömer. »Da gibt es hohe Wetteinsätze. In zwei Wochen haben wir einen ganz speziellen Kämpfer in der Stadt. Er kommt aus dem Ruhrpott. Bisher haben wir niemanden gefunden, der gegen ihn antreten will.«

»Was macht ihn so besonders?«

»Der Kerl ist ein Indianer oder so was, keine Ahnung, wo der herkommt. Jedenfalls ist der im Kampf mehr Tier als Mann …« Ömer dachte nach. »Hör zu, Selam. Du könntest den Typen vielleicht besiegen. Mach diese Woche einen ersten Probekampf. Wenn du den gewinnst, kriege ich durchgesetzt, dass du gegen das Tier antreten kannst. Ich verspreche dir, da ist ein fetter Batzen Geld drin. Mehr als du in einem Jahr an der Tür verdienst.«

Ach, scheiß drauf, dachte ich. Warum eigentlich nicht? Mir war eh alles egal. So erlebte ich wenigstens mal wieder etwas. Ich gab Ömer meine Handynummer und sagte ihm, er solle alles einrichten.

Am nächsten Tag schrieb er mir eine Nachricht. Er hätte mir einen Warm-up-Kampf arrangiert. Ich solle mich am Samstagabend bereithalten. Er würde mir kurzfristig die Location senden. Sicherheitsmaßnahme. Ich schüttelte den Kopf. Wie wichtig sich diese Leute doch alle nahmen. Warum solch eine Sicherheitsmaßnahme? Ich würde irgendeinem Typen auf die Fresse hauen, ein paar Scheine auf die Hand bekommen und die Sache wäre durch. Na ja, wenigstens stimmte das Angebot, dass er mir schickte. Und das war nur die Gage für den ersten Kampf. Sollte ich mich bewähren und gegen den Krieger kämpfen, dann wäre das Achtfache drin, stellte er mir in Aussicht. Ich war nicht sonderlich gut im Kopfrechnen, aber mir war klar, dass das verdammt viel Geld war.

Am Samstag bekam ich um 21 Uhr eine Nachricht mit Koordinaten geschickt. Ich hatte den Jungs an der Tür schon gesagt, dass ich erst später zu ihnen stoßen würde. Ich wärmte mich ein bisschen auf, machte ein paar Liegestütze, setzte mich schließlich in mein Auto und fuhr an den angegebenen Ort. Ich parkte etwas abseits und lief die letzten Meter dann zu Fuß.

Ich war in einem ziemlich verlassenen Teil von Köln-Chorweiler gelandet. Auf den Straßen war nichts mehr los. Die Adresse, die Ömer mir geschickt hatte, war eine stillgelegte Tiefgarage. Ich brauchte ein bisschen, bis ich den Eingang fand. Es war dunkel. Ich schaltete mein Handylicht an und stieg die nassen Treppenstufen herunter. Auf dem Boden lagen Scherben, Bierdosen und hin und wieder ein paar Spritzen. Je tiefer ich in die Anlage runterstieg, desto lauter wurde es. Von irgendwo hörte ich Menschen. Sie brüllten und klatschten.

Endlich hatte ich das dritte Unterdeck erreicht und stand vor einer großen, schweren Eisentür. Ich öffnete sie und kniff die Augen zusammen. Auf dem leeren großen Parkgelände waren schwere Scheinwerfer aufgebaut, die mich blendeten. Es waren gut 100 Menschen hier. Irgendwelche Kanaken, die ihren Monatslohn an einem Abend verwetteten. Aber auch ein paar Typen, die nicht so richtig in das Bild passten. Männer in Anzügen. Kerle, denen man ansah, dass sie Geld hatten. Keine Ahnung, was die hier machten. Aber es war mir auch egal. Ich wollte einfach nur meinen Job durchziehen. »Da bist du ja«, hörte ich eine mir bekannte Stimme und sah, wie Ömer auf mich zukam. Er deutete ein paar Boxbewegungen an. »Bist du bereit?«, fragte er.

»Lass es uns einfach schnell durchziehen.«

Er nickte. »Komm mit, du bist schon der Nächste.«

Wir näherten uns dem Kreis an Männern, der sich gebildet hatte. In ihrer Mitte standen zwei Typen, die schon ziemlich fertig aussahen:

ein Türke und ein Deutscher. Der Türke war ein kleiner schmaler, aber ziemlich schneller Typ, der sich ständig in Bewegung hielt. Der Deutsche hatte eher etwas von einem Boxer. Er war größer und schwerer und hielt ständig die Deckung hoch. An seiner Stirn lief Blut herunter. Wahrscheinlich hatte er schon ordentlich etwas abbekommen, dachte ich. Ich sah, wie der kleine Türke immer wieder um ihn herumtänzelte und ihm Schläge in die Seite verpasste. Der große Typ keuchte. Dann wieselte sich der Türke um ihn herum und trat ihm von hinten in die Sehnen. Der Boxer knickte ein. Das Ding war gelaufen. Der kleine Türke verpasste ihm zwei Schläge direkt ins Gesicht und hatte sein Knock-out. Die Menge jubelte. Dann kamen zwei Typen, die den bewusstlosen Deutschen aus dem Parkhaus schleiften.

Ich hatte ja schon einiges an Kämpfen gesehen, aber diese Nummer hier war wirklich brutal. Noch bevor ich länger nachdenken konnte, wurde ich in den Kreis der brüllenden Männer gestoßen. Irgendwer sagte mich an. Er dachte sich irgendeine Scheiße aus. Aber es kümmerte mich nicht. Auf dem Boden klebte Blut, ich war damit beschäftigt, nicht reinzutreten. Dann kam mein Gegner in den improvisierten Ring. Irgendein Osteuropäer. Breiter Typ. Gut trainiert. Er zog sich das T-Shirt aus und rotzte vor mir auf den Boden. Die Masse gröhlte. Ich wartete darauf, dass es irgendein Signal gab, dass wir loslegen konnten, aber das gab es nicht. Der Typ schlug mir einfach in den Bauch. Ich erwiderte sofort zwei schnelle Schläge und erwischte ihn genau im Gesicht. Es dauerte keine fünf Sekunden, da klappte er um. Plötzlich wurde es ganz still im Parkhaus. Scheinbar waren die Leute enttäuscht. Sie hatten sich wohl einen härteren Kampf erhofft. Aber dann mussten sie mir eben härtere Gegner bringen. Nach ein paar Sekunden hatte sich der Schock gelegt und ich wurde gefeiert wie ein Champion. Ich ging zu Ömer, holte mir mein Geld ab und verschwand wieder.

Er hatte mir einen Aufwärmkampf angekündigt, dachte ich, während ich zur Arbeit fuhr. Aber ich war noch nicht mal ansatzweise aufgewärmt.

Eine Woche später fand ich mich zur selben Zeit am selben Ort ein. Heute sollte ich einen richtigen Gegner bekommen: den Indianer. Wer immer auch dieser gottverdammte Indianer sein sollte. Ich hatte das Gefühl, dass heute noch mehr Leute gekommen waren. Die Stimmung war jedenfalls noch einmal deutlich aufgeheizter als beim letzten Mal. Es lag so viel Aggression und Spannung in der Luft, dass man sie beinahe greifen konnte.

Wieder ging ich in den Kreis, den die keifende Masse gebildet hatte. Ich zog meinen Pullover aus und sprang mich ein bisschen warm. Ömer hatte mich vorgewarnt, dass es heute nicht leicht werden würde. Aber wann war es jemals einfach? Ich schaute mich um. Ich hatte meinen Gegner noch nicht gesehen. Wo blieb dieser Indianer?

Nervös lief ich meine Runden, das Gebrüll der Leute wurde immer lauter. Plötzlich sah ich, wie jemand sich seinen Weg durch die Masse bahnte. Okay, dachte ich. Das wird heute wirklich eine ganz andere Nummer. Da kam ein Zwei-Meter-Koloss auf mich zu, der die umstehenden Zuschauer einfach zur Seite drückte, als wären sie nichts. Der Typ hatte lange, schwarze Haare, die er zu einem Zopf zusammengebunden hatte, und schien aus reiner Masse zu bestehen. Obwohl ich selber ein breiter Kerl war, toppte mich der Indianer. Er war einfach das Doppelte von mir. Ich hatte keinen Plan, wo man dieses Monster aufgetrieben hatte.

Der Indianer kratzte sich an seinem schwarzen Bart und sah mich an. Seine Augen waren komplett leer. Der Typ betrachtete mich wie ein Stück Steak, das er gleich auffressen würde. Scheiße, das würde eine harte Nummer werden. Ich beschloss, direkt in den Angriffsmodus zu gehen. Ich lief auf das Monstrum zu und gab ihm vier Leberhaken. Bam. Bam. Bam. Bam. Er zuckte noch nicht einmal. Stattdessen nahm er seine Hand, drückte sie gegen meinen Kopf und schob mich einfach weg. Er holte aus und versuchte, mir einen Schwinger zu verpassen. Zum Glück war der Kerl extrem schwerfällig, sodass ich direkt ausweichen konnte. Aber mir war klar: Wenn er mich einmal erwischen würde, wäre ich weg. Ich versuchte es mit Schnelligkeit, machte einen Schritt auf den Kerl zu, schlug ihm in sein Gesicht und ging wieder raus. Es zeigte kaum Wirkung. Der Indianer schüttelte sich einmal und stapfte dann einfach weiter auf mich zu.

So funktionierte das nicht. Ich brauchte einen Plan. Wieder führte der Zwei-Meter-Koloss zwei harte Schwinger durch. Einer erwischte mich im Gesicht. Ich torkelte und fasste mir an die Nase. Ich blutete. Mir wurde schwindelig. Die Masse um mich herum brüllte und feuerte mich an. Aber ich nahm nur noch Bässe wahr. Dann stand der Krieger wieder vor mir. Ich sah, wie er ausholte, um mir den Rest zu geben. Da fiel mir ein, wie ich gelernt hatte, zu kämpfen. Unkonventionell. In dem man das tut, was niemand erwartet. Ich schlug ihm also wie früher direkt auf seine Faust, griff mir seine Hand und brach ihm seinen Zeigefinger. Ich knickte ihn einfach um, wie einen Strohhalm. Der Krieger jaulte laut auf. Damit hatte er nicht gerechnet. Ich nutzte den Schock und schlug ihm mit meinen Fäusten ins Gesicht. Immer und immer wieder. Bis sein Kiefer knackte. Ich hatte ihn gebrochen. Der Indianer torkelte. Er schaute mich mit weit aufgerissenen Augen ungläubig an. Dann kippte er um. Direkt in die Menge. Er riss noch zwei Männer mit auf den Boden, so schwer war er.

Was für ein Kampf. Die Meute jubelte, aber ich war komplett am Arsch. Ich wollte einfach nur noch nach Hause. Ich holte mir das Geld von Ömer ab, sagte ihm, dass er mich nie wieder anrufen sollte, und verschwand. Das sollte mein letzter Underground-Kampf bleiben.

Ich hatte die Kämpfe schon beinahe vergessen, als ich an einem Dienstagnachmittag vor unserem Hochhaus stand, einen Gartenschlauch in der Hand und meinen BMW abspritzte. Es war Sommer. Die Sonne brannte mir auf der Haut und im Viertel liefen die Kinder mit nackten Oberkörpern durch die Straßen. Es war wirklich verdammt heiß. Aus dem Augenwinkel sah ich meinen Kumpel Hakan, der zur Bushaltestelle lief. Als er mich entdeckte, kam er auf mich zu gerannt.

»Bruder«, rief er, »Bruder, gut, dass du da bist!« Er war ganz außer Atem. »Ich brauche deine Hilfe.«

Ich versuchte, ihn zu beruhigen. Der Junge bekam kaum noch Luft. »Alles gut«, sagte ich, »atme durch.« Ich hatte keine Ahnung, was eigentlich los war.

»Meine Frau …«, keuchte er. »Sie bekommt ihr Kind! Kannst du mich ins Krankenhaus fahren?«

Was für eine Frage. Ich schmiss den Schlauch weg, riss die Autotür auf und setze mich ans Steuer. »Komm, Bruder, schnell, steig ein!« Ich trat aufs Gas und fuhr so schnell, wie ich konnte. Ich überfuhr jede rote Ampel. Hakan schien das gar nicht wahrzunehmen. Er war komplett mit sich selbst beschäftigt.

An der nächsten Kreuzung setzte ich den Blinker nach links. »Fahr nach rechts«, bat er mich. Rechts? Das Krankenhaus Porz war links. »Nein«, sagte er geistig abwesend. »Nicht Mülheim, wir müssen ins Krankenhaus in Kalk. Dort liegt meine Frau.« Ich schluckte. Nein, dachte ich. Nicht Kalk. Ein Jahr war vergangen, dass ich das letzte Mal diesen Stadtteil betreten hatte. Ich brachte es einfach nicht übers Herz. Noch immer erinnerte mich dort alles an Derya. Ich hatte mir selbst geschworen, nie wieder dort hinzugehen.

Ich schaute auf die Ampel. Sie war noch immer Rot. Aber was sollte ich machen? Ich konnte doch Hakan jetzt nicht einfach rauswerfen. Scheiße, fluchte ich innerlich. Als die Ampel auf Grün sprang, lenkte ich hart ein und fuhr nach rechts. Nach Kalk. Etwa zehn Minuten später erreichten wir das Krankenhaus. Ich parkte und Hakan sprang aus dem Wagen. »Okay«, sagte ich, »alles Gute euch beiden.« Ich wollte so schnell wie möglich verschwinden.

Doch Hakan hielt mich auf. »Selam, bitte warte hier unten, ja?«, bat er mich.

»Bruder, das geht ni…« Doch da war er schon durch die große Pforte verschwunden. »So eine Scheiße«, fluchte ich jetzt laut und trat gegen mein halb gewaschenes Auto. Jetzt musste ich auch noch in diesem verfluchten Stadtteil warten. Ich massierte mir die Schläfen.

Dann zog ich eine Auto-Zeitschrift vom Rücksitz, die ich mir am Morgen gekauft hatte. Hoffentlich würde das Kind bald kommen, dachte ich.

Ich las mir die Berichte über die Neuwagen durch und blätterte nervös in den Magazin herum, um mich abzulenken. Ich stand noch keine drei Minuten vor diesem Krankenhaus, als mich plötzlich jemand an der Schulter berührte. »Hallo …«, hörte ich eine mir viel zu bekannte Stimme. Ich drehte mich um. Es war Derya. Mein Herz setzte kurz aus. Das konnte doch nicht wahr sein, dass ich jetzt ausgerechnet sie hier traf. Ich war von der Situation völlig überwältigt. Ich wusste nicht, wie ich reagieren sollte, also nahm ich sie ganz instinktiv einfach in den Arm. Sie schaute zu mir hoch und Tränen liefen über ihr Gesicht. Auch ich musste schlucken.

»Lange nicht gesehen«, sagte ich.

Sie nickte. »Was machst du hier, Selam?«

»Ich … die Frau von Hakan«, erklärte ich, »sie bekommt gerade ein Kind. Und …« Ich schaute Derya an. Sie hatte sich nicht verändert. Sie war noch immer genauso schön wie am ersten Tag. »Wollen wir ein Kaffee trinken gehen?«, fragte ich. Sie wischte sich die Tränen aus dem Gesicht und nickte. Ich schrieb Hakan eine SMS, dass ich in der Nähe wäre und er sich melden sollte, wenn er mich brauchte.

Dann suchten wir uns ein kleines Café und begannen, über all die Dinge zu sprechen, die im vergangenen Jahr passiert waren. Bei mir war das nicht sonderlich viel. Derya erzählte mir, dass sie ihren Führerschein gemacht hatte. »Weißt du«, sagte sie und schaute auf ihren Kaffee, »ich bin immer wieder nach Porz gefahren und habe geguckt, ob ich dich irgendwo sehe. Und manchmal«, sagte sie leise, »da habe ich dich auch gesehen. Und ich habe dich beobachtet. Einfach nur, damit ich dir ein bisschen nahe sein konnte.«

Ich musste schlucken. »Ich habe jeden Tag an dich gedacht«, gestand ich ihr ehrlich und nahm ihre Hand. Dann schauten wir uns in die Augen und es fühlte sich an, als wäre alles wieder wie früher. Wir verabredeten uns für den nächsten Tag. Und am nächsten Tag verabredeten wir uns für den Tag darauf. Und dann kamen wir wieder zusammen.

»Als ich damals gesagt habe, dass ich dich heiraten will, da habe ich das ernst gemeint«, sagte ich irgendwann. »Ich möchte noch einmal mit deiner Familie sprechen.«

Ich hatte ein Jahr lang auf Derya gewartet. Einen größeren Beweis, dass ich sie liebte, gab es nicht. Ihre Familie konnte mir den Wunsch nicht mehr absprechen. Das dachte ich zumindest.

Eine Woche später saß ich wieder mit meinem Vater bei der Familie. Ich fühlte mich wie in einer Zeitschleife gefangen. Wieder saßen wir in ihrem Wohnzimmer. Wieder sah ich in das abgefuckte Gesicht von Deryas Vater. Wieder redeten wir gegen eine Wand an. »Niemals werde ich einen Kurden in der Familie akzeptieren!«, wies er uns in den ersten Minuten gleich wieder ab.

»Was Kurden? Sind wir keine Menschen?«, fragte mein Vater emotional zurück. Er hatte sein Leben lang gegen genau diese Ungerechtigkeiten gekämpft. Er war wegen ihnen aus seiner Heimat geflohen. Aber sie ließen ihn nicht los. Es begann ein lauter Streit. Alle schrien aufeinander ein. Ein Jahr war vergangen und es hatte sich nichts verändert. Die Worte der anderen rauschten einfach an mir vorbei. Ich war müde. Und frustriert.

Ich stand auf, verließ wortlos die Wohnung, ging langsam das Treppenhaus herunter und setzte mich in mein Auto. Dann öffnete ich mein Handschuhfach, zog eine Packung Zigaretten heraus und zündete mir eine Kippe an. Ich nahm zwei tiefe Züge und starrte auf das Wohnhaus vor mir. So ging das nicht weiter. Ich musste umdenken. Ich massierte meine Schläfen. Ich war müde. Ich war einfach so wahnsinnig müde. Doch dann hatte ich eine Idee. Ich zog mein Handy heraus und rief Derya an. »Wo bist du?«, fragte sie. Im Hintergrund hörte ich noch unsere Eltern streiten.

»Komm runter«, bat ich sie mit erschöpfter Stimme. »Ich denke, wir müssen es anders machen.« Ich sah, wie im Hausflur das Licht anging. Dann öffnete sich die Haustür und Derya kam heraus und setzte sich in mein Auto. »Was hast du vor?«, fragte sie. Ich erzählte ihr von meinem Plan. Sie zögerte erst. »Vertrau mir einfach«, bat ich sie und schaute ihr in die Augen. »Es gibt keinen anderen Weg mehr.« Sie zwang sich zu einem Lächeln. Dann stimmte sie schließlich zu. Ich rief einen Freund von mir an, der eine Wohnung in Troisdorf hatte. Ich wusste, dass sie gerade leer stand. »Bruder«, sagte ich. »Ich brauche einen Ort, an dem ich eine Zeit lang untertauchen kann, da gibt es doch diese Wohnung in Troisdorf …«

»Kein Problem«, unterbrach er mich sofort. »Hast du Ärger?«

Ich dachte kurz nach. »Ja …«, sagte ich. »Aber anders. Du darfst niemandem sagen, wo ich bin, okay?«

Dann wählte ich die Nummer von Deryas Vater. »Ich bin's«, sagte ich. »Ich werde mit Derya weggehen. Wenn ihr uns nicht erlaubt, zu heiraten, dann werden wir es ohne eure Erlaubnis machen.« Das war's. Ich legte auf, ohne eine Antwort abzuwarten. Mir war völlig klar, was ich mit diesem Anruf gerade ausgelöst hatte. Ein verdammtes Erdbeben. Aber es war mir egal. Ich war nicht bereit, Derya aufzugeben. Es war für mich nicht mehr vorstellbar, ohne sie zu leben. »Wir werden das durchstehen«, sagte ich zu ihr. Dann schaute ich zu ihr rüber. Sie weinte. Ich wusste, wie wichtig ihr ihre Familie war. Und dass sie niemanden vor den Kopf stoßen wollte. Aber welche Wahl hatten wir denn? Ich nahm ihre Hand. »Alles wird gut werden«, sagte ich. »Egal, was passiert, ich werde ab heute nie mehr von deiner Seite weichen.« Dann fuhr ich los.

Ein paar Stunden später saßen wir in unserer neuen, provisorischen Wohnung in Troisdorf. Sie war klein und kalt und trostlos. Aber es kümmerte uns nicht. Wir hatten alles, was wir brauchten. Ein Dach über dem Kopf. Ein Bett. Und das Wichtigste: Wir hatten uns. Ich fühlte mich wieder an meine Flucht in der Kindheit erinnert. Dieses Mal waren wir vor unseren Familien geflohen. Aber auch, wenn wir hier nichts hatten, war die gemeinsame Zeit, die schönste Zeit, an die ich mich erinnern konnte. Ich war mit dem Menschen zusammen, den ich mehr liebte als alles andere auf der Welt. Wie es weitergehen würde, war mir einfach egal. Wir hatten uns. Wir hatten alles, was wir brauchten. So verbrachten wir zwei Tage. Dann klingelte mein Handy. Ich zog es aus meiner Tasche. »Hallo?«

»Was machst du da?«, hörte ich die Stimme von meinem Vater. Er war aufgebracht. »So sind wir nicht. Wir entführen keine Frauen!«

»Ich habe sie nicht entführt«, sagte ich. »Wir werden zusammen sein. Und niemand kann uns das verbieten.«

»Bring sie zurück zu ihrer Familie«, forderte mein Vater mich auf. »Ich verspreche dir, dass ich das für dich irgendwie kläre.«

Aber ich hatte genug von leeren Versprechen. Ich war nicht mehr bereit, mich ein drittes Mal abweisen und demütigen zu lassen. »Klär das und ich bringe sie zurück«, sagte ich. »Aber solange wir das Einverständnis ihrer Eltern nicht bekommen, bleiben wir für uns.« Ich legte auf.

Es tat mir leid, meinen Vater so abzuweisen. Ich wusste ja, dass er nur das Beste für mich wollte und alles versuchte. Aber ich hatte keine andere Wahl. Manchmal war Härte die einzige Sprache, die bestimmte Menschen verstanden. Und so war es auch dieses Mal.

Unsere Sturheit zeigte Wirkung. Nach einer Woche rief mich Deryas Mutter an. Sie weinte. »Bitte«, sagte sie beinahe flehend, »bring unsere Tochter zurück. Wir stimmen zu, dass du sie heiraten darfst.« Mir tat das leid. Ich mochte Deryas Mutter. Sie war eine gute Frau. Und ich war fest davon überzeugt, dass sie wirklich nur das Allerbeste für ihre Tochter wollte. Aber sie war nicht das Problem. Sondern ihr Mann. »Wenn dein Mann uns das verspricht, kommen wir noch heute zurück«, sagte ich. »Und mach dir keine Sorgen. Derya geht es sehr gut.«

Keine zehn Minuten später klingelte mein Telefon erneut. Dieses Mal war es Deryas Vater. »Ihr habt meinen Segen«, sagte er nur kalt. »Bring sie zurück und ihr könnt heiraten.«

»Habe ich dein Ehrenwort?«, fragte ich.

»Das hast du.«

Und so einigten wir uns. Wir durften heiraten. Endlich! Wir ließen die kleine Wohnung in Troisdorf hinter uns, ich brachte Derya zurück nach Hause und stürzte mich in die Vorbereitungen. Ich wollte nur noch mit ihr zusammen sein, mir konnte das alles nicht mehr schnell genug gehen.

Innerhalb von einem Monat organisierte ich alles. Die Hochzeit, einen riesigen, wunderschönen Saal, in dem wir feiern konnten, und eine richtige Wohnung, in die wir anschließend ziehen würden. Ich wollte, dass alles möglichst perfekt war. Ich wollte meiner Frau das beste Leben schenken, das ich in der Lage war, ihr zu bieten.

Und alles lief reibungslos. Nach der Hochzeit machten wir Flitterwochen auf Ibiza. Wir lebten das beste Leben, das wir nur leben konnten. Wir standen früh auf und gingen an den Strand. Mittags machten wir lange Spaziergänge, abends gingen wir essen. Wir mieteten uns ein Auto und erkundeten die Insel, ich kaufte Derya neue Klamotten. Alles auf dieser Insel war so unglaublich leicht und weit weg von dem Leben, das ich bislang geführt hatte.

»Warum kann es nicht immer so sein?«, fragte mich Derya an einem dieser Tage.

»Das wird es«, sagte ich. Ich wusste, dass es ihr nicht gefiel, dass ich diese Aufträge für Onkel Nuri machte. Dass sie es nicht mochte, dass ich die Nächte wegblieb und als Türsteher arbeitete. Aber sie hatte es nie wieder angesprochen. Sie wusste ja, dass das Teil meiner Identität war. Dennoch: Hier auf Ibiza, wo ich selber ein wenig Abstand zu meinem Leben fand, beschloss ich für mich selbst, mich mehr und mehr von der Straße zurückzuziehen. Ich würde andere Wege finden, mein Geld zu verdienen. Ich wollte ein anderes Leben führen. Dieses Leben hier. Ich beobachtete, wie die Sonne langsam im Meer versank.

Einige Monate später hatte uns unser altes Leben wieder eingeholt. Auch wenn sich etwas verändert hatte. Ich versuchte das Versprechen, das ich mir selbst gegeben hatte, einzuhalten. Ich nahm immer weniger Aufträge an. Irgendwann sagte ich Onkel Nuri, dass ich raus wäre. Dass ich jetzt eine Familie hätte. Und dass ich mehr Verantwortung übernehmen müsste. Er saß mir gegenüber und schaute mich missmutig an. Dann nahm er meine Fäuste und strich beinahe zärtlich drüber. »Schade um diese«, sagte er. »Waren beste Fäuste, die ich hatte.« Ich lächelte. Aber Nuri verstand auch meine Prioritäten.

Um Geld zu verdienen, arbeitete ich weiterhin als Türsteher. Aber der Job erfüllte mich nicht mehr. Merkwürdig, dachte ich. Früher hatte mir die Gewalt einen Kick gegeben. Ich hatte gar nicht genug davon bekommen können, mich zu prügeln, aber das war komplett erloschen. Es gab mir nichts mehr. Im Gegenteil. Ich empfand es sogar als abstoßend. Ich machte diesen Job nur noch, weil ich irgendetwas machen musste. Aber in Gedanken war ich nur bei meiner Frau. Mein Leben hatte sich einfach verändert. Es war … erfüllt. Ich war einfach glücklich. Es war, als hätte ich endlich meinen Frieden gefunden. Als wäre ich angekommen. Als hätte der kleine ängstliche Junge, der ich einmal gewesen war, einen Schutz gefunden, und als hätte der aggressive Mann, der aus ihm geworden war, seinen Frieden erlangt. Als ich eines Abends in Troisdorf vor einem Club stand, vibrierte mein Handy. Ich zog es aus meiner Hosentasche. »Ja?«

Am anderen Ende der Leitung hörte ich nur ein Schluchzen. Ich erschrak mich beinahe zu Tode. »Hallo? Wer ist da?« Ich schaute auf das Display. Es war Deryas Mutter. »Hallo?«, fragte ich beunruhigt. »Was ist denn los? Ist etwas passiert?« Das Schluchzen wurde immer lauter. Deryas Mutter versuchte, etwas zu sagen, aber das Sprechen fiel ihr schwer. Sie bekam sich gar nicht mehr ein. Ich wurde immer unruhiger. »Verdammt, sprich mit mir«, drängte ich sie.

»Es ist etwas passiert … Derya …«, presste sie schließlich heraus. »Komm in die Uniklinik. Schnell.«

Als sie die Worte aussprach, spürte ich, wie meine Beine nachgaben. Mir wurde schwindelig. Meine Frau … irgendwas war mit meiner Frau. Ich hatte tausend Gedanken gleichzeitig im Kopf. Ich atmete einmal tief durch, dann steckte ich mein Handy weg, sagte den Jungs, dass sie hier übernehmen sollten, sprang in meinen Wagen und fuhr, so schnell ich konnte, in das Krankenhaus. Ich überfuhr jede rote Ampel, wäre fast in ein anderes Auto gefahren, aber es war mir komplett egal. Ich konnte nicht mehr klar denken. In meinem Kopf meldeten sich Tausende Stimmen. Irgendwas Schlimmes musste passiert sein. Ich malte mir tausend Dinge aus. Ein Unfall? Ein Angriff? Hoffentlich ging es Derya gut, dachte ich und bat Gott darum, dass er meine Frau schützen solle.

Schließlich erreichte ich das Krankenhaus, sprang aus dem Wagen und lief zur Pforte. »Ich suche nach meiner Frau«, schrie ich den Pförtner an. »Derya Kaya. Ist sie hier?« Er schaute in seinem Computer nach. Die paar Sekunden, die er brauchte, um ihren Namen zu finden, fühlten sich wie eine Ewigkeit an. »Bitte«, drängte ich. »Es ist dringend!«

»Sie wurde vor einer halben Stunde eingeliefert«, bestätigte er. »Sie wird jeden Moment notoperiert.« Notoperiert? Mein Herz zog sich zusammen. Ich bekam keine Luft mehr. »Was ist mit ihr?«, fragte ich, und meine Stimme brach.

»Das kann ich Ihnen nicht sagen, gehen Sie diesen Flur entlang, dort ist die Intensivstation, da weiß man Genaueres.«

Ich rannte, so schnell ich konnte, durch die Flure. Als ich endlich die Intensivstation erreichte, sah ich auch schon Deryas Mutter. Deryas Schwester hielt sie im Arm und versuchte, sie zu beruhigen. Sie weinte noch immer, konnte sich kaum halten, so sehr verkrampfte sich ihr Körper immer wieder.

»Was ist passiert?«, fragte ich die beiden. »Wo ist Derya?«

Ich schaute durch das runde Glasfenster der Tür, hinter der der Operationssaal lag. Ich sah Derya auf dem Tisch liegen. Es war so unreal, dass ich einige Sekunden brauchte, um zu realisieren, dass das hier gerade wirklich passierte. Sie hatten ihr stellenweise die Haare abrasiert und ein Loch in den Kopf gebohrt. Bei dem Anblick wurden meine Beine schwach. Mir wurde schwindelig und ich knickte ein. Das musste doch alles nur ein böser Traum sein, dachte ich. Mein ganzer Körper begann zu zittern. Nein, nein, nein! Bitte lass meine Frau hier nicht sterben, dachte ich. Deryas Schwester zog mich von der Tür weg. »Sie hatte ein Aneurysma«, sagte sie. »Eine Gehirnblutung.«

»Was?«, fragte ich ungläubig. Eine Gehirnblutung? Wie konnte das passieren? Heute Morgen war sie doch noch ganz gesund gewesen. Ich versuchte, mich zu erinnern. Wir hatten zusammen am Frühstückstisch gesessen. Es war so wie immer gewesen.

»Während du arbeiten warst«, erklärte mir ihre Schwester, »kam Derya zu uns. Wir haben einen türkischen Film geguckt. Eine Komödie und …« Sie stockte. Die Erinnerung nahm sie mit. »… und sie lachte. Und während sie gelacht hat, muss in ihrem Kopf eine Ader geplatzt sein, sagen die Ärzte.« Ihre Stimme brach weg. »Das Blut tropfte auf ihr Gehirn und …« Sie begann zu schluchzen. Ich nahm sie in den Arm. »Die Ärzte werden sie heilen«, redete ich uns beiden Mut zu. Aber ich spürte, wie die Verzweiflung in mir immer größer und größer wurde.

Derya wurde mehrere Stunden lang operiert. Irgendwann kam einer der Ärzte zu uns. Sein blauer Kittel war blutverschmiert. »Ich kann Ihnen leider noch keine guten Nachrichten überbringen«, sagte er. »Wir werden Ihre Frau morgen noch einmal operieren müssen.« Wieder begann mein ganzer Körper zu zittern. Ich konnte einfach nichts dagegen machen. Ich begriff nicht, wie das alles sein konnte. Vor wenigen Stunden war die Welt noch in Ordnung gewesen, und dann, ganz plötzlich, ohne irgendeine Vorwarnung passierte das. »Gehen Sie nach Hause«, sagte der Arzt und legte mir seine Hand auf die Schulter. »Sie können hier heute nichts mehr machen. Ruhen Sie sich aus …«

Ich brachte Deryas Mutter und ihre Schwester nach Hause, legte mich in mein Bett und versuchte zu schlafen. Aber es gelang mir nicht. Ich hatte tausend Gedanken im Kopf. Ich wälzte mich hin und her, drehte mich auf die Seite, auf der Derya normalerweise lag. Ich griff ihr Kissen und drückte es an mich. Nie zuvor in meinem Leben hatte ich mich so einsam gefühlt wie in dieser Nacht.

Am nächsten Morgen fuhr ich, ohne eine Minute geschlafen zu haben, wieder ins Krankenhaus. Stundenlang saß ich in diesem trostlosen Gang und beobachtete, wie Krankenschwestern und Ärzte auf und ab liefen. Manchmal schoben sie Patienten in die Räume, dann schoben sie andere Patienten wieder heraus. Mein Kopf fühlte sich komplett leer an. Am Nachmittag entdeckte ich den Arzt, der mich in der Nacht zuvor nach Hause geschickt hatte.

»Sie haben nicht sehr viel geschlafen«, stellte er fest.

»Wie geht es meiner Frau?«, wollte ich von ihm wissen, ohne auf seine Bemerkung einzugehen.

»Die Operation lief gut«, beruhigte er mich. »Sie ist erst einmal stabil. Aber wir mussten sie ins Koma versetzen.«

»Wann wird sie aufwachen?«

»Das wissen wir nicht«, sagte der Arzt. »Es kann Wochen dauern. Und, Herr Ali, Sie müssen wissen, dass viel Blut auf das Gehirn Ihrer Frau gekommen ist. Es kann Schäden genommen haben.«

»Was für Schäden?«, fragte ich verzweifelt.

»Das wissen wir nicht. Das werden wir sehen, wenn sie aufwacht.«

Ein eiskalter Schauer lief mir über den Rücken. Ich wusste nicht, wie ich all diese Informationen verarbeiten sollte. Zum einen war es gut, dass sie stabil war. Zum anderen wusste ich nicht, wie es ihr gehen würde, wenn sie wieder aufwachte. Ich atmete durch. Ganz egal, was passiert, sagte ich zu mir selbst, es wird für alles eine Lösung geben. Dann rief ich Deryas Mutter an und erklärte ihr den Stand der Dinge.

Als Derya in ihr Zimmer gebracht wurde, setzte ich mich zu ihr ans Bett, nahm ihre Hand und beobachtete sie. Sie hatte Schläuche und Kanülen in den Venen und in ihrer Nase. Es brach mir das Herz, meine Frau so zu sehen. Ich weinte leise in mich hinein.

Kapitel 4

Ich besuchte Derya jeden Tag. Ich setzte mich an ihr Bett, hielt ihre Hand und erzählte ihr von meinem Tag. Sie lag dort mit geschlossenen Augen, aber ich war bei ihr. Das war alles, was zählte. Jedes Mal, nachdem ich sie auf den neuesten Stand gebracht hatte, begann ich, ihre Haare zu kämmen. Dann putzte ich ihr die Zähne und pflegte sie. Wenn ich fertig war, setzte ich mich wieder an ihr Bett, hielt ihre Hand und schaute sie einfach nur an. »Ich liebe dich«, flüsterte ich. »Und ich werde immer an deiner Seite sein.« Bevor ich ging, las ich ihr immer noch etwas aus dem Koran vor.

So verging Woche um Woche. Mein Leben drehte sich nur noch um diese Besuche. Wenn ich an einer Tür stand, war ich in Gedanken nicht mehr richtig dabei. Wenn ich mich prügeln musste, passierte das beinahe mechanisch. Ich war in Gedanken nur noch bei meiner Frau.

Eines Morgens saß ich wieder an Deryas Bett und hielt ihre Hand. Ich war direkt nach meiner Schicht an der Tür zu ihr gefahren. Ich wollte gerade gehen, um etwas Schlaf zu finden, drückte ihre Hand daher noch einmal zum Abschied, als ich plötzlich spürte, wie sie den Druck erwiderte. Sie wurde wach. Mein Herz schlug wie verrückt. Ich war so aufgeregt, dass ich gar nicht wusste, was ich tun sollte. Einen Arzt rufen? Ich beschloss, erst einmal bei ihr zu bleiben.

»Derya«, sagte ich leise und drückte ihre Hand. Langsam, ganz langsam öffnete sie ihre Augen. Sie schaute sich im Zimmer um. Dann schaute sie mir in die Augen. Mein Puls raste. Ich strich ihr über das Gesicht. Ich war so unfassbar glücklich. »Guten Morgen, mein Schatz«, flüsterte ich. »Wie geht es dir?«

Sie antwortete nicht, schaute sich wieder im Raum um. »Du bist in einem Krankenhaus«, erklärte ich ihr sanft, was passiert war. »Du hattest eine Gehirnblutung … Du lagst lange im Koma.«

Verwirrt sah sie mich an, dann bewegte sie langsam ihre Lippen. Sie versuchte, etwas zu sagen, aber es gelang ihr nicht. Ich beugte mich näher zu ihr. Ermutigte sie, es noch einmal zu versuchen. »Wer ...«, formulierte sie mühsam die Worte, »wer bist du?«

Mein Herz zog sich zusammen. »Ich bin es, Schatz. Selam. Dein Mann!« Aber sie blickte mich nur völlig verständnislos an. Als hätte sie mich noch nie zuvor in meinem Leben gesehen. Ich entschloss mich, jetzt doch besser den Arzt zu rufen.

Er setzte sich zu ihr ans Bett und untersuchte sie. Dann stellte er ihr ein paar einfache Fragen. »Wissen Sie, wie Ihr Name ist?« Derya schüttelte den Kopf. »Wissen Sie, welches Jahr wir haben?« Wieder Kopfschütteln. Ich konnte es nicht fassen. In diesem Moment kamen Deryas Eltern in das Zimmer. Auch sie erkannte Derya nicht.

»Was ist mit ihr los?«, fragte ich den Arzt. Er gab mir ein Zeichen, dass wir gemeinsam vor die Tür gehen sollten. Ich folgte ihm zusammen mit Deryas Eltern.

»Wie vermutet, hat ihr Gehirn einen schweren Schaden erlitten. Sie scheint, so weit ich das sehe, gesund zu sein, aber die Region, die für ihr Gedächtnis verantwortlich ist, wurde schwer beschädigt.«

»Was heißt das?«, fragte ich.

»Das heißt, dass sie sich an nichts mehr erinnert.«

»Und ... wie lange hält das an? Kommt die Erinnerung zurück?«

Der Arzt schaute mich mitleidig an. »Das weiß ich nicht«, sagte er. »Das ist unmöglich vorauszusagen. Bei manchen Patienten kommt sie nach ein paar Tagen wieder. Bei anderen nach ein paar Wochen.« Er ließ eine kurze Pause. »Und bei manchen kommt sie nie wieder zurück.«

Dieser letzte Satz brachte mich beinahe um. Das bedeutete, dass sich meine Frau vielleicht nie mehr an uns erinnern würde. Was für eine schreckliche Vorstellung. Allein der Gedanke daran ließ mich verzweifeln. »Reden Sie mit ihr«, riet mir der Arzt. »Zeigen Sie ihr alte Fotos, Videos ... Helfen Sie ihr, sich zu erinnern.« Dann verschwand er auf dem Flur. Ich schaute Deryas Eltern an, die genauso verzweifelt wirkten wie ich. Wir blickten durch die angelehnte Tür auf Derya, die im Bett lag und keine Ahnung hatte, wer wir waren.

TEIL 2

KAPITEL 5
(2007–2017)

SCHMERZ

Von diesem Tag an kündigte ich alle Jobs, die ich hatte, und verbrachte meine gesamte Zeit nur noch bei Derya. Ich brachte ihr Fotoalben mit, die wir gemeinsam durchblätterten. Eines der Fotos nahm sie raus. Sie hielt es in den Händen und betrachtete es mehrere Minuten. »Das sind wir, oder?«

»Ja«, sagte ich. »Das ist unsere Hochzeit.« Derya trug ein weißes, wunderschönes Kleid und ich hatte einen weißen Anzug an. »Es war der schönste Tag in meinem Leben«, sagte ich. Sie schaute auf das Foto. Dann schaute sie mich an. In ihrem Gesicht war keinerlei Regung zu erkennen. »Es tut mir leid«, sagte sie. »Aber ich weiß das nicht mehr.« Egal, wie sehr mich diese Worte verletzten, ich überspielte es einfach. »Es ist nicht schlimm«, sagte ich. »Die Erinnerung wird zurückkommen, ganz bestimmt.«

Dann blätterte ich weiter und zeigte ihr die Fotos von unseren Flitterwochen auf Ibiza. Auch daran hatte sie keine Erinnerungen mehr. Derya musste alles von Beginn an neu lernen. Einmal brachte ich sie unter die Dusche und wartete. Als nichts passierte, ging ich zu ihr rein. Sie stand einfach nur da. »Ich weiß nicht, was ich hier machen soll«, sagte sie hilflos und ich zeigte ihr, wie man das Wasser aufdrehte.

Sie musste auch wieder lernen, richtig zu gehen, richtig zu sitzen, die gesamte Feinmotorik fiel ihr wahnsinnig schwer. Sie wusste nicht mehr, wie man Messer und Gabel hält. Ich verbrachte meinen gesamten Tag damit, ihr alles zu zeigen, was ich ihr zeigen konnte. Schließlich wurde sie in eine Reha-Therapie verlegt.

»Selam«, sprach mich ihre Mutter an diesem Tag an, »wir müssen mit dir reden.« Ich blickte von ihr zu ihrem Mann, der neben ihr stand. Dann nickte ich.

Wir setzten uns vor das Krankenhaus. Ich hatte einen Becher mit Kaffee in der Hand. »Wir wissen, was du alles für Derya getan hast. Aber unsere Tochter ist nicht mehr der Mensch, der sie früher einmal war.«

»Vielleicht wird sie das wieder …«, sagte ich.

Doch ihre Mutter schüttelte nur den Kopf. »Die Ärzte sagen, dass die Erinnerungen nicht mehr zurückkommen werden, das weißt du.«

Ja, das wusste ich. Doch ich wollte das nicht hören. Ich glaubte nicht, dass das wahr wäre.

»Es bringt nichts, sich an etwas zu klammern, was nicht mehr passieren wird«, sagte Deryas Mutter mit zitternder Stimme.

Ich nickte. Sie hatte recht. Egal, wie sehr ich es hoffte, ich konnte es nicht erzwingen. Und Derya hatte in den vergangenen Wochen nicht eine einzige Regung gezeigt, wenn wir sie mit ihrem bisherigen Leben konfrontiert hatten.

»Wenn Derya aus der Reha zurückkommt«, sagte mir ihre Mutter, »dann werden wir sie wieder zu uns nehmen. Sie ist unsere Tochter und wir werden sie pflegen, so wie es für sie notwendig ist.«

»Auf keinen Fall!«, hielt ich dagegen. »Sie ist meine Frau. Sie bleibt bei mir.«

»Selam«, erwiderte ihre Mutter fast schon milde, »sie weiß nicht einmal, wer du bist. Wir können für sie sorgen. Du nicht.«

Nein, dachte ich. Ich werde mir meine Frau auf keinen Fall wegnehmen lassen. »Hör zu«, mischte sich ihr Vater dann doch ein, »ihr seid nicht standesamtlich, sondern nur islamisch verheiratet. Sie ist unsere Tochter. Und somit können wir auch entscheiden, was mit ihr passiert.« Dann standen sie auf und gingen.

Ich war nicht bereit, das so hinzunehmen. Ich wollte mich wehren. Mit allen nötigen Mitteln.

Aber in den nächsten Wochen sah ich, dass Derya zu ihren Eltern tatsächlich eine Bindung aufgebaut hatte, die sie zu mir nicht hatte. Für sie blieb ich ein Fremder. Egal, wie oft ich ihr erzählte, dass ich ihr Mann war, für sie waren das nur Worte. Sie war mein ganzes Leben, aber in ihren Augen war ich nur irgendein Mann. Schließlich sprach ich noch einmal mit ihren Eltern. Und gab mich einverstanden. »Sorgt gut für sie«, sagte ich. »Und wenn ihr etwas braucht, dann werde ich immer da sein.«

Es brach mir das Herz, meine Frau gehen zu lassen. Aber ich wusste, dass es für sie das Beste war.

Ich kam mit der neuen Situation nicht klar. Ich war ein gebrochener Mann. Und ich fand keinen richtigen Umgang mit meinem neuen Leben ohne Derya. Wenn das Leben hart zuschlägt, dann schlag doppelt so hart zurück. Das hatte ich von klein auf verinnerlicht. Aber jetzt begriff ich, dass niemand einen härter treffen konnte als das Leben selbst. Und gerade als ich dachte, dass ich schon ganz unten war, trat es sogar noch einmal nach.

Ich saß bei meinen Eltern zu Hause am Küchentisch, als mein Vater mir erzählte, dass er heute im Krankenhaus gewesen war. Er war schon lange nicht mehr der Mann, der er einst gewesen war. Er war gebrechlich geworden. Aber ich schob es einfach auf das Alter. Ich hatte keine Ahnung, dass mehr dahintersteckte. »Ich habe Krebs«, eröffnete mir mein Vater und schaute auf das Glas Wasser, das vor ihm stand. Meine Mutter rang mit den Tränen. »Die Ärzte sagen, dass es nicht gut aussieht.«

»Was heißt das?«, fragte ich alarmiert.

»Dass ich nicht mehr lange habe«, kam er gleich auf den Punkt, so wie mein Vater das immer tat.

Ich konnte es nicht fassen. Nicht das auch noch! »Baba«, sagte ich, »das lassen wir nicht zu, wir werden kämpfen.« Er schaute mich an und zwang sich zu einem Lächeln. Aber seine Augen waren müde. Das erschreckte mich.

Von nun an musste ich Tag für Tag mitansehen, wie es ihm immer schlechter und schlechter ging. Er bekam Cortison-Tabletten, die dafür sorgten, dass seine Hände und Füße immer dicker wurden, während er sonst immer dünner wurde. Baba bewegte sich kaum noch. Als ich sah, wie er stundenlang auf seinem Sofa saß und in die Leere starrte, kam mir wieder das Bild in den Kopf, wie er damals im Sonnenuntergang in den Bergen verschwand. Ein großer, stolzer Mann, den ich immer bewundert hatte. Heute war er nur noch ein Schatten seiner selbst. Ich betrachtete ihn oft minutenlang und es brach mir das Herz, ihn so zu sehen. Weil ich wusste, wie sehr er selber darunter litt, dass seine Stärke ihn verließ. Mein Vater hatte in seinem Leben so viele Kämpfe gekämpft, dass er für diesen letzten Kampf keine Kraft mehr hatte.

Eines Tages rief mich meine Mutter auf dem Handy an. »Selam, komm schnell nach Hause«, schluchzte sie. »Deinem Vater geht es sehr schlecht.« Ich ließ alles stehen und liegen und fuhr sofort zu ihnen. Als ich die Wohnung betrat, bekam ich einen Schock. In den letzten Tagen hatte Baba noch einmal deutlich abgebaut. Mein Vater war einen Kopf größer als ich und hatte früher rund 100 Kilo gewogen. Ich hatte immer zu ihm aufgesehen. Jetzt saß er vor mir, war auf 60 Kilo abgemagert und so schwach, dass er nicht mehr allein aus seinem Sessel herauskam. »Baba, hast du Schmerzen?«, fragte ich ihn. Aber ich hätte mir die Frage sparen können. Ich sah es an seinem Gesicht. Er musste fürchterlich leiden. »Wir fahren jetzt ins Krankenhaus«, beschloss ich und stützte ihn, sodass er aufstehen und mit mir zum Auto gehen konnte. Alles passierte ganz langsam. Jeder Schritt kostete ihn unendlich viel Kraft. »Mach ganz ruhig, Baba«, sagte ich.

Als wir das Krankenhaus erreichten, versuchte ich, ihm beim Aussteigen zu helfen. Doch er schaute nur schwach und unendlich traurig zu mir hoch. »Ich schaffe es nicht«, sagte er. »Ich kann einfach nicht mehr.« Ich atmete tief aus. Dann nahm ich meinen Vater hoch und trug ihn in das Krankhaus. Als wir durch die Pforte gingen, lächelte er mich an. »Was lachst du, Baba?«, fragte ich ihn.

»Als du klein warst, Selam, da habe ich dich getragen. Und heute bin ich alt und krank, und jetzt trägst du mich …« In mir ging in diesem Moment alles kaputt, was zu diesem Zeitpunkt noch nicht längst zerbrochen war. Mein Vater würde das Krankenhaus nicht mehr lebend verlassen. Das war mir schon in diesem Moment klar. Zwei Monate blieb er dort. Dann nahm mich der Arzt zur Seite. »Er wird nicht mehr lange durchhalten«, sagte er. »Es tut mir sehr leid, aber Ihr Vater befindet sich nun auf seiner letzten Reise.«

»Wie lange hat er noch?«, fragte ich den Arzt.

»Vielleicht zwei Tage.«

Mein ganzer Körper zitterte. Ich ging zu meinem Vater, setzte mich an sein Bett und hielt seine Hand. Ich versuchte, mich zusammenzureißen. Ich wollte nicht, dass er meine Schwäche sah. Aber es fiel mir so verdammt schwer. Ich spürte, wie kraftlos er war. Seine starken Hände, die einzigen Hände, vor denen ich bis zuletzt Angst gehabt hatte, waren jetzt so gebrechlich, dass ich Sorge hatte, sie kaputtzumachen, wenn ich sie hielt. Er lag mit offenem Mund vor mir. Baba bestand nur noch aus Haut und Knochen. Ich sagte nichts. Ich saß einfach nur da. Halb im Schlaf rief er nach meiner ältesten Schwester. »Fosa …« Er rief ihren Namen immer und immer wieder. Ich hatte keine Ahnung, wie lange ich bei ihm gesessen hatte, ich hatte jedes Gefühl für Zeit verloren. Aber als ich sein Zimmer verließ, rief ich die gesamte Familie an und überbrachte die schlechten Nachrichten. Auch meiner großen Schwester. »Fosa«, sagte ich, »Baba ruft nach dir, du musst unbedingt kommen, er hat nicht mehr lange.«

Doch meine Schwester war gerade mit ihrem Mann in der Türkei und es gab erst für Freitag wieder Flugtickets. Wir hatten Montag.

Wir versuchten, alles möglich zu machen, doch es gab einfach keinen früheren Flug. Der Gedanke, dass Baba sein erstes Kind nicht mehr zu Gesicht bekommen würde, machte mich fertig. Jeden Tag saßen wir nun an seinem Bett und sahen zu, wie das Leben aus seinem Körper schwand. Jeden Tag ein Stück mehr. Aber Baba hielt durch. Den Montag. Den Dienstag. Den Mittwoch. Und den Donnerstag. Am Freitag landete Fosa mit ihrer kleinen Tochter Diana um 12.30 Uhr in Köln-Bonn. Ich holte sie am Flughafen ab. »Gut, dass du endlich da bist!«, begrüßte ich sie, nahm ihren Koffer und schmiss ihn auf die Rückbank meines Autos.

»Wie geht es Baba?«, fragte sie mich. Ich war nicht in der Lage, ihr eine Antwort auf diese Frage zu geben. Aber sie konnte es wohl an meinem Gesicht ablesen. Ich trat auf das Gaspedal und fuhr, so schnell ich konnte, ins Krankenhaus.

15 Minuten später betrat Fosa Babas Zimmer. Er war sehr schwach, aber er war bei Bewusstsein. Als er seine älteste Tochter sah, strahlten seine Augen. Sie nahm seine Hand und legte ihren Kopf auf seine Brust. Der Rest der Familie war auch versammelt und ließ die beiden allein, damit sie sich voneinander verabschieden konnten. Als Fosa nach ein paar Minuten das Zimmer wieder verließ, waren ihre Augen rot.

Ich ging zurück ins Zimmer, nahm meinen Stuhl, setzte mich neben Babas Bett und hielt seine Hand. »Alle deine Kinder sind hier, Baba, wir alle sind hier bei dir«, sagte ich ihm. Er lächelte. Dann spürte ich, wie seine Hand in meiner nachgab. Das EKG-Gerät fing an zu piepen. Sein Herz hatte aufgehört zu schlagen. Ich stand auf und verlor plötzlich den Halt. Meine Beine gaben nach. Ich wurde ohnmächtig.

Ich erinnere mich nicht mehr, was dann passierte. Aber meine Mutter erzählte mir, dass ich einen Anfall bekam, als ich wieder wach wurde. Ich begann, wie wild um mich zu schlagen. Meine Brüder und mehrere meiner Onkel mussten mich zu Boden ringen. Dann kam ein Arzt, der mir eine Beruhigungsspritze gab. Als ich aufwachte und mir bewusst wurde, was passiert war, weinte ich. Ich konnte gar nicht mehr aufhören zu weinen. Meine ganze Welt war um mich herum zusammengebrochen.

Ein paar Tage später erwies ich meinem Vater die letzte Ehre und übernahm seine Totenwäsche. Dann wurde sein Leichnam nach Syrien gebracht, wo man ihn beerdigte. So wie es sein letzter, drängendster Wunsch gewesen war: noch einmal nach Hause zu kommen. Wir durften mit unseren Flüchtlingspässen nicht einreisen. Aber wir hörten, dass seine Familie seinen toten Körper in Syrien entgegennahm und ihn bei seiner Beerdigung Hunderte von Menschen würdig verabschiedeten. So, wie es sich für einen großen Mann gehörte.

Mein Leben war ein Trümmerhaufen. Ich hatte alles verloren, was mir etwas bedeutet hatte. Und so fühlte ich mich auch: elendig, einsam, verloren. Ich entschied, wieder bei meiner Mutter einzuziehen, damit ich mich ein wenig um sie kümmern konnte. Die meisten meiner Geschwister waren mittlerweile ausgezogen. Es waren nur noch mein Bruder Rizgar und meine kleine Schwester Felek übrig. Und nun ich. So saß ich in meinem alten Zimmer, auf meiner alten Matratze, auf der ich schon als Teenager gesessen hatte, vergrub mein Gesicht in meinen Händen und dachte nach. Ich hatte kein Geld. Und ich hatte keinen Job. Ich musste wieder ganz von vorne anfangen. Also zog ich mein Handy aus meiner Hosentasche und machte ein paar Anrufe. Ich organisierte mir einige Jobs an verschiedenen Türen. Nichts großes. Aber für den Anfang würde es reichen.

So begann ich, wieder in den Clubs zu arbeiten, in denen ich schon vor Jahren gearbeitet hatte. Doch etwas hatte sich verändert. Damals war ich noch jung und hungrig gewesen. Ich hatte jemand werden wollen. Heute war ich ein Mann, der vom Leben gezeichnet war. Der zu viel gesehen hatte. Ich war einfach nur abgefuckt.

Mein Leben fühlte sich leer an. Ich spürte gar nichts mehr. Keine Freude. Keine Trauer. Das Einzige, was da noch war, war Wut. Und die steigerte sich von Tag zu Tag. Ich ging trainieren und pumpte mich auf. Dazu ballerte ich mir Testosteron rein. Das machte mich noch aggressiver. Ich ließ mir meine Haare lang wachsen und ging mit Stresserblick durch die Straßen. Ich hatte das Gefühl, als hätte ich in dieser Zeit meine ganze Menschlichkeit und jeden moralischen Kompass verloren. Ich war einfach nur noch ein Tier, das seinem Instinkt folgte.

2010 bekam ich dann ein Angebot. Ich machte gerade die Tür für einen Club, als der Afghane zu mir kam. Der Afghane war ein alter Bekannter von mir aus der Siedlung.

»Selam«, sagte er, »wir müssen miteinander reden.« Der Afghane machte mir ein Angebot, das zu gut war, um es auszuschlagen. Er erzählte mir, dass ein Freund von ihm einen Club in Siegburg gekauft hätte. Das Siegburger *Steffi*. Der größte und bekannteste Laden in der Gegend. Er brauchte jetzt jemanden, der dort die Tür machte. Und zwar regelmäßig. Das war genau das, was ich in meiner Situation jetzt brauchte.

»Es gibt allerdings ein Problem«, fügte der Afghane hinzu.

»Was für ein Problem?«

»Das solltest du mit dem Besitzer besprechen«, sagte er.

Und so fuhr ich noch am selben Abend in den Laden. Das *Steffi* war eine Großraumdisco, die sich in einem ziemlich außergewöhnlichen Gebäude befand. Der Phrix-Turm überragte die ganze Stadt. Hier waren vor Ewigkeiten mal irgendwelche Stoffe und Folien hergestellt worden. Doch in den 1970er-Jahren ging die Industrie pleite. Anschließend stand die riesige Werkshalle viele Jahre leer. Bis man sie zu einer Discothek umbaute. Zu einer der größten in der gesamten Bonner Umgebung. Es war ein rustikaler Laden. Die Wände waren mit Holzelementen verkleidet, es gab Holzhöcker und an den Decken hingen große Discokugeln. Der ganze Laden hatte den Flair von einer österreichischen Alpenhütte.

Im Turm traf ich mich mit dem neuen Besitzer von dem Laden, einem Deutschen. Er schien ein anständiger Kerl zu sein. Ein solider

Typ. Er gab mir die Hand und musterte mich von oben bis unten. »Ja«, meinte erschließlich, »du siehst wie jemand aus, der unser Problem lösen kann …«

»Was denn für ein Problem?«, hakte ich nach. Es gefiel mir, dass der Kerl nicht groß rumlaberte. Er kam direkt zur Sache.

»Setz dich«, bot er mir einen Stuhl an. »Folgendes Problem: Ich habe diesen Laden hier übernommen. Ein guter Laden. Viel Potenzial. Aber in den letzten Jahren hat er einen schlechten Ruf bekommen. Es gab immer wieder Schlägereien und Stechereien. So was ist schlecht fürs Geschäft.« Ich hörte ihm zu und nickte. Er hatte recht. Das *Steffi* hatte in der Tat nicht mehr den besten Ruf. »Darum müssen wir hier einen Neuanfang machen«, sagte der Mann, zog sich eine Zigarette aus der Packung und steckte sie an. »Das muss die Botschaft nach draußen sein. Neue Betreiber, neues Konzept, neue Regeln.«

»Und wo genau ist das Problem?«, fragte ich. Der Kerl blies seinen Zigarettenqualm aus, legte seinen Kopf in den Nacken und fixierte mich. »Die Tür ist das Problem«, meinte er. »Die wurde bisher von Albanern gemacht. Ich brauche jetzt neue Leute. Aber die Albaner weigern sich zu gehen. Sie haben mir gedroht, den Laden auseinanderzunehmen, wenn ich sie rausschmeiße.«

Ja, ja, diese Sprüche kannte ich. Billige Drohgebärden. Die konnten vielleicht irgendwelche Geschäftsleute einschüchtern. Aber mich nicht. »Welche Albaner sind das?«, fragte ich ihn. »Familie Koci«, sagte er. Ein Familienname, den ich nur allzu gut kannte.

»Chef«, sagte ich, »ich sehe hier kein Problem. Wann kann ich anfangen?«

Der Deutsche lächelte und klopfte zweimal auf den Tisch. »Du gefällst mir!«, sagte er. »Wenn du mir garantierst, dass es kein Problem gibt, dann kannst du gleich am Wochenende anfangen. Hast du genügend Leute?« Ich rechnete im Kopf einmal alles durch. Das *Steffi* war ein riesiger Laden. Hier passten mehrere Tausend Leute rein. Wir brauchten also mindestens zehn oder zwölf Leute an der Tür. Die bekam ich zusammen.

»Selbstverständlich«, sagte ich. Dann handelten wir einen Preis aus und gaben uns die Hand. Als ich den Laden verließ, zog ich mein Handy aus der Tasche und vereinbarte einen Termin mit den Koci-Brüdern.

Wir trafen uns in einem Shisha-Cafe in Troisdorf. Der Laden wurde extra für uns geschlossen. Ich und die Koci-Brüder waren die einzigen Gäste. Der Besitzer brachte uns Pfefferminztee.

»Schaut mal, Jungs«, sagte ich so respektvoll wie möglich. »Keiner hat ein Problem mit euch. Ihr habt einen guten Job gemacht. Aber der Laden hat einen neuen Besitzer. Und damit auch eine neue Tür.« Ich wollte den Typen nicht vor den Kopf stoßen. Das hätte nichts gebracht, außer Krieg. Und es gab keinen Grund, einen Krieg zu beginnen, wenn man einen Konflikt auch friedlich lösen konnte. »Der Besitzer ist ein Freund. Der braucht Leute, denen er vertraut, versteht ihr? Und mir vertraut er. Der will ein ganz neues Konzept. Und dazu gehört auch eine neue Tür. Wir unterstützen unseren Freund.« Ich vermittelte den Jungs eine klare Botschaft. Das war immer schon meine Strategie auf der Straße. Ich gab den Leuten das Gefühl, dass wir Freunde sein könnten. Aber wenn sie das nicht wollten, dann sollten sie wissen, dass ich sie auch ficken konnte. Und zwar richtig.

Ich merkte, dass sie eigentlich nicht klein beigeben wollten. Aber dann sahen sie in meine Augen. Ich weiß nicht, was sie dort erkannten, wahrscheinlich sahen sie, dass ich ein gebrochener, kaputter Mann war, der nichts mehr zu verlieren hatte. Mit solchen Männern führte man keinen Krieg.

»Okay, okay«, sagten sie schließlich. »Das wussten wir nicht.« Sie wanden sich ein wenig. »Aber deine Freunde sind auch unsere Freunde …«

Wir gaben uns die Hand. Es schien, als wäre die Sache ausnahmsweise einmal ganz unkompliziert über die Bühne gegangen. Besser hätte es nicht laufen können.

Und so bekamen wir die Tür vom Siegburger *Steffi*. Ich hatte bereits mehre Türen gehabt, aber keine stresste mich so sehr wie diese.

Vielleicht lag es daran, dass der Laden einfach wahnsinnig groß war. Vielleicht lag es auch daran, dass im *Steffi* besonders viel Alkohol bei den Besuchern floss. Ich weiß es nicht. Jedenfalls gab es vom ersten Tag an immer irgendeinen Ärger.

Direkt am ersten Wochenende bemerkte ich, dass mitten auf der Tanzfläche Unruhe ausbrach. Ich zwängte mich durch die Masse und sah noch, wie sich einer meiner Sicherheitsleute einen Gast packte. Can zog den Jungen, der vielleicht gerade einmal 18 war zu sich und ohrfeigte ihn. »Ey, ey, ey …« ging ich dazwischen und drückte Can weg. Aber da war es schon zu spät. Der Junge hatte zwei Klatscher abbekommen und taumelte. Dann kippte er einfach um. Ich konnte ihn gerade noch auffangen. Ich legte den Typen flach auf den Boden. »Bist du bescheuert!«, brüllte ich Can gegen die Musik an. Wir hatten hier eine Regel. Und das wusste er ganz genau. Keinen Ärger im Laden. Wenn es etwas zu klären gab, dann wurde es vor der Tür geklärt.

Aber wir hatten Glück: Es war mittlerweile so spät und die meisten Gäste so betrunken, dass kaum jemand etwas von der Sache mitbekommen hatte. Ich packte den Jungen unter den Armen und zog ihn in eine Ecke. Dann wies ich meinen Cousin an, ihm ein Glas Wasser zu holen. Scheiße. Das war genau das, was wir hier nicht gebrauchen konnten. »Selam«, sagte Can kleinlaut, »es tut mir leid. Aber der Typ hat mich blöd angerempelt.«

»Blöd angerempelt?« Ich schaute Can an. Er war ein Zwei-Meter-Ochse. Sein Körper bestand aus Fleisch und Testosteron. Und der Junge, der hier vor mir lag, wog maximal 60 Kilo. Ich schüttelte den Kopf. Ich hatte jetzt auch gar nicht den Nerv, mir irgendwelche Geschichten anzuhören. Wichtig war, dass wir den bewusstlosen Gast wieder klar bekamen. Nicht weil er mir Leid tat. Er war mir scheißegal. Es war einfach mein Job. Ich gab ihm zwei, drei Ohrfeigen. »Ey«, brüllte ich, »wach mal auf.« Nichts. Ich versuchte es noch mal. »Wach auf, Junge!« Keine Reaktion. Langsam wurde ich nervös. Wenn wir jetzt einen Krankenwagen rufen mussten, hätte ich mich am nächsten Tag vor meinem Chef rechtfertigen müssen.

Ich unternahm noch einen letzten Versuch. Ich nahm das Glas mit Wasser und schüttete es dem Jungen ins Gesicht. Auf einen Schlag riss er die Augen auf. Na bitte. »Hey«, ich gab ihm eine leichte Ohrfeige, um den Kreislauf wieder anzukurbeln. »Ist alles in Ordnung? Geht es dir gut?« Er starrte mich an, öffnete seinen Mund und bekam kein Wort raus. Dann kroch er rückwärts von mir weg. »Lass mich bloß in Ruhe«, presste er hervor. Hektisch stand er auf und lief durch die Menge aus dem Laden. Ich schaute Can an. Der blickte nur mit einem »Was hat er denn?«-Gesicht zurück und zuckte mit den Schultern.

Einen Monat später gab es den nächsten Zwischenfall. Ich drehte gerade eine Runde durch den Laden, als ich sah, dass irgendwas vor den Toiletten vor sich ging. Da standen zwei Soldaten, die ein Mädchen bedrängten. Sie drückten sie gegen die Wand und begannen, sie zu begrabschen. Das Mädchen versuchte, die Männer wegzuschubsen, konnte sich aber nicht durchsetzen.

»Was ist los?«, ging ich die Männer an und sie wendeten sich von dem Mädchen ab. »Alles gut«, antworteten sie und fingen dann an, mich besoffen vollzulabern. Es gab kaum etwas, dass mich mehr abfuckte. Besoffene Idioten, die Palaver machen wollten, waren schlimm. Aber besoffene Idioten, die sich an wehrlose Frauen ranmachten, waren noch schlimmer. Ich spürte, wie der Hass in mir aufflammte, als ich die Kerle sah. Was für erbärmliche Kreaturen. Die Typen waren Soldaten, das erkannte ich gleich. In der Nähe war eine Kaserne und die Soldaten kamen nach Dienstschluss gerne hierher, um ein wenig die Sau rauszulassen. Man erkannte sie sofort an den olivfarbenen Shirts, die sie sich in ihre Camouflage-Hosen steckten. Ich schaute das Mädchen an. »Alles okay?«, fragte ich. Sie zitterte. »Ja, denke schon«, sagte sie ängstlich. Als ich die Angst in ihrer Stimme hörte, wurde ich noch wütender. Ich weiß nicht, wieso, aber die Emotionen kochten richtig hoch. Die Soldaten quatschten mich derweil weiter zu. Sie hatten schon ordentlich was getankt. »Ich versteh euer Gebrabbel nicht«, brüllte ich sie an. »Also geht mir nicht auf die Eier!

Und jetzt verpisst euch hier!« Ich gab ihnen zu verstehen, dass sie den Laden zu verlassen hatten. Aber sie verstanden mich nicht. Oder wollten mich nicht verstehen. Sie wurden aggressiver. Alles klar, konnten sie haben. Ich verpasste den beiden eine ordentliche Tracht Prügel. Für Kerle, die sich an Frauen vergingen, hatte ich wirklich keinerlei Mitleid. Da ignorierte ich sogar die Regel, Probleme vor der Tür zu klären. Es war mir egal. Ich schlug die Kerle hart zu Boden. Dann holte ich weit aus, um dem Wortführer von ihnen den beschissenen Schädel zu zertrümmern. Ich weiß nicht, wieso, aber irgendetwas Kaputtes in mir wollte Blut schmecken. Doch bevor ich zuschlagen konnte, hörte ich, wie die anderen Jungs aus meinem Team angelaufen kamen und meinen Namen brüllten. »Selam, mach das nicht!«, riefen sie. Meine Faust zitterte. Ich atmete schwer. Aber dann entschied ich, den letzten Schlag nicht mehr auszuführen. Der Kerl hatte genug. »Kümmert euch um die Wichser«, sagte ich. »Ich will die hier nicht mehr sehen.«

Ich ging nach draußen, um frische Luft zu schnappen. Um wieder klar zu kommen. Ich legte meine Hände auf meinen Oberschenkeln ab, beugte mich ein wenig nach vorne und atmete tief durch. Scheiße, was war das denn gerade? Ich war froh, dass die Jungs da gewesen waren. Dass ich mich beherrscht hatte. Das hätte schnell eskalieren können. Ich war in den letzten Wochen immer wieder in Situationen gekommen, in denen ich mich gerade noch beherrscht hatte. Irgendetwas in mir wollte die Kontrolle übernehmen. Wollte alles um mich herum zerstören. Ich erkannte mich selbst nicht mehr. Nachdem ich mich ein wenig beruhigt hatte, ging ich wieder zurück zum Club. Gerade als ich ihn erreichte, vibrierte mein Handy.

Es war mein Cousin. »Bruder«, sagte er, »ich habe da ein Problem.«

»Was Problem?«, fragte ich und spürte, wie ich schon wieder wütend wurde.

»Mit einem Typen, Selam, es geht um Geld.« Na klar. Bei meinem Cousin ging es immer um Geld. Das kannte ich schon. Ständig hatte er irgendwelche Probleme. Und immer musste ich mich darum kümmern. Aber ich hatte mich damit abgefunden. Und auch damit, gar nicht mehr nach Details zu fragen. Ich war zu einer reinen Maschine geworden. Wenn es ein Problem gab, klärte ich es. Alles andere war mir egal.

»Wer ist der Typ?«

»Das ist es ja. Es geht um Xatar«, sagte mein Cousin.

Xatar? Ich hatte nie was von ihm gehört. »Gib mir seine Nummer«, blaffte ich.

»Selam, du weißt nicht, wer der Typ ist?«

»Wer ist der Typ denn?«

»Xatar …«

»Aha.«

»Das ist ein bekannter Gangsta-Rapper aus Bonn, der …«

»Ach«, fiel ich ihm genervt ins Wort, »laber mich nicht voll. Was, Gangsta-Rapper? Gib mir einfach seine Nummer und ich kläre das.«

Ich hatte mit der Szene nichts zu tun. Ich nahm das auch alles nicht sonderlich ernst. Und außerdem war es mir am Ende des Tages auch einfach egal. Wenn mein Cousin ein Problem hatte, dann würde ich es klären. So einfach war das. Ich drehte mich also um, ging ein paar Schritte um den Block und wählte die Nummer von diesem Xatar.

»Hallo?«

»Ja, hallo. Du schuldest meinem Cousin Geld.«

»Wer ist denn da?«

»Ich bin Selam«, sagte ich. »Und niemand verarscht meinen Cousin.« Ich hatte gar kein Interesse, mir seine Seite der Geschichte anzuhören, ich war einfach nur darauf aus, die Sache schnell aus der Welt zu bekommen. Aber das funktionierte natürlich nicht. Xatar wurde laut. Ich wurde lauter. Er fing an zu schreien. Ich fing an, lauter zu schreien. Es ging hin und her. Irgendwann brüllte ich, dass ich ihn mit einer Axt durch Köln jagen würde, und legte auf. Kurze Zeit später hatte ich die Sache beinahe schon wieder vergessen. Ich hatte einfach zu viel Ärger mit meiner neuen Tür.

Es war einer der kältesten Dezembertage, an die ich mich erinnerte, als wir gerade die Tür im *Steffi* machten und ich einen Anruf bekam. Ich fischte mit meinen gefrorenen Fingern mein Handy aus der Jackentasche. Überall lag Schnee. »Hallo?«

Es war Omar. Omar war ein guter Freund von mir. Er hatte einen schönen Club in Köln-Ehrenfeld. Ein schicker Laden mit türkischer Live-Musik. Man setzte sich dort gemütlich hin, bekam gutes Essen und konnte den Bands und Sängerinnen und Sängern zuhören, die dort abwechselnd spielten. Das Programm war deutlich gemütlicher als das Programm im *Steffi*.

»Bruder, alles gut?«, begrüßte ich ihn.

»Hör mal, ich brauche ein wenig Unterstützung. Hast du zufällig noch einen Mann, den du entbehren kannst?«

»Was ist los?«, fragte ich Omar.

»Ich habe hier einen Ausfall und brauche jemanden, der die nächsten Wochen bei mir die Tür machen könnte.« Ich sagte ihm sofort zu. Das war kein Problem, ich kannte mehr Jungs, die arbeiten wollten, als Jungs, für die ich an meiner Tür Arbeit hatte. Ich hatte auch schon jemanden im Blick, der super für den Laden passen würde, Zeki. Zeki war Türke und liebte es, wenn es auch mal etwas ruhiger zuging. Ich rief ihn gleich an und schickte ihn zu Omar.

Eigentlich war das keine große Sache. In solchen Live-Musik-Läden war das Publikum meistens deutlich entspannter als in den Großraumdiscotheken. Es gab dort deutlich seltener Ärger. Eigentlich. Denn nur eine Woche später klingelte mitten in der Nacht erneut mein Handy. Ich schaute auf das Display. Es war Samstag, kurz nach 3 Uhr und ich stand vorm *Steffi*, in dem gerade Hochbetrieb herrschte.

»Ja?«

»Selam, hier ist Zeki.« Seine Stimme klang leicht nervös.

»Was los? Alles gut?«

»Bruder«, sagte er, »ich bin gerade bei Omar und habe Probleme mit einer Gruppe von Kurden.«

»Was für Probleme?«

»Kein Plan«, sagte er. »Sie machen Stress. Sie sprechen mit mir auf Kurdisch, aber ich verstehe sie nicht. Sie versuchen, Randale zu machen. Ich dachte, vielleicht könntest du?«

»Wie viele?«, fragte ich nur.

»Es sind drei.«

»Ich komme!«

Ich konnte mir schon ganz genau denken, was passiert war. Nämlich das, was immer passierte, wenn es zu solchen Situationen kam. Drei Typen, die ein bisschen zu viel getrunken hatten, irgendein Mädchen blöd anquatschten und dann eine Show machten. Wahrscheinlich fühlten sie sich beleidigt, weil Zeki, ein Türke, dazwischengegangen war, und suchten jetzt künstlich Stress. Nichts, was man nicht schnell in den Griff kriegen könnte. Gerade wenn es Kurden waren. Ich wusste, welche Sprache sie sprechen. »Rizgar«, sagte ich zu meinem kleinen Bruder, der gerade neben mir stand, »es gibt Probleme in Omars Laden. Ich fahre schnell rüber und kläre das.«

»Fahr besser nicht allein«, mahnte Rizgar.

»Ich schaffe das schon«, winkte ich ab. »Pass auf, dass hier alles weiterläuft.«

Etwa eine Viertelstunde später erreichte ich den Live-Club. Ich öffnete mein Handschuhfach und mir fiel meine Waffe entgegen. Für Notfälle an der Tür hatte ich immer eine geladene dabei. Sie ist noch nie zum Einsatz gekommen, aber im Fall der Fälle wäre sie eine zusätzliche Sicherheit. Ich steckte sie ein. Dann sprintete ich die Treppenstufen hoch und stieß fast in eine Gruppe junger Männer, die betrunken herunter torkelten. »Amina koyim«, fluchte ich, beachtete die Kids aber nicht weiter. Dann war ich oben und traf auf einen ziemlich aufgelösten Zeki.

»Was ist los?«, fragte ich. »Wo sind sie?«

»Du hast sie gerade verpasst, sie sind vor ein paar Sekunden …«

Das waren sie also! Ich sprintete die Treppe wieder runter und fing die Gruppe draußen ab. Ich betrachtete die drei Jungs. Das waren fast noch Halbwüchsige. Keine ernst zu nehmenden Gegner. »Ey!«, brüllte ich sie an und marschierte auf sie zu. »Wenn ihr noch einmal Ärger in diesem Laden macht, bekommen wir ein gewaltiges Problem.« Zeki kam jetzt auch raus und stellte sich neben mich. Die drei schauten sich unsicher an. »Was willst du denn?«, fragte mich einer, wurde aber sofort wieder kleinlaut, als ich zwei weitere Schritte auf ihn zuging.

Wie aus dem Nichts zog einer der anderen Jungs plötzlich eine Waffe aus seiner Jacke und richtete sie auf Zeki. Ob das eine scharfe oder eine Gasknarre war, konnte ich nicht erkennen. Aber es war mir auch egal. Ich sah in seinem Gesicht, dass er niemals abdrücken würde. Dafür fehlten diesen Kids die Eier. Ich stellte mich vor Zeki.

»Na los!«, brüllte ich ihn so aggressiv wie möglich an. »Drück ab! Komm schon! Drück ab!«

Er begann zu zittern. Ich machte einen großen Satz auf ihn zu und verpasste ihm die härteste Faust seines Lebens.

Er brach sofort weg und sackte zusammen. Dann zog ich meine eigene Waffe. Das reichte, und die anderen beiden liefen weg. Der Junge, der zu Boden gegangen war, lag nun direkt hinter meinem geparkten Auto auf dem Boden und war völlig weggetreten. Der wird schon wieder, dachte ich. Dann hörte ich eine Polizeisirene. Scheiße, dachte ich und erinnerte mich daran, dass gleich um die Ecke eine Wache war. »Ist geklärt«, sagte ich nur zu Zeki.

Ich legte den Rückwärtsgang ein, trat aufs Gas und … Moment, was war das? Ich war gerade über irgendwas drüber gefahren. Hoffentlich hat's meine Felgen nicht erwischt, dachte ich. Dann kurbelte ich das Fenster runter und schaute raus. Ach, da lag ja noch der Junge! Ich war genau über seine Beine gefahren. Aber er war so weggetreten, dass er nicht mal davon wach geworden war.

»Selam, hau ab!«, drängte mich Zeki. Ich fuhr weiter und überrollte jetzt auch noch mit den Vorderreifen den Jungen. Oh Mann, dachte ich, der wird morgen kein schönes Erwachen haben. »Zeki«, rief ich, »komm mal her …« Ich drückte ihm meine Waffe in die Hand. »Versteck die«, sagte ich. »Ich hole sie später ab.« Es war mittlerweile 4 Uhr Nachts. Eine gute halbe Stunde später rief ich Zeki an. »Alles gut?«, fragte ich. »Wir hatten Glück«, sagte er. »Die Bullen waren nicht da.«

»Gut, was ist mit dem kaputt geschlagenen Jungen, den ich überfahren habe?«

»Er ist aufgestanden und weg gehumpelt.«

»Okay, Bombe. Dann komme ich gleich und hole meinen Ballermann ab.«

Schweigen. »Okay?«, fragte ich nach.

»Ich glaube, wir haben ein Problem. Ich … ich habe die Waffe weggeworfen. Ich dachte, die Bullen kommen. Ich habe sie in den Schnee geworfen und dann war sie einfach weg. Ich finde sie nicht mehr.«

»Willst du mich verarschen?«, fragte ich ihn.

Was für ein beschissener Abend, dachte ich. Nur Ärger. Ich setzte mich ins Auto und fuhr zurück zu Zeki. »Verloren?«, brüllte ich ihn an. »Wie kannst du eine beschissene Knarre verlieren?«

Zeki erzählte mir, dass er so neben sich gestanden hatte, dass er die Waffe aus Angst einfach weggeworfen hatte. Mitten in den Schnee. Jetzt lag sie da. Irgendwo auf einem Kölner Gehweg. Dort konnte sie natürlich nicht bleiben. Völlig unvorstellbar, was passieren konnte, wenn der Schnee schmolz und plötzlich einfach eine geladene Waffe auf dem Bürgersteig lag. Die Polizei hätte sie finden und sie mir irgendwie zuordnen können. Oder noch schlimmer: Irgendein Kind hätte sie finden können. Ich wollte mir das alles gar nicht vorstellen.

Ich rief Rizgar an, dass er nun doch noch einmal vorbeikommen sollte. Und so standen wir nun da, mitten in der Nacht in Ehrenfeld, leuchteten mit unseren Handytaschenlampen alles ab und suchten nach meiner beschissenen Pistole. Doch es war vergeblich. Sie war einfach nicht da. Nach einer Stunde ging ich hoch in den Club und organisierte uns drei Besen und wir begannen, die gesamte Straße durchzukehren. Von oben bis unten. Aber die Knarre war weg. Wir fanden sie einfach nicht mehr.

Irgendwann ging die Sonne auf. Wir konnten nicht mehr. Und es hatte keinen Sinn. So weit konnte Zeki sie gar nicht weggeworfen haben. Völlig übermüdet setzte ich mich zu Rizgar ins Auto und fuhr mit ihm nach Hause. Gerade als wir ankamen, bekamen wir einen Anruf von Rami. Er war in einem Laden in der Nähe und fragte, ob wir noch vorbeikommen wollten. Etwas essen. »Heute nicht, Bruder«, sagte ich müde. »Ich hatte eine beschissene Nacht.«

»Was los?«

Ich erzählte ihm die Geschichte, dass wir meine Waffe verloren und gesucht hatten.

»Deine Knarre?«, fragte er seelenruhig. »Die habe ich doch.« Plötzlich war ich wieder hellwach. »Was? Woher hast du sie?«

»Na, ich war dir nachgefahren. Zu dem Live-Club. Um dir zu helfen. Ich dachte du hättest vielleicht Ärger. Aber als ich ankam, warst du schon weg. Aber deine Knarre lag im Schnee. Dachte, du hast sie verloren. Habe sie eingesteckt.«

»Willst du mich verarschen?«, brüllte ich ihn verzweifelt an. »Wieso hast du nichts gesagt?«

Rami lachte. »Habe ich doch gerade.«

»Amina koyim, du Hund hast mich hier zum Straßenfeger gemacht! Ganz Köln denkt jetzt, ich bin Stadtreinigung wegen dir!« Ich wusste nicht, ob ich lachen oder weinen sollte.

So lief das Woche für Woche. Immer wieder kam es zu Schlägereien und Ärger. Immer wieder war ich mittendrin. Und immer öfter eskalierte es härter, weil ich mich selbst nicht mehr richtig unter Kontrolle hatte. Seit ich meine Frau und meinen Vater verloren hatte, war ich einfach völlig neben der Spur. Ich veränderte mich. Ich war ein Wrack.

Und das bekam meine Umwelt zu spüren. Nach einigen Monaten gab ich die Tür wieder ab. Ich hatte einfach genug. Aber nicht nur das. Ich hatte auch ein neues Angebot. Ein besseres Angebot. Ich lernte Celal kennen. Celal war ein Unternehmer. Er hatte in ganz Deutschland Spielhallen und Wettbüros aufgebaut, besonders in Köln und Düsseldorf. Er reiste durch das ganze Land und hatte immer mal wieder etwas mit windigen Gestalten zu tun.

»Ich brauche eigentlich nur jemanden, der mich begleitet«, sagte er und sah mich an. »Und die Situationen etwas deeskaliert, wenn es hitzig wird.« Ich verstand schon, was er meinte. »Kein Problem«, sagte ich. »Deeskalation ist meine Spezialität.« Celal bot mir ein ziemlich gutes Gehalt an. Und ich war froh, dass ich die Tür hinter mir lassen konnte. Ich hatte in letzter Zeit wirklich Angst vor mir selbst. Ich wusste nicht, zu was ich alles imstande war, wenn ich die Kontrolle verlor. Und ich geriet immer häufiger in Situationen, in denen das drohte. Bei Celal war das anders. Entspannter.

Nachdem ich einen Monat für ihn gearbeitet hatte, hatte ich das Gefühl, dass mein Leben sich langsam, ganz langsam ein wenig normalisierte. Ich wurde ein klein wenig ruhiger.

Dennoch machten sich alle Sorgen um mich. Freunde von mir wollten mich unbedingt mit einer neuen Frau verkuppeln. Sie dachten, dass mir das guttun würde. Dass ich so wieder ruhiger werden würde. Aber ich hatte kein Interesse an einer neuen Frau. Ich dachte noch immer jeden Tag an Derya. Sie fehlte mir so wahnsinnig. Ich hatte versucht, ihre Eltern zu erreichen, aber sie ignorierten mich. Und irgendwann hatte ich einfach akzeptiert, dass diese Frau zwar mein Leben war, ich in ihrem aber keinen Platz mehr hatte. Dennoch ließ meine Familie nicht locker und so stimmte ich irgendwann zu, mich mit einem Mädchen zu treffen, das sie für mich ausgesucht hatten. Sie war Kurdin und wir hatten uns in Köln-Kalk verabredet, um gemeinsam etwas essen zu gehen.

Während wir in einem Café saßen, spürte ich plötzlich eine schwere Hand auf meiner Schulter. Ich schaute mich um. Das war

Onkel Ali. Ich bekam den Schreck meines Lebens. Wie unangenehm, dass er mich hier mit einer Frau traf. Das gehörte sich eigentlich nicht. Ich rechnete damit, dass er mir erst mal eine Moralpredigt halten würde. Aber das tat er nicht. »Ein hübsches Mädchen«, sagte er auf Kurdisch. »Hat sie auch eine hübsche Mutter, die du mir einmal vorstellen kannst?«

Das Mädchen antwortete ihm auf Kurdisch. »Die habe ich, aber sie hat schon einen Mann.« Ich musste lachen. Onkel Ali lief vor Scham rot an. Er wusste nicht, dass sie Kurdin war, und entschuldigte sich wieder und wieder. Ich musste lächeln. Das Mädchen war in Ordnung. Sie war eine gute Seele. Aber ich war nicht bereit für sie. Ich war überhaupt nicht bereit für eine neue Frau und würde das vielleicht auch nie wieder sein. Aber es tat mir leid, ihr das zu sagen. Nach der peinlichen Situation mit meinem Onkel nahm ich sie zu mir nach Hause mit, um sie meiner Mutter vorzustellen. Ich wollte einfach nicht, dass sich irgendetwas rumsprach. Als das Mädchen an unserem Tisch saß, versuchte sie, meine Mutter direkt von sich zu überzeugen. Erzählte, dass sie eine gute Köchin und eine tolle Hausfrau wäre. Meine Mutter guckte mich skeptisch an. Ich zog nur die Schultern hoch.

Weil Mama nicht wusste, was sie sonst tun sollte, fing sie nun auch an, gut über mich zu sprechen. Erzählte dem Mädchen, dass ich ein sehr guter und verantwortungsbewusster Mann wäre. Ich schaute auf den Boden, rührte meinen Tee um und wollte, dass das einfach nur endet.

Dann klingelte es an der Tür. Meine kleine Schwester Felek stand auf und ging rüber. »Erwartest du jemanden?« fragte ich meine Mutter.

»Wahrscheinlich die Post«, sagte sie nur, zuckte mit den Schultern und setzte noch einen Tee auf. Nebenbei stellte sie einen Kuchen auf den Küchentisch. »Selam«, kam meine kleine Schwester zurück in den Raum und wirkte ganz bleich, »da sind ein paar Männer, die mit dir sprechen wollen.« Ich ging zur Tür.

»Selam Ali?«, empfing mich einer der Männer.

»Ja.«

Er zog einen Ausweis aus der Tasche und hielt ihn mir unter die Nase. »Müller«, sagte der Mann. »Kriminalpolizei. Wir verhaften Sie wegen des Verdachts auf schwere Köperverletzung in mehreren Fällen.«

Fuck! Ich hatte keine Ahnung, worum es hier ging, aber das war auch gerade gar nicht mein größtes Problem. Wenn meine Mutter mitbekam, dass die Kripo vor ihrer Tür stand … sie würde einen Herzinfarkt bekommen. Ich gab dem Mann zu verstehen, dass er ein wenig leiser sprechen sollte. »Hören Sie«, sagte ich, »ich habe keine Ahnung, was los ist, aber ich werde mitkommen, alles gut, nur bitte, machen Sie jetzt keine Show hier, okay?« Ich sprach so leise, wie ich konnte. »Meine Mutter sitzt in der Küche, sie ist schon älter … sie würde einen Schreck bekommen …« Die beiden Männer warfen sich einen schnellen Blick zu. Dann betrachteten sie mich. Und nickten.

»Einverstanden. Verhalten Sie sich kooperativ«, sagte der Größere von beiden.

»Geben Sie mir eine Minute«, bat ich die beiden Männer. »Sie haben mein Wort, dass ich keinen Ärger mache.« Sie zögerten kurz, vertrauten mir dann aber. »Mama«, sagte ich, als ich zurück in die Küche kam. Ich war mir sicher, dass es ein Missverständnis war. »Mama, ich muss kurz weg, es gab da ein Missverständnis, ich muss was klären.«

»Ist alles in Ordnung, mein Schatz?«

Ich gab meiner Mutter einen Kuss auf die Wange. »Natürlich, Mama.« Dann nahm ich die Hand von dem Mädchen. »Es tut mir leid, es ist etwas sehr, sehr Wichtiges«, erklärte ich ihr. »Geh nach Hause, ich melde mich bald bei dir. Ich mache es wieder gut.« Dann ging ich zu den Kripo-Beamten und fuhr mit ihnen im Fahrstuhl runter. Als wir vor unser Hochhaus traten, warteten zwei Fotografen vor dem Haus. Sie machten Fotos von mir. »Wer seid ihr Hampelmänner?«, fragte ich sie.

Der eine nannte mir seinen Namen. Und sagte, dass er für eine bekannte Boulevardzeitung aus der Region arbeitete.

Die Presse? Was wollten die denn hier? Ich schaute den Kripo-Mann an. Er zog nur die Augenbrauen hoch und tat so, als wüsste er auch nichts davon. Irgendwo in dem Haus hatte ein Pädophiler gewohnt. Den hatten sie gesucht. Ich wurde in den Polizeiwagen gesetzt. »Ruft meinen Anwalt an«, sagte ich. Ich wurde nach Siegburg gebracht. Am nächsten Tag kam ich in die Zelle.

Die Zeit im Knast war mein absoluter Tiefpunkt. Gerade dachte ich, dass ich mich wieder ein bisschen gefangen hätte, aber jetzt stürzte ich erst so richtig ab. Ich wurde aggressiv. So aggressiv wie noch nie zuvor in meinem Leben. Es reichten absolute Kleinigkeiten und ich explodierte. Man musste mich nur einmal schräg anschauen und ich verlor komplett die Fassung. Ständig verprügelte ich andere Häftlinge. Ständig machte ich Ärger. Ich fühlte mich wie ein Tiger, den man in einen viel zu kleinen Käfig gesteckt hatte. Und er wurde sogar noch kleiner.

Es dauerte nicht lange, bis man mich in Einzelhaft steckte. Das war nachvollziehbar. Ich war eine Gefahr. Wahrscheinlich nicht nur für die anderen. Sondern auch für mich selbst. Ich war nicht mehr der Mensch, der ich einmal gewesen war. Ich hatte mich komplett breit trainiert und dazu so viel Stoff genommen, dass ich hochaggressiv war. Das war mein Weg, die Leere auszufüllen, die ich in meinem Leben verspürte, seitdem ich alles verloren hatte, was mir jemals etwas bedeutet hatte. Meine Frau. Meinen Vater. Mein gesamtes Fundament bröckelte. Ich wusste nicht mehr, wo ich hingehörte, und noch viel schlimmer, ich wusste nicht mehr, wo ich noch hinwollte. Ich hatte keinen Plan mehr für mein Leben. Ich hatte mich in den letzten Monaten bloß noch von Tag zu Tag gehangelt, bis vor Kurzem zumindest. Doch jetzt saß ich auch noch in Untersuchungshaft. Jetzt hatte ich auch noch meine Freiheit verloren. Und ich wusste noch immer nicht genau, was man mir eigentlich vorwarf.

Und auch mein Anwalt konnte mir zunächst nichts genaueres sagen. »Du hast mehrere Anzeigen«, stellte er nur fest.

»Was für Anzeigen?«

»Das weiß ich nicht, ich habe Akteneinsicht beantragt. Es liegt allerdings so viel gegen dich vor, dass du definitiv hier bleiben wirst.«

»Scheiße«, brüllte ich und schlug mit der bloßen Faust gegen die Wand.

»In drei Wochen gibt es eine Haftprüfung, da holen wir dich raus.« Drei Wochen? Was für ein Albtraum. Das würde ich nicht aushalten. Ich würde durchdrehen. Da war ich mir sicher. Schlimmer könnte es jetzt nicht mehr werden.

Wie sehr ich mich doch täuschen sollte. Ich überstand die drei Wochen. Aber ein Tag vor der Haftprüfung besuchte mich mein Anwalt wieder. Er hatte einen roten Brief in der Hand. »Ich habe leider wieder schlechte Nachrichten für dich«, sagte er.

»Was ist das?«, fragte ich.

»Ein weiterer Haftbefehl.«

»Was, ein weiterer Haftbefehl?«, brüllte ich. »Wollen die mich verarschen? Ich sitz doch schon im Knast! Was denn noch? Reicht doch langsam, ya?«

»Das ist schon sehr ungewöhnlich«, meinte mein Anwalt. »Ich habe mittlerweile Akteneinsicht bekommen. Gegen dich liegen zahlreiche Anklagen vor wegen Körperverletzung.«

»Wieso weiß ich davon nichts?«, fragte ich.

»Sie haben alle Fälle gesammelt, um sie dann gemeinsam anklagen zu können. Nur diesen einen Fall hier nicht«, sagte der Anwalt und schwenkte mit dem roten Brief. »Den haben sie extra rausgenommen, damit sie ihn dir nachträglich zustellen konnten. Dir wird versuchter Todschlag vorgeworfen. Du sollst in deiner Discothek auf einen am Boden liegenden Jungen eingetreten haben.« Was? Ich erinnerte mich nicht, dass ich so was jemals getan hatte. »Und was heißt das jetzt?«

»Dass du bis zu deinem Prozess einsitzen musst.«

Als ich wieder allein in meiner Zelle saß, fing ich an zu schreien. Ich schrie so laut und so lange ich konnte. Ich schrie all den Ärger, all die Wut, all den Hass und all die Verzweiflung aus mir heraus. Ich hielt das alles nicht mehr aus. Ich wollte hier raus! Ich wollte wieder ein normales Leben haben. Endete dieser Albtraum denn nie? Irgendwann wurde ich müde. Ich legte mich auf meine Matratze und starrte die Zellendecke an. Und dann passierte etwas in meinem Kopf. Ich begriff, dass der Albtraum gar nicht das Gefängnis war. Sondern mein Leben. Denn selbst wenn ich hier rauskommen würde, was sollte ich dann machen? Ich hatte nichts mehr, wofür es sich zu leben lohnte. Ich erkannte zum ersten Mal, wie einsam ich war. In dieser Nacht betete ich zu Gott, dass er mir helfen sollte. Ich wollte endlich wieder ein Licht am Ende des Tunnels sehen. Als ich am nächsten Morgen aufwachte, ging es mir besser. Ich begann, die Situation, in der ich war, zu akzeptieren. Ich konnte sie ja sowieso nicht ändern. Und so wurde ich langsam ruhiger. Ich begann, eine neue Perspektive einzunehmen. Ich erkannte, dass es vielleicht sogar gut war, dass ich jetzt hier war. Vielleicht wollte Gott es so. Vielleicht wollte er mich auf diese Weise davor bewahren, dass ich Schlimmeres anstellte. Dass ich vielleicht sogar noch jemandem das Leben nahm. Ich war in den letzten Monaten jedenfalls auf einem sehr, sehr düsteren Trip gewesen und hier hatte ich die Gelegenheit, einfach mal alles zu reflektieren. Alles, was mich in diese Lage gebracht hatte. Mein Hang zur Gewalt. Meine Aggression. Und wo sie eigentlich herkam. Ich dachte wieder an meine Kindheit. An die Ängste, die ich verspürt hatte. Und wie ich sie bekämpfte, indem ich lernte zuzuschlagen. Die Gewalt war mein Ausweg. Aber sie war auch mein Untergang. Ich hatte viel Zeit, darüber nachzudenken.

Meine Tage waren immer gleich getaktet. Um 6 Uhr morgens wurden wir geweckt. Wir bekamen ein Tablett mit Frühstück in die Zelle geschoben. Meistens war es einfach nur ein steinhartes Brot mit ein wenig Butter und einer Scheibe Käse. Seit meiner Zeit im Jugendknast hatte sich nicht viel verändert. Nach dem Frühstück schaltete ich für gewöhnlich den Fernseher ein und schaute so lange, bis ich Freigang auf dem Hof bekam.

Im Knast wurde ich wirklich ruhiger. Und verträglicher. Ich hatte einen guten Draht zu den Wärtern, und die Gefängnisleitung, Frau Jülich, mochte mich. Sie sah, dass ich mich anstrengte. Ich schrieb mich in sämtliche Kurse ein, die im Knast angeboten wurden. Ich half in der Kirche, ich machte Sport im Gefängnis-Fitnessstudio, ich meldete mich zu allen sozialen Diensten freiwillig. Ich war ein richtiger Vorzeigehäftling. Das brachte mir auch einige Vorteile. Der Pfarrer mochte mich so gerne, dass er mich jeden Tag abholte, damit ich ihn bei seinen Vorbereitungen für die Gottesdienste unterstützen konnte. Aber meistens hatte er gar nichts zu tun. Er ließ mich dann an seinen Computer, an dem ich auf Facebook mit meiner Familie chattete.

Vielleicht war ich bei den Beamten aber auch so beliebt, weil sie erkannten, dass wir ein gemeinsames Interesse hatten. Ich wollte, dass im Knast eine gewisse Ordnung herrschte. Dass es Ruhe gab. Und ich glaube, die Beamten erkannten, dass wir am selben Strang zogen. Irgendwann kam einer von den Wärtern in meine Zelle.

»Ich muss mit dir reden«, sagte er und schloss die Tür hinter sich. Dann drückte er mir eine Akte in die Hand.

»Was ist das?«, fragte ich.

»Lies einfach.«

Ich öffnete die Mappe. Es war eine Strafakte. Ich überflog sie. Uwe H., 55 Jahre alt. Er hatte ein kleines Kind vergewaltigt. Ein sechsjähriges Mädchen. »Dieser …«, begann ich ihn zu verfluchen.

»Er wird heute in unseren Abschnitt verlegt«, vertraute mir der Wärter an. »Du weißt, was die anderen Gefangenen mit ihm machen werden, wenn sie herausfinden, wer er ist?«

Ich nickte. Im Knast gab es eine gewisse Hierarchie. Weit unten in dieser Hierarchie standen Sexualstraftäter. Sie hatten hier ein schweres Leben. Aber noch tiefer unten waren Pädophile angesiedelt. Im Knast waren sie Freiwild. Sie wurden regelmäßig zusammengeschlagen. Manchmal auch abgestochen. Der Knast war die Hölle für sie.

Eine Hölle, die sie allerdings verdient hatten. »Wir wollen hier keinen Ärger haben«, sagte der Wärter. »Kannst du dich darum kümmern?«

Ich gab ihm die Akte zurück. »Gib mir fünf Minuten mit ihm«, sagte ich. Dann verließ er meine Zelle und ich machte ein paar Liegestütze. Jetzt bekam ich sogar schon im Knast neue Aufträge. Irre.

Am nächsten Tag hörte ich, wie meine Zelle aufgeschlossen wurde. Merkwürdig, dachte ich, der Hofgang war doch erst in einer Viertelstunde. Ich streckte mich und trat auf den Flur. Er war leer. Die anderen Gefangenen waren noch in ihren Zellen. Dann sah ich den Wärter vom Tag zuvor, wie er eine andere Tür aufschloss, mir kurz zunickte und wieder verschwand. Ich verstand sofort, was hier los war. Ich schaute auf die große Uhr, die im Flur hing. Fünf Minuten. Das sollte ich hinbekommen. Ich ging in die Zelle, die er aufgeschlossen hatte, und sah dort einen älteren Mann auf dem Bett sitzen. Er sah ziemlich verwahrlost aus. Er hatte langes, graues Haar und einen verfilzten Bart. Er lag auf seinem Bett und schaute zu mir hoch. »Bist du Uwe?«, fragte ich ihn.

»Wer will das wissen?«, fragte er frech zurück.

Ich schüttelte den Kopf. Großer Fehler. Ich ging auf ihn zu und schlug ihm zweimal direkt in die Fresse. »Du Hurensohn!«, brüllte ich ihn an und gab ihm noch eine Faust, die so hart war, dass er Blut spuckte. »Du hörst mir jetzt gut zu«, schrie ich und zog ihn an seinem Kragen hoch. »Du wirst nie wieder aus dieser Zelle herauskommen. Wenn ich dich nur ein einziges Mal auf dem Hof sehe, schlage ich dich tot. Haben wir uns verstanden?« Er wimmerte. »Haben wir uns verstanden?«, fragte ich noch einmal. »Ja«, heulte er.

Ich ließ ihn los und schlug noch ein letztes Mal zu. Direkt auf die Nase. Nur zur Sicherheit. Ich verließ seine Zelle und schaute auf die große Uhr im Flur. Ich hatte nicht mal eine Minute gebraucht. Ich war nicht aus der Übung gekommen. Ich ging zurück in meine Zelle, wusch mir das Blut von den Händen und wartete, bis der Hofgang losging.

Draußen schaute ich mich um. Uwe war nicht da. Auch am nächsten Tag kam er nicht raus. Er schien sich an meine Anweisungen zu halten. Den Rest seiner Haft blieb er in seiner Zelle. Besser so, für alle, dachte ich.

Ich wurde ein richtiger Hilfssheriff. Irgendwann schickte Frau Jülich die Neuzugänge im Knast immer erst zu mir, damit ich ihnen eine Ansage machen konnte. Wir wollten, dass unser Knast sauber blieb. Das war meine Mission.

Ich hatte mich in meiner neuen Umgebung eingerichtet. Einmal pro Woche durfte ich Besuch empfangen. An einem dieser Tage besuchte mich mein Cousin. Wir hielten uns ein wenig auf dem Laufenden. Das heißt, er hielt mich auf dem Laufenden, denn in meinem Leben passierte ja nicht sonderlich viel. »Ich habe Post bekommen«, sagte er.

»Post?«

»Einen ziemlich langen Brief von Giwar.« Er ließ eine kurze Pause. »Du weißt schon … Xatar.«

Klar wusste ich, wen er meinte. Ich hatte noch mitbekommen, dass er kurz nach unserem Telefonat in allen Medien gewesen war. Er hatte einen spektakulären Goldraub vollzogen. Er und ein paar seiner Jungs hatten sich einfach als Polizisten verkleidet, den Fahrer eines Goldtransporters festgenommen – und den Wagen dann gestohlen. Nachdem Giwar aufgeflogen war, war er ziemlich spektakulär geflohen. Irgendwann hatten ihn deutsche Zielfahnder in einem Folterknast im Irak ausfindig gemacht und ihn zurückgeholt. Er und seine Freunde wurden zu jahrelangen Haftstrafen verurteilt.

»Was schreibt er?«, fragte ich.

»Na ja, er sitzt im Knast und hat sich wohl viele Gedanken über sein Leben gemacht. Er hat sich bei mir für alles entschuldigt, er will die Streitereien aus der Vergangenheit hinter sich lassen.«

Ich hatte keine Ahnung, wieso, aber aus irgendeinem Grund berührte mich das ungewöhnlich heftig. Vielleicht, weil ich es verstand. Weil ich in derselben Lage war. Hier im Knast hatte man definitiv zu viel Zeit, um sich Gedanken über Dinge zu machen, über die man sich vorher nie Gedanken gemacht hatte. Besonders über sich selbst.

Ich spürte, dass ich nicht mehr derselbe Mann war wie vor ein paar Jahren. Ich hatte mich verändert. Und Giwar scheinbar auch. »Er schreibt in dem Brief auch, dass ich dich grüßen soll …«

»Bruder«, sagte ich zu meinem Cousin, »schreib Giwar bitte zurück. Sag ihm, dass alles vergessen ist und wir ihm helfen, wenn er irgendwas brauchen sollte.«

Ich verstand nur zu gut, dass dieser Mann Frieden mit seiner Vergangenheit schließen wollte. Ich wollte das auch.

Zehn Monate saß ich ein. Und dann begann mein Prozess. Endlich. Ich war mir meiner Sache sicher. Mein Anwalt und ich waren mittlerweile sämtliche Vorwürfe durchgegangen, die gegen mich vorlagen. Sie waren allesamt Unsinn. Es ging um Probleme, die während meiner Zeit als Türsteher aufgetaucht waren. Aber sie waren komplett überzogen. Ich hatte nichts Falsches gemacht. Ich hatte nur unliebsame Gäste rausgeworfen. Dass ich fast ein Jahr einsaß, war eine halbe Katastrophe. Aber aus diesem Prozess würde ich als freier Mann herausgehen, da war ich mir ganz sicher. Und wenn ich erst einmal draußen war, dann würde ich mich irgendwie neu aufstellen. Ich wusste noch nicht, wie, aber mir würde da schon etwas einfallen. Ich musste nur noch diesen Prozess hinter mich bringen. Aber das dauerte. Über Wochen wurde ich jeden Donnerstag in den Gerichtssaal gebracht. Der Prozess zog sich über mehrere Termine. Aber ich war nicht ganz alleine. Mit mir wurde jeden Tag auch ein kleiner Chinese aus dem Gefängnis zum Gerichtssaal gebracht.

Mein Anwalt und ich waren perfekt vorbereitet. Ich saß in dem kleinen Gerichtssaal und schaute mich um. Nachdem der Staatsanwalt die Anklage vorgelesen hatte, versuchten wir, jeden einzelnen Vorwurf zu entkräften. Der erste Vorwurf war, dass ich den Jungen, den mein Kollege geschlagen hatte, wieder aufgeweckt habe. Wir konnten mit Zeugen belegten, dass nicht ich, sondern Can ihn geschlagen hatte, und dass ich nur versucht hatte, ihm aufzuhelfen. Wir riefen sieben Zeugen auf, die alle dasselbe gesehen hatten. Dann gab es den Vorwurf, dass ich einem Mann mit einem Kölsch-Glas verletzt habe. Aber auch das ließ sich aufklären. Es hatte einen Vorfall in der Disco gegeben und ich war dorthin geeilt. Dabei hatte ich den Mann versehentlich angerempelt und sein Kölsch-Glas war in seiner Hand zerbrochen. Blöd gelaufen. Aber keine Absicht. Warum auch? Es hatte mit dem Gast ja überhaupt kein Problem gegeben, was wieder zahlreiche andere Gäste bestätigen konnten. Aber die waren gar nicht einmal nötig. Der Mann saß im Zeugenstand und gab es selber zu. Während mein Anwalt ihn verhörte, war er sich plötzlich doch nicht mehr so sicher, ob ich das wirklich mit Absicht gemacht hatte. »Ich kann es nicht beschwören«, sagte er. »Es war laut und dunkel, vielleicht … war es wirklich ein Versehen.« Und so schafften wir es, Anklagepunkt für Anklagepunkt auszuhebeln.

Und dann wurden die letzten beiden Zeugen vernommen. Die beiden Soldaten. Das war der härteste Vorwurf. Ich solle sie beinahe umgebracht haben, hieß es. Der erste Soldat wurde aufgerufen und setzte sich in den Zeugenstand. Er erzählte seine Version des Abends. Er erzählte, dass er von einem großen, breiten Mann brutal zusammengeschlagen wurde.

»Einfach so?«, fragte der Staatsanwalt.

»Einfach so.«

»Können Sie den Mann zeigen, der das gemacht hat?« Der Soldat schaute sich im Saal um. Dann zeigte er mit dem Finger auf mich.

Ein Raunen ging durch den Raum. Der zweite Soldat bestätigte seine Version. Plötzlich meldete sich mein Bruder Rizgar aus dem Zuschauerraum. »Ich glaube«, sagte er, »ich kann etwas zur Klärung beitragen.«

»Das kommt ziemlich spät«, sagte der Richter wütend.

»Es hat sich gerade erst ergeben«, entschuldigte sich mein Bruder und der Richter unterbrach die Sitzung. Dann kam Rizgar zu uns. »Ich wollte gerade in den Saal kommen«, sagte er, »da sah ich, wie der Anwalt der beiden Soldaten mit ihnen gesprochen hat. Sie haben gesagt, dass sie sich nicht mehr erinnern können, wer sie so zusammengeschlagen hat. Und ihr Anwalt hat ihnen gesagt: ›Zeig einfach auf den großen Kerl auf der Anklagebank.‹«

»Ist das wirklich wahr?«, fragte mein Anwalt.

»Ich schwöre es«, bekräftigte Rizgar. Wenn das wirklich der Fall war, dann wäre das ein Skandal.

Der Prozess wurde fortgesetzt und mein Anwalt nahm die beiden Soldaten ins Kreuzverhör. Er konfrontierte sie mit dem ärztlich festgestellten extrem hohen Promillewert, den sie an dem Abend gehabt hatten. Er konfrontierte sie damit, dass sie ein Mädchen belästigt hatten. »Daran kann ich mich nicht mehr erinnern«, sagte einer der Soldaten kleinlaut.

»Aha«, hakte mein Anwalt nach. »Aber Sie erinnern sich daran, dass es mein Mandat war, der Sie so zugerichtet hat?«

»Aber ja …«

»Und es war nicht Ihr Anwalt, der Ihnen das eben auf dem Flur eingeflüstert hat?«

Der Soldat schaute sich nervös um. Offenbar fühlte er sich ertappt. »Wir können Sie auch unter Meineid stellen«, sagte mein Anwalt. »Dann ist eine Falschaussage strafbar.«

Die Wahrheit war: Ja, ich hatte die beiden Soldaten verprügelt. Aber so zugerichtet wurden sie von den anderen Jungs, als ich schon längst weg gewesen war. Großes Mitleid hatte ich mit ihnen zwar nicht, aber Schuld traf mich nun wirklich nicht.

Die Soldaten zogen nun ihre Aussage also zurück – und sämtliche Punkte der Anklage waren wie ein Kartenhaus zusammengefallen.

»Das ist jetzt unsere große Chance«, sagte mein Anwalt mir und stellte einen Antrag auf vorzeitige Haftentlassung. Es gab nun keinen Grund mehr, mich in der Untersuchungshaft zu behalten. »Wir kriegen das hin, dass du für die restlichen Prozesstage wieder nach Hause darfst«, versicherte er mir. Er war siegessicher und klopfte mir auf die Schulter. Ich schloss die Augen und atmete durch. Ich konnte es kaum glauben. Ich würde wieder nach Hause kommen. Heute noch! Alleine der Gedanke … ich spürte, wie mein Körper von Glücksgefühlen durchströmt wurde. Der Richter und seine Beisitzer kündigten an, sich über den Antrag beraten zu wollen, und zogen sich zurück. Der Prozess wurde für zehn Minuten unterbrochen. »Meinen Sie wirklich, dass ich heute nach Hause kann?«, fragte ich noch einmal nach. Es war beinahe zu schön, um wahr zu sein. »Sämtliche Anklagepunkte konnten wir wiederlegen«, sagte mein Anwalt. »Es gibt keinen Grund, dass du weiter in Untersuchungshaft bleiben solltest. Das wäre absurd.«

Zehn Minuten später verkündete der Richter seine Entscheidung. »Dem Antrag auf vorzeitige Haftentlassung wird nicht stattgegeben«, sagte er. »Der Prozess wird nächste Woche fortgesetzt.« Mein Anwalt schüttelte den Kopf. Er konnte es nicht fassen. Ich musste also wieder in Untersuchungshaft. Ich wurde bleich. Meine Laune war schlagartig wieder im Keller. »Ich kann mir das nicht erklären«, stammelte mein Anwalt. »Es tut mir sehr leid.« Ich schaute zu meiner Familie, die im Gerichtssaal saß und den Prozess verfolgte. Meine Schwestern hatten sich weggedreht. Sie weinten. Und sie wollten nicht, dass ich sie so sah. Zwei Justizbeamte brachten mich nun in den Keller des Gerichts, wo ich in einer Zelle warten musste, bis der Prozess von dem Chinesen zu Ende war, damit wir gemeinsam wieder zurücktransportiert werden konnten. Ich saß in der kleinen Zelle und schlug mit meiner Faust gegen die Wand und brüllte. Ich hatte mir schon ausgemalt, wie es sein würde, wenn ich wieder frei wäre. Meine Familie zu sehen. Mit Freunden essen zu gehen. Warum tat man mir das an? Es war doch offensichtlich, dass ich nichts verbrochen hatte. Ich fühlte mich ausgeliefert. Ich hatte das Gefühl, dass andere über mein Leben bestimmten. Nicht ich selbst. So, wie damals als ich noch ein Kind gewesen war. So fühlte ich mich in dieser Zelle. Wie der kleine Selam, der sich nicht wehren konnte. Am späten Abend endete dann endlich auch der Prozesstag von dem Chinesen und er wurde zu mir in die Zelle geführt. Ich wartete jetzt schon seit fünf Stunden ohne Essen und Trinken hier. Aus meiner Verzweiflung war in der Zwischenzeit schon wieder Wut geworden.

»Hello«, begrüßte er mich. »Fuck you«, entgegnete ich. Der Chinese blieb stehen und musterte mich. Er fragte mich, ob es ein Problem geben würde. »You are my problem, du Fotze!«, raunte ich ihn an. Danach wurden wir zurück in den Knast gebracht. Ich legte mich in das Bett meiner Dreierzelle und meine beiden Mithäftlinge setzten sich zu mir. »Xal, erzähl!«, forderten sie mich auf. »Wie ist es gelaufen?«

»Beschissen ist es gelaufen«, sagte ich. »Jungs, seid mir nicht böse. Aber ich will heute einfach nur meine Ruhe haben.« Ich zog mir das Kissen über mein Gesicht und versuchte zu schlafen. Ich wurde am nächsten Morgen wach, als uns die Wärter das Frühstück in die Zelle brachten. Ich nahm das Besteck und versuchte, die Margarine auf dem steinharten Brot zu verschmieren. Es gelang mir nicht. Ich dachte zurück, an meinen ersten Aufenthalt im Jugendknast. Es hatte sich nichts verändert. Nichts an diesem Ort ist härter, als dieses beschissene Brot, dachte ich. Dann machte ich mich fertig. Wusch mir mein Gesicht und band meine langen Haare zu einem Zopf zusammen. Es war kurz vor 11 Uhr. Also kurz vor Hofgang. Ich saß auf meinem Bett und hörte, wie unsere Zelle aufgeschlossen wurde. Und dann stand Herr Schoslowski, einer der JVA-Beamten, ganz aufgeregt vor mir. »Xal«, sagte er, »ich habe gute Nachrichten. Du hast eine Blitzentlassung!« Ich schaute ihn finster an. Das Spiel kannte ich schon. Jede Woche machte er sich einen Spaß daraus. Aber heute war ich nicht in Stimmung für sowas. »Komm, spar es dir«, sagte ich.

Doch Schoslowski schüttelte nur den Kopf. »Xal, das ist kein Witz. Das ist mein voller Ernst. Du hast eine Blitzentlassung. Du kommst heute raus!«

Ich schaute zu dem JVA-Beamten hoch. »Wirklich?«, fragte ich ihn. »Du verarschst mich nicht?«

»Verdammt, Xal, beeil dich. Wenn der Papierkram nicht bis 11.30 Uhr erledigt ist, bleibst du bis Montag hier!« Plötzlich durchlebte ich alle Gefühle, die man sich nur vorstellen konnte, gleichzeitig. Mir kamen die Tränen. »Jetzt komm schon«, drängte er mich. Meine Zellengenossen begannen, zu jubeln und mir auf die Schulter zu klopfen. »Vergiss uns da draußen nicht«, sagten sie. Dann ging ich mit Herrn Schoslowski in den Verwaltungstrakt und füllte alle Unterlagen aus. Man gab mir 160 Euro, die ich mir im Knast über Arbeit verdient hatte. Anschließend verschenkte ich alles, was ich im Knast besessen hatte, an die anderen Häftlinge. Und dann wurde ich rausgebracht. Ich wurde entlassen. In die Freiheit. Und ich konnte das immer noch nicht so richtig realisieren. Ich stand vor dem großen Gefängnistor, das sich langsam öffnete. Und auf der anderen Seite stand Rizgar. Meine Kehle war wie zugeschnürt. Voller Freude lief ich auf meinen Bruder zu und umarmte ihn. Ich war endlich frei! »Was ist nur passiert?«, fragte ich Rizgar. »Warum komme ich jetzt raus?«

»Dein Anwalt sagt, dass der Richter dich eigentlich schon gestern hätte gehen lassen müssen. Aber da zu viel Presse vor Ort war, hatte er wohl zu viel Angst vor kritischen Schlagzeilen.« Ich strich meinem Bruder über den Kopf. »Ach«, sagte ich, »ich ficke doch seine Schlagzeilen.« Ich atmete einmal tief durch. Ich war frei. Ich war endlich frei.

»Entschuldigung«, hörte ich plötzlich eine Stimme. Ich drehte mich um und sah eine junge Frau, die neben uns stand. Sie wurde wohl auch heute entlassen und kam aus dem Frauentrakt. Sie hielt zwei Tüten in der Hand. »Wisst ihr, wie ich zum Bahnhof komme?«, fragte sie mich. Ich schaute sie mitleidig an. Sie hatte wohl niemanden, der sie abholte. Sie wirkte komplett verloren. »Komm steig ein«, sagte ich. »Wir nehmen dich mit.« Als wir den Bahnhof erreichten, fragte sie, ob wir uns hier auskannten. »Wo musst du denn hin, Schwester?«, hakten wir nach.

»Zur Bahnhofsmission …«

»Zur Bahnhofsmission?«

»Ich muss nach Heidelberg, aber ich habe kein Geld. Mir wurde gesagt, dass man mir dort helfen könnte.« Ich schaute die Frau mitleidig an. Wie krass, dachte ich. Für mich war meine neugewonnenene Freiheit das Beste, was mir passieren konnte. Für sie war ihre Freiheit scheinbar ein Fluch. Ich nahm die 160 Euro aus meiner Tasche und drückte sie ihr in die Hand. »Nimm das Schwester«, sagte ich. »Und kauf dir davon ein Ticket!«

»Das kann ich unmöglich annehmen …«

»Doch, das kannst du. Alles Gute dir!«

Als sie aus dem Wagen stieg, atmete ich schwer durch. Dann schaute ich Rizgar an. »Lass uns nach Hause fahren, Bruder.«

Als wir in Porz einfuhren, bekam ich ein warmes Gefühl. Ich war wieder zu Hause. Endlich. Als Rizgar vor unserer Hochhaussiedlung parkte, sah ich eine kleine Menschenansammlung. »Was ist hier los?«, fragte ich ihn. Doch er grinste nur. Als wir näher kamen, erkannte ich, dass dort meine gesamte Familie stand. Als wir ausstiegen, kamen sie auf mich zugelaufen und umarmten mich. Meine Mutter küsste mich wieder und wieder. »Endlich habe ich meinen Sohn zurück«, weinte sie. Es war ein verdammt gutes Gefühl. In der Nacht fuhr ich mit Rizgar noch einmal durch die Stadt. Wir kauften uns einen Döner, eine Dose Cola und setzten uns an den Rhein. Ich starrte auf das Wasser. »Weißt du eigentlich, dass ich genau hiervon jeden einzelnen Tag geträumt habe?«, fragte ich ihn. Rizgar legte seine Hand auf meine Schulter. »Du hast dich verändert, Bruder«, sagte er.

»Ja, das hoffe ich …«, sagte ich nachdenklich. Als ich am nächsten Morgen aufwachte, brauchte ich ein paar Minuten, um mich zu orientieren. Es war so ungewohnt, nicht mehr in einer Zelle zu sitzen. Als meine Mutter in mein Zimmer kam, um mich zu fragen, ob ich frühstücken wollte, nickte ich. »Mama«, fragte ich, »darf ich auf die Toilette gehen?« Meine Mutter schaute mich überrascht an. Ich brauchte wieder ein paar Sekunden, um zu erkennen, wie absurd meine Frage eigentlich war. Ich hatte wohl einen Knastschaden. Ich war es so gewöhnt, dass ich nach allem fragen musste, dass ich es einfach nicht abstellen konnte. »Du darfst machen, was du willst, mein Sohn«, sagte meine Mutter.

Am nächsten Donnerstag war dann mein letzter Prozesstag. Die Anwälte hielten ihre Abschlussplädoyers. Der Staatsanwalt musste eingestehen, dass die meisten Vorwürfe, die gegen mich vorlagen, entkräftet wurden. Ursprünglich hatte er siebeneinhalb Jahre für mich vorgesehen. Er hielt mich für eine Gefahr für die Öffentlichkeit. Aber er korrigierte seine Strafmaßforderung. Er plädierte nun auf zwei Jahre und einen Monat. Mein Anwalt plädierte auf Freispruch. Wenn das Urteil über zwei Jahre ausfiel, musste ich in Haft. Blieb es unter zwei Jahren, konnte die Strafe auf Bewährung ausgesetzt werden.

»Du hast die allerbesten Chancen«, freute sich mein Anwalt. »Der Richter entscheidet sich immer für ein Strafmaß genau in der Mitte. Du wirst also nicht ins Gefängnis müssen.« Ich atmete tief durch. Wenigstens etwas Gutes passierte noch in meinem Leben.

Doch wieder sollte ich mich täuschen. Nach einer kurzen Bedenkzeit verkündete der Richter das Urteil. Er verurteilte mich zu drei Jahren und einem Monat Haft. Damit ging er sogar deutlich über die Forderung der Staatsanwaltschaft hinaus. Das war mehr als ungewöhnlich. Ich witterte eine riesige Verschwörung gegen mich. Sehr viel später fand ich heraus, dass wir einmal den Töchtern von irgendeinem Polizeichef in unserer Disco Hausverbot erteilt hatten, weil sie sich so daneben benommen hatten. Ich bildete mir ein, dass das seine Retourkutsche gewesen war. Auch wenn ich das natürlich niemals beweisen konnte.

Es spielte aber auch keine Rolle. Es war beschlossen. Wenigstens hatte ich halbwegs Glück. Da ich einen Großteil der Strafe schon in U-Haft abgesessen hatte, durfte ich in den offenen Vollzug. Das bedeutete, dass ich tagsüber raus durfte und nur im Gefängnis übernachten musste. Das war halbwegs entspannt. In dieser Zeit lernte ich zwei Jungs kennen: Kawa und Shamsedin. Ich erfuhr, dass die beiden an dem Goldraub von Xatar beteiligt gewesen waren. »Ach, was«, sagte ich. »Und wo ist Giwar?«

Sie erzählten mir, dass er in Remscheid einsaß, aber auch im offenen Vollzug war. Sie stellten mir einen Kontakt her. Und so kam es, dass wir uns das erste Mal trafen. Er war mir vom ersten Moment an sympathisch. Nicht nur, weil ich ihn für seine Geschichte respektierte, sondern auch, weil er eine ganz spezielle Aura hatte. Vor mir saß kein gewöhnlicher Gangster von der Straße. Giwar war jemand, der mehr wollte. Der größer dachte. Der Träume hatte, ohne bloß ein Träumer zu sein. Aber man merkte auch, dass der Folterknast im Irak und seine Haft in Deutschland ihn demütig gemacht hatten. So, wie mich meine Vergangenheit demütig gemacht hatte. Wir erkannten schnell, dass wir zwei Männer von einem Schlag waren.

»Selam«, meinte Xatar, nachdem wir einige Stunden miteinander gesprochen haben. »Ich habe dir von meinen Plänen erzählt. Und ich möchte, dass du ein Teil davon bist.«

»Was meinst du damit?«

»Ich habe große Dinge vor. Aber ich brauche jemanden, auf den ich mich verlassen kann, wenn es knallt. Ich will, dass du als mein älterer Bruder an meiner Seite bist.«

Ich schaute Giwar an. Vielleicht, dachte ich, war das genau die Chance, auf die ich gewartet hatte: ein ganz neues Leben zu beginnen. Ich hatte von diesem Rapbusiness überhaupt keine Ahnung. Aber Giwar hatte eine mächtige Vision. Und ich glaubte, dass er sie auch umsetzen könnte. Security konnte ich. Wieso nicht auch für einen Rapper? Wir gaben uns die Hand. Obwohl wir uns noch gar nicht richtig kannten, ließ ich mich drauf ein. Es war eine Entscheidung, die mein ganzes Leben verändern sollte. Giwar und ich trafen uns jeden Tag. Wir planten alles, was er machte. Ich begleitete ihn zu seinen Geschäftsterminen. Ich begleitete ihn ins Studio. Und ich begleitete ihn zu seinen Videodrehs. Aus unserer Zusammenarbeit wurde eine Freundschaft. Und aus dieser Freundschaft wurde eine Bruderschaft.

Eines Tages saßen wir gemeinsam in einem Cafe, als ein paar meiner Neffen angelaufen kamen. »Xalo, Xalo«, riefen sie nach mir und zeigten mir ihre Plastikpistolen. Giwar beobachtete die Szene ganz aufmerksam. »Wie haben sie dich genannt?«, fragte er. »Xalo«, sagte ich. Das war Kurdisch und bedeutete Onkel. In Giwars Kopf begann es zu arbeiten. »Das ist es«, sagte er. »Das ist dein Künstlername.«

»Was Künstlername?«, fragte ich ihn. »So was brauche ich nicht.«

»Doch, das brauchst du«, beharrte er. »Wir müssen dir endlich auch einen Instagram-Account machen. Du bist eine lebende Legende in Köln. Du musst Präsenz im Internet zeigen.« Ich hatte mit dem Internet nichts zu tun, aber Giwar war da Experte. Er wusste, wie man Leute vermarktet. »Wir machen dir einen Account«, sagte er. »Und wir nennen dich Xalo Selam!«

Ich wiegte den Kopf hin und her. »Ich weiß nicht«, sagte ich.

»Doch, doch. Du bist unser aller Onkel hier. Das passt perfekt. Und ich will, dass du in meinem neuen Videoclip mitmachst.«

Wieder wiegte ich meinen Kopf hin und her. Ich hatte noch nie in meinem Leben vor der Kamera gestanden.

»Komm schon«, sagte Giwar. »Das ist wichtig. Ich will, dass jeder sieht, dass wir Seite an Seite stehen. Das ist eine Botschaft, verstehst du, Xal?«

Ich nickte.

Und ich hatte Grund zur Freude: Als Giwar sein Video zu »Izzda« drehte, bekam der Song einen riesigen Hype. Auch sonst schien alles genauso wahr zu werden, wie Xatar sich das ausgerechnet hatte. Als wir beide offiziell aus dem Knast entlassen wurden, veröffentlichte er seine Lebensgeschichte, ein neues Album und brachte sein Label »Alles oder nix« wieder auf Vordermann. Alles, was er anfasste, wurde zu Gold. Ganz Deutschland sprach wieder über Xatar. Und ich war immer an seiner Seite.

Ich hatte jetzt zwei Jobs. Ich arbeitete mit Xatar und ich arbeitete mit Celal, dem Geschäftsmann, den ich bei seinen Reisen durch Deutschland begleiten sollte. Er nahm mich wieder zurück, direkt als ich aus dem Knast kam. Das wusste ich wirklich zu schätzen. Gemeinsam besuchten wir seine Spielhallen, in denen er abkassierte und nach dem Rechten schaute. Als wir eines Abends eine Spielhalle in Düsseldorf besuchten, sprach mich eine der Kellnerinnen an. »Hey, Selam«, sagte sie, »wir haben hier einen Typen, den solltest du dir mal genauer anschauen.«

»Wieso?«, fragte ich. »Was ist das Problem?«

Sie schaute sich einmal um, dann kam sie einen Schritt auf mich zu und flüsterte mir ins Ohr, dass sie sich sicher sei, dass er hier Drogen verkaufen würde. »Wer?«, fragte ich sie. Sie zeigte auf einen kleinen, dünnen Somalier. Der Typ war vielleicht 1,60 Meter groß und wog gefühlte 20 Kilo.

Ich atmete schwer durch und ging auf den Typen zu, der da gerade mit einem Kaffee vor einem der Spielautomaten saß. »Komm mal mit«, raunte ich ihm zu.

»Warum?«, fragte er, ohne aufzuschauen.

Warum? Der Kerl hatte Nerven. Ich baute mich vor ihm auf. »Du hast Hausverbot«, sagte ich, dann packte ich ihn am Kragen und trug ihn regelrecht vor die Tür. Er strampelte und schimpfte, aber das Fliegengewicht hatte überhaupt keine Chance. »Verpiss dich und komm nicht wieder«, sagte ich und ging wieder in den Laden. Ich unterhielt mich noch ein wenig mit der Kellnerin, die erneut bekräftigte, dass der Kerl jeden Gast anquatschte und versuchte, irgendwas zu verkaufen. »Ganz merkwürdiger Typ«, sagte sie und schüttelte den Kopf.

»Der wird keinen Ärger mehr machen«, beruhigte ich sie.

Aber ich hatte mich getäuscht. Kaum hatte ich die Worte ausgesprochen, kamen plötzlich drei Polizisten in den Laden. Sie schauten sich um und kamen dann direkt auf mich zu. »Können Sie sich ausweisen?«, fragte mich einer der Cops. Ich schaute überrascht zu der Kellnerin, dann zog ich meinen Ausweis hervor. »Was gibt es denn?«, fragte ich. Während einer der Beamten meine Personalien durchgab, musterte mich sein Kollege. »Jemand möchte Anzeige gegen Sie erstatten«, sagte er schroff. »Wegen Körperverletzung.«

Ich schüttelte den Kopf. Ich hatte keine Ahnung, wovon der Mann da sprach.

»Haben Sie eben einen Gast hier verprügelt?«

»Nein!«, stritt ich vehement ab. »Wieso sollte ich denn?«

Dann fiel mir der Somalier ein. »Ich habe einem Gast hier nur Hausverbot gegeben, weil es Beschwerden über ihn gab. Aber ich habe ihn nicht geschlagen«, sagte ich.

Der Polizist legte den Kopf schräg. Er schien mir zu glauben. »Wir müssen die Anzeige dennoch aufnehmen«, sagte er fast schon mitleidig.

»Kein Problem«, sagte ich. Ich war es ja mittlerweile gewohnt, Anzeigen zu kassieren. Und ich hatte auch mit Gerichtsprozessen eine gewisse Routine. Ich wusste, dass mir in diesem Fall nichts passieren könnte. Ich hatte den Typen nicht angepackt. Und ich hatte mehrere Zeugen dafür. Sollte der Spinner doch klagen.

Durch das gute Geld, was ich verdiente, baute ich mir noch einen dritten Geschäftszweig auf. Ich eröffnete eine Shisha-Bar. Das *Noon*. Direkt in der Kölner Innenstadt. Ein wunderschöner Laden, ganz nach meinen Vorstellungen, in dem ich jeden Tag mit meinen Jungs abhängen konnte.

Es war eine wilde Zeit. Doch die Probleme ließen uns nicht los. Und eines davon wuchs ganz unscheinbar heran. Während Giwar einen Erfolg nach dem anderen hatte, klebten jede Menge Rapper an ihm, die gerne mit ihm zusammenarbeiten wollten.

Eines Tages kam auch KC Rebell. KC war gerade ebenfalls auf dem Höhepunkt seines Erfolges und bei Banger Musik unter Vertrag, dem Label von Farid Bang. Doch KC war unzufrieden. Es sprach sich herum, dass er aus seinem Vertrag rauswollte und zu »Alles oder nix« wollte. Giwar lehnte das ab. Er hatte zwar schon seit vielen Jahren ein persönliches Problem mit zwei Hintermännern von Farids Label, aber er wollte keinen unnötigen Streit provozieren. KC hatte bei Farid einen gültigen Vertrag. Ihn da mit unsauberen Methoden rauszuholen, wäre link gewesen. Und Giwar war kein linker Mensch. Er war sogar fair genug, dass er Farid Bescheid gab, dass einer seiner Künstler ein doppeltes Spiel trieb.

Damit war die Sache eigentlich gegessen. Dachten wir. Doch KC nahm es persönlich. Immer wieder setzte er kleine Spitzen gegen Giwar und disste ihn. So wie ich Giwar kannte, hätte er das unter normalen

Umständen ignoriert. Aber die Umstände waren gerade nicht normal. Er arbeitete mit Haftbefehl gerade gemeinsam an einem Kollabo-Album. Und die beiden trieben es ziemlich wild. Ihre Rockstar-Ära war gerade angebrochen und sie jetteten von Party zu Party. Und zwischen diesen Partys gaben sie Interviews. In einem dieser Interviews tat Giwar etwas, was er normalerweise nicht machte. Er erzählte die Geschichte von KC öffentlich. Und beleidigte ihn als Pic, als Bastard. Die Hip-Hop-Medien griffen das Zitat dankbar auf und gossen noch mehr Benzin in das Feuer. Die Sache schaukelte sich immer mehr hoch.

Eines Abends saß ich mit meinem Cousin Hüsseyin im *Noon,* als ich einen Anruf bekam. »Hallo?«

»Selam, hast du gehört?«

»Was gehört?«

»Die haben Mahmoud gepackt.«

»Was? Wer?«

»Irgendwelche Banger-Fans. Die haben Mahmoud gepackt, einfach so, mitten in Köln.« Mahmoud war unser DJ. Anscheinend war er in Köln auf ein paar Leute getroffen, die das Gefühl hatten, sie müssten für ihre großen Stars in die Bresche springen. Es war zu einem kleinen Wortwechsel gekommen, die Situation war eskaliert und unschön geworden. Mahmoud hatte sich eine Klatsche gefangen. Ich lief rot an, als ich das hörte. Nicht nur, weil Mahmoud ein guter Freund von mir war, sondern auch, weil ich das als eine extreme Provokation empfand. Die kamen in unsere Stadt und griffen unsere Leute an. Was für eine Respektlosigkeit. Rapbeef hin, Rapbeef her. Das war Straßenpolitik. Und das konnte ich nicht auf mir sitzen lassen. »Wie viele waren das?«

»Drei, vier Jungs.«

»Wo sind die jetzt?«, fragte ich.

»Die sitzen im *China City* und …«

»Ich komme da hin«, sagte ich und legte auf. Ich war innerlich am Kochen. Es war verdammt lange her, dass man mich so provoziert hatte. Ich ging zu meinem Wagen, sah aber, dass sich auf den Straßen um diese Zeit alles staute. Scheiß drauf, dachte ich, und lief gemeinsam mit Hüsseyin zu Fuß ins *China City.* Nach einer Viertelstunde erreichte ich den Laden. Ich ging rein und bemerkte gleich einige der Männer an einem der hinteren Tische. Sie sahen genauso aus, wie man sie mir beschrieben hatte. Ich marschierte direkt auf sie zu. »Ihr Fotzen«, brüllte ich sie an. »Ihr feigen Pisser seid zu viert auf unseren Mann gegangen.«

Sie bekamen erst mal einen Schock und schauten sich unsicher an. Mit rotem Kopf stand ich vor ihnen. »Versucht das mal mit mir«, forderte ich sie heraus. Plötzlich wurde es ganz still im Restaurant. Mein Cousin legte mir seine Hand auf die Schulter. »Bruder«, flüsterte er, »mach ruhig …«

Ich drehte mich um und sah, wie ich von den anderen Gästen angestarrt wurde. Am Nebentisch saß eine Familie mit zwei Kindern. Ich atmete einmal tief durch und versuchte, wieder etwas runterzukommen. Dann stützte ich mich am Tisch ab, beugte mich nach vorne und flüsterte den Männern zu, dass sie rauskommen sollten. Dort würden wir das klären. Ich nahm beschwichtigend die Hände hoch und verließ den Laden. Die Gespräche wurden wieder aufgenommen und die angespannte Stimmung löste sich.

Vor dem *China City* tastete ich meine Jacke ab, fischte mir eine Zigarette aus der Packung und zündete sie mir an. Ich war immer noch wahnsinnig wütend.

»Die kommen nicht«, sagte mein Cousin.

»Die müssen kommen.«

Ich nahm einen tiefen Zug und inhalierte den Rauch. Ich spürte, wie mein Hand vor Wut zitterte. Ich würde diese Arschlöcher komplett zu Schrott schlagen. Doch mein Cousin hatte recht. Sie kamen nicht.

Nach ein paar Minuten zog er mich weg. »Ich wette, gleich laufen hier die Bullen auf«, sagte er. »Komm schon, wir sollten uns hier nicht so präsentieren.« Ich überlegte kurz hin und her. Dann stimmte ich zu.

Wir gingen in eine kleine Ecke, von der aus wir den Laden im Blick behalten konnten. Tatsächlich sahen wir, wie einige Minuten später ein Polizeiwagen vorfuhr. Wahrscheinlich hatten irgendwelche Gäste die Polizei gerufen, nach unserer kurzen Vorstellung. Gleichzeitig schlichen sich die vier aus dem Laden. Ich folgte ihnen unauffällig, um nicht der Polizei in die Arme zu laufen. Als wir außer Sichtweite der Bullen waren, rief ich ihnen hinterher. »Ey!«, brüllte ich. »Jungs, wir wollten hier noch was klären!« Als sie mich sahen, ergriffen sie die Flucht. So schnell ich konnte, rannte ich ihnen hinterher. Diese Feiglinge, dachte ich. Dann sprangen sie in ihren Wagen, der in der Nähe geparkt war, legten den Rückwärtsgang ein und fuhren weg. Ich lief noch hinterher und schlug auf den Wagen ein. So hart ich konnte. Ich demolierte ihre Karosserie mit meiner Faust, dann gaben sie Vollgas und fuhren mit quietschenden Reifen weg. Dabei verursachten sie beinahe einen größeren Unfall, weil sie über eine rote Ampel rasten. Ich blieb zurück und schrie ihnen hinterher. »Das werdet ihr bereuen!« Ich beschloss, dass wir ihnen eine Lektion erteilen würden. Ich zog mein Handy aus der Tasche und mobilisierte jeden Kanaken, den ich kannte.

Am Abend fuhren wir mit mehreren Wagen nach Düsseldorf, wo einer der Kerle seine Shishabar hatte. Wir wollten Präsenz zeigen. Wenn sie in unser Revier kamen, dann sollten sie sehen, dass auch wir kein Problem hatten, einen Ausflug in ihre Welt zu machen.

Und so ritten wir mit einer Horde von 200 durchtrainierten Kanaken bei ihnen in der Shishabar ein. Wieder ergriffen sie die Flucht. Einer sprang sogar aus dem Fenster. Aber wir hatten gar nicht vor, ihnen was zu tun. Wir wollten nur zeigen, wozu wir in der Lage waren.

Vielleicht wäre unser kleiner Besuch ja das Ende dieser Auseinandersetzung, dachte ich. Aber das Gegenteil war der Fall. Die Geschichte schaukelte sich immer weiter hoch. Während es im Hintergrund immer wieder solche kleinen Aktionen gegeneinander gab, bekam die Öffentlichkeit nur die gegenseitigen Spitzen von Xatar und KC Rebell mit, die sich in Interviews und Songs gegenseitig provozierten. Das wurde von irgendwelchen Hip-Hop-Medien schon als Krieg aufgefasst, aber niemand wusste, dass hinter der Fassade bereits ein Feuer ausgebrochen war, das immer weiter um sich griff.

Ein paar Wochen später bekam ich wieder einen Anruf. »Bruder«, sagte mir jemand, der auch gut mit dem Banger-Camp war, »ich will hier keine Fitna machen, aber hast du schon gehört? KC hat gestern ein Video gedreht.«

»Was für Video?«

»Er hat einen bösen Disstrack gegen Giwar geschrieben.«

Ich zuckte mit den Schultern. Meinetwegen, dachte ich. Ist halt Hip-Hop. Sollen sie das auf einem künstlerischen Level austragen, damit hatte ich nichts zu tun. Außerdem hatten wir damit schon gerechnet. Es gab seit Wochen Gerüchte, dass KC an einem Disstrack arbeitete.

»Ist mir doch egal«, sagte ich.

»Aber Bruder, du wirst da auch erwähnt.«

»Wie erwähnt?«

»Ja, Bruder, die erzählen so Sachen über dich ...«

»Was für Sachen?«

»Keine Ahnung, so ekelhafte halt.«

»Bist du dir da sicher?«

»Ich glaube schon ...«

Das gefiel mir gar nicht. Sollten die sich hin und her dissen, es war mir wirklich egal. Aber ich hatte keine Lust, dass ich da noch mehr mit reingezogen wurde. Was sollte das? Ich war kein Rapper. Ich konnte darauf nicht antworten. Ich konnte keinen Track machen. Alles, was ich hatte, war mein Ruf auf der Straße. Und wenn man den beschmutzte, musste ich darauf irgendwie reagieren. Junge! So ein Dreck! Um was man sich nicht alles kümmern musste. Ich legte auf und wählte die Nummer von Olesh. Ich wollte das mit ihm klären.

Ich kannte Olesh schon seit Ewigkeiten. Ich kannte ihn, seitdem ich nach Köln gezogen war. Er hing damals auch ständig im *Café Turan* ab. Er war für mich immer ein Freund gewesen. Mehr noch. Olesh war ein Bruder. Unser Kontakt war zwar schon seit einigen Jahren eingeschlafen, ich wusste aber, dass er mit KC unterwegs war und mit ihm zusammen die *Rebell Lounge* betrieb, eine beliebte Shishabar in der Stadt.

Es klingelte, aber Olesh ging nicht ran. »Amina koyim«, fluchte ich und schaute auf die Uhr. Es war Abend. Ich hatte heute keine Termine mehr. Was soll's, dachte ich, setzte mich in mein Auto und fuhr in die Weidengasse. Ich wollte das einfach klären, damit diese Scheiße hoffentlich bald ihr Ende fand.

Ich parkte meinen Wagen direkt vor dem Laden und ging rein. Es war voll. Brechend voll. Ich schaute mich um. Auf einer großen Leinwand liefen irgendwelche Musikvideos, im Hintergrund lief laute Rapmusik. Es lag der Geruch von Apfeltabak in der Luft. Auf den Lederbänken saßen junge Kanaken, die mich verstohlen anschauten, während sie an ihren Pfeifen zogen.

»Ey«, sprach ich eine der Kellnerinnen an, die mit einem Tablett voller Red-Bull-Dosen durch den Laden lief, »ist Olesh da?«

Die Kellnerin blieb kurz stehen und schüttelte den Kopf. Er sei vor einer Stunde gefahren und sie wüsste nicht, wann er zurückkommen würde. Ich schaute mich noch einmal um. In einer hinteren Ecke saß eine Gruppe von durchtrainierten Hayvans. Sie fingen an zu flüstern, behielten mich dabei aber im Blick. Ich begriff, dass ich hier wirklich auf feindlichem Territorium war. Von allen Seiten wurde ich schräg angeschaut. Aber mir ging es nicht darum, dass hier irgendwas eskalierte.

»Sag ihm, dass Selam da war«, bat ich die Kellnerin. »Er soll mich zurückrufen. Er hat meine Nummer.« Dann verließ ich den Laden wieder, stieg in mein Auto und fuhr wahllos umher.

Etwa eine Stunde später klingelte mein Handy. Ich schaute auf das Display. Es war Olesh. »Ja, hallo«, ging ich ran.

»Mit welchen Eiern wagst du es, zu mir in den Laden zu kommen?«, fragte er.

Ich hielt das Telefon weg von meinem Ohr. Merkwürdig. Warum war er so aggressiv? »Hallo?«, fragte ich. »Ich bin's. Selam.«

»Und ich habe dich gefragte, mit welchen Eiern du zu mir in den Laden kommst?«, brüllte er mich an.

Junge, was sollte diese Scheiße? Ich konnte das gar nicht haben, so blöd angemacht zu werden. Und das auch noch völlig ohne Grund. Ich war zu ihm gekommen, um die Sache zu klären.

»Junge«, sagte ich noch halbwegs ruhig, »ich habe genug Eier, um überall hinzugegen. Das solltest du wissen.«

»Ach ja?«, brüllte er jetzt noch aggressiver ins Telefon. »Dann lass uns doch treffen!« Olesh war so geladen, dass er sich gar nicht beruhigen wollte. Er behauptete, dass ich in der *Rebell Lounge* einen riesigen Aufstand gemacht hätte. Angeblich hätte ich rumgebrüllt und mich mit den Gästen angelegt. Aber das war Quatsch. Nichts davon war passiert. Ich versuchte, es ihm zu erklären, aber er hörte nicht zu. Wahrscheinlich hatten die Kanaken da irgendeine Fake-Story erzählt, um die Situation weiter anzuheizen. Richtig unnötig. Aber es funktionierte. Ich hörte laute Hintergrundgeräusche. Olesh hatte mich wohl auf Lautsprecher gestellt und wollte seine Leute beeindrucken.

»Lass uns in Deutz treffen«, schlug er vor.

»Warum?«, fragte ich. »Komm doch zu mir, wenn du dich traust. Du willst mich ficken? Niemand kann mich ficken!«

»Wallah, wir machen dich kaputt! Ich schwöre, ich werde dich heute Nacht töten, du Hurensohn!«

»Dann versuch das einmal! Bei Gott, du wirst es bereuen.« Ich spürte, wie mein Puls hochging. Ich wurde immer aggressiver. Ich steigerte mich immer weiter rein, aber ich konnte nicht anders. Dieser Kerl setzte etwas in mir frei, was ich eigentlich schon lange hatte begraben wollen. Es war, als würde er einen schlafenden Hund wecken. Und was beleidigte er ausgerechnet meine Mutter?

»Okay. Ich komme vorbei. Ich komme jetzt vorbei!«, brüllte Olesh in den Hörer.

»Ja, komm!«, schrie ich. Neben mir saß mein kleiner Bruder. Er schaute mich mit großen Augen an. Er verstand die Welt nicht mehr.

Ich legte auf und schmiss mein Handy auf den Tisch. »Dieser ehrenlose …«, fluchte ich. »Ich werde ihn ficken! Ich werde sein Leben auseinandernehmen!«

»Selam, beruhig dich«, versuchte mich mein kleiner Bruder wieder runterzubringen. »Was ist da gerade passiert?«

Ich schaute ihn an. Das war eine verdammt gute Frage. Ich hatte keine Ahnung, was da gerade passiert war. Aber diese ganze Geschichte fing plötzlich an, immer unschöner zu werden. Dann rief ich meinen Cousin Hüsseyin an, der mit seinem Kumpel Achmet noch dazukam. Gemeinsam fuhren wir zum *Noon*. Mein Freund Omran machte den Laden gerade dicht, nachdem die letzten Gäste gegangen waren.

»Wir kriegen vielleicht gleich Besuch«, sagte ich. Ich schaute auf die Uhr. Ich dimmte das Licht im Laden runter und stellte die Musik leise an. »Soll ich ein paar Leute anrufen?«, fragte mich Omran. Ich schüttelte den Kopf. »Auf keinen Fall, mit Olesh werde ich allein fertig«, sagte ich und lief meine Runden durch den Laden. Ich fühlte mich wie ein Tiger, den man in einem Käfig gefangen hielt. Der sollte kommen, ich würde ihm eine Lehre verpassen. Er kannte mich doch. Was wagte er es, so mit mir zu reden? Und das, nachdem ich in friedlicher Absicht gekommen war. Ich atmete schwer. Ich war geladen. Ich wartete darauf, dass etwas passierte. Aber es passierte nichts.

Um 1.30 Uhr fuhr ein Wagen vor. Ich stand auf und ging vor die Tür. Da saßen zwei Kanaken drin. Aber sie machten nichts. Sie beobachteten uns nur. Wahrscheinlich wollten sie auskundschaften, wie viele Leute wir waren. Sollten sie ruhig sehen, dass wir nur zu fünft waren. Irgendwann fuhr der Wagen weg.

Stunde um Stunde verging und niemand kam. Aber ich wurde nicht ruhiger. Im Gegenteil. Ich wurde nur noch wütender. Also hatte er doch keine Eier, dachte ich. Große Fresse am Telefon haben, aber nicht die Courage, seinen Worten auch Taten folgen zu lassen. Ich steigerte mich in meine Wut richtig rein.

»Selam, lass uns gehen«, sagte Rizgar irgendwann. »Es ist halb vier Uhr morgens.«

Ich schüttelte den Kopf. Auf keinen Fall. Ich konnte nicht weg. Wenn Olesh jetzt kommen würde und ich nicht hier wäre, würde er mich für eine Fotze halten. Das war völlig undenkbar. Ich würde die gesamte Nacht vor diesem Laden Wache halten. Komme, was wolle. Die anderen blieben bei mir. Wir saßen vor der Tür und sprachen nicht miteinander. Wir warteten einfach nur. Es war eine unerträgliche Situation.

Dann plötzlich passierte etwas. Ein Wagen fuhr vor. Die Scheinwerfer blendeten mich für einen kurzen Moment. Das musste er sein. Ich schaute raus und sah, wie Olesh aus dem Wagen stiegen. Er hatte ein Messer in der Hand. Ich ging in den Laden, hinter die Theke, zog eine Axt hervor und stürmte raus. Ich lief direkt auf Olesh zu und schmiss meine Axt nach ihm. Sie verfehlte ihn. Olesh war wie unter Schock. Er stand einfach nur da und starrte mich an. Ich schlug ihm das Messer aus der Hand und brüllte ihn an. »Zu wem sagst du Hurensohn?«, schrie ich.

Olesh wich zurück. Plötzlich sah ich, dass an den Seiten noch weitere Autos geparkt hatten, aus denen irgendwelche Kanaken kamen. Das waren bestimmt 15 Mann. Sie kamen von der linken Seite breitbeinig auf mich zu. Ich hob die Axt vom Boden auf und machte das Einzige, das mir in diesem Moment sinnvoll erschein: Das, was sie nicht erwarteten. Ich rannte auf sie zu. Die ersten blieben stehen und wussten nicht, wie sie darauf reagieren sollten. Dann sah ich, wie einer von den Kerlen eine Waffe zog und feuerte. Zweimal. Dreimal. Adrenalin pumpte durch meinen Körper. Ich war völlig außer mir. Ich konnte nicht mehr klar denken. Es war, als würde der Autopilot übernehmen. Ich lief schneller und schneller. Wie ein Berserker rannte ich brüllend auf die Jungs zu. Dabei riss ich meine Augen auf und schrie, so laut ich konnte. Und es zeigte Wirkung. Die Männer ergriffen die Flucht. Ich lief mit meiner Axt im Alleingang einer Horde von 15 flüchtenden Kanaken hinterher und verjagte sie. Dann kam eine neue Gruppe. Dieses Mal von der rechten Seite. Auch auf sie rannte ich zu. Ich spürte, wie mich dieser Virus wieder infizierte. Ich war richtig im Blutrausch. In den umliegenden Häusern gingen die ersten Lichter an. Es war kurz vor vier, mitten in der Nacht.

Als ich merkte, dass die Kerle weg waren, ging ich zurück. Rizgar und die anderen hatten sich derweil Olesh vorgeknöpft. Es gab eine Rangelei und Rizgar stach mit einem Messer auf ihn ein. Ich lief mit meiner Axt auf Olesh los. Ich war so in meinem Rausch, dass ich ihm eine Hand abhacken wollte. Mein kleiner Bruder hielt mich auf. »Hör auf!«, schrie er. »Der hat schon genug! Wir müssen weg. Und zwar schnell!« Ich hielt inne.

Humpelnd floh Olesh zurück in seinen Wagen, schmiss die Tür zu und fuhr, so schnell er konnte, weg. Ich atmete schwer. Die letzten verbliebenen Kanaken liefen rückwärts. Ich schaute meinen kleinen Bruder an. »Wild«, sagte ich. Er hatte recht. Es würde nicht lange dauern und alles hier würde voll mit Bullen sein. Wir verschwanden. Unterwegs rief ich Giwar an und erklärte ihm, was alles passiert war. Er kam sofort zu uns und brachte mich fürs erste zu meiner Tante, wo ich ein paar Tage abtauchen sollte. Dann brachte er Hüsseyin nach Frankfurt zu einem befreundeten Rapper. Zu Haftbefehl. Rizgar ging einfach nach Hause. Und Omran wurde am nächsten Tag verhaftet.

Wir entschieden uns, für die nächsten Tage erst einmal unterzutauchen.

Als ich am nächsten Tag irgendwann gegen Mittag aufwachte, schaltete ich den Fernseher ein. Die Schießerei lief bei RTL rauf und runter. In allen Zeitungen wurde ebenfalls berichtet. Aber nur Rizgar und ich waren auf den Fotos abgebildet. Eine Boulevardzeitung titelte: »Die Brutalo-Brüder haben zugeschlagen«. Scheiße, dachte ich und schaltete mein Handy ein. Ich hatte 200 Anrufe in Abwesenheit und etwa das doppelte an ungelesenen Nachrichten. Ich ging sie alle durch, um mir einen ungefähren Überblick zu verschaffen. Anscheinend war Olesh von der Polizei angehalten und verhört worden. Und er hatte ausgesagt, Rizgar, mein Cousin und ich hätten versucht, ihn zu töten. Das sorgte dafür, dass die Polizei mit Hochdruck nach uns fahndete. Der Kerl hatte auch angegeben, dass Giwar beteiligt gewesen war. Das war natürlich Schwachsinn. Giwar war nicht einmal in der Nähe gewesen. Doch jetzt wurde auch er mit einem Haftbefehl gesucht. Wir beschlossen, dass wir erst einmal die Füße still hielten, mit unseren Anwälten sprachen und uns dann gemeinsam auf dem Polizeirevier stellen wollten, um die Situation aufzuklären.

Und so machten wir es. Nach seiner Aussage wurde Giwar sofort freigelassen. Er konnte beweisen, dass er nichts mit der Tat zu tun hatte. Mein Bruder und ich wurden verhaftet. Ich kam nach Ossendorf. Mal wieder. Als ich in die JVA geführt wurde, traf ich Herrn Schoslowski wieder, der nur den Kopf schüttelte. »Was hast du dieses Mal angestellt?«, fragte er. Nun ja, dieses Mal war ich gefühlt schuldiger als beim letzten Mal. »Dein Bruder ist übrigens auch hier«, sagte er. »Wir haben ihn in die 104 gebracht. In deine alte Zelle.« »Ja, schön«, sagte ich. »Kümmert euch um ihn, okay? Der war noch nie im Knast. Und der gehört hier auch nicht rein.« Am nächsten Tag wurde ich nach Aachen verlegt. Die Staatsanwaltschaft wollte nicht, dass ich mit meinem Bruder zusammen untergebracht war.

Olesh hatte in der Zwischenzeit nämlich noch eine weitere Aussage gemacht. Er hätte auch Angst um sein Leben, weil ich Killer auf ihn hetzen würde. Ich lachte: »Wenn ich etwas möchte, kann ich das auch aus dem Knast machen. Was sollen die Filme?« Junge, was war nur falsch mit ihm?

Nach zehn Tagen wurde ich der Haftrichterin vorgeführt. Ich musste sie unbedingt überzeugen, dass sie mich wieder rausließ. Ich wollte auf keinen Fall im Knast bleiben. Ich würde das nicht mehr aushalten, dachte ich. »Geben Sie mir ein Grund, dass ich sie rauslasse«, sagte sie streng und musterte mich. »Was hindert sie daran, dass sie den Geschädigten noch einmal angreifen?« Ich winkte ab. »Warum sollte ich?«, fragte ich. »Der Junge hat mich angegriffen. Ich habe mich verteidigt. Die Sache ist vorbei.« Die Richterin zog ihre Augenbraue hoch. Meine Argumentation schien sie nicht sonderlich zu überzeugen. Dann hatte ich eine Idee. »Wenn sie Angst haben, dass ich Olesh etwas antue, dann ziehe ich weg. Ich gehe raus aus Köln. Für ein Jahr.«

»Und wo wollen sie hin?«, fragte mich die Richterin.

»Ich gehe nach Krefeld. Zu meiner Schwester. Und ich melde mich jeden Tag bei der Polizei vor Ort, wenn es nötig ist. Nur ich flehe sie an, bitte schicken sie mich nicht mehr in den Knast.« Die Richterin dachte nach. Und ließ sich auf mein Angebot ein. Ich musste 50 000 Euro Kaution bezahlen. Und bekam ein Jahr Köln-Verbot.

Und so ging ich nach Krefeld zu meiner Schwester Laila. Vielleicht musste das so kommen, dachte ich. Vielleicht musste es noch einmal eskalieren, damit wieder Ruhe einkehrte. So wie es damals auf irgendeine Weise gut gewesen war, dass ich in den Knast gekommen war und dort meine Ruhe gefunden hatte. Mit der Ruhe hielt es anschließend zwar nicht so lange, wie ich es mir erhofft hatte, doch in Krefeld langweilte ich mich zu Tode.

In all dieser turbulenten Zeit war jedoch noch etwas ganz anderes passiert. Meine Familie hatte mich mit einer Frau zusammengebracht. Mit Tata. Wir waren regelrecht verkuppelt worden. Und während der ganzen Probleme war Tata mir eine große Stütze. Auch wenn es immer wieder Streit zwischen uns gab und wir eigentlich früh merkten, dass wir nicht so richtig zusammenpassten, beugten wir uns dem Wunsch unserer Familien und heirateten.

Ein paar Monate später beschloss ich, mit meiner Frau in den Urlaub zu fliegen. Ich buchte uns ein schönes Hotel in der Türkei. Nach dem ganzen Stress musste ich einfach mal wieder den Kopf freibekommen. Ich hatte schon seit Ewigkeiten keinen Urlaub mehr gehabt und wollte einfach nur am Strand liegen, schlafen und keine Anrufe mehr bekommen.

Als mein Flieger in Antalya landete, stieg ich langsam die Gangway runter. Auf dem Rollfeld atmete ich einmal tief durch. Die Sonne brannte auf meiner Haut. Ich spürte regelrecht, wie der Stress der vergangenen Monate von mir abfiel. Es war das erste Mal seit langer Zeit, dass ich mich einfach nur freute, nichts zu tun zu haben. Gar nichts.

Mein Anwalt machte mir Hoffnung, dass ich wegen der Schießerei im *Noon* nichts Schlimmeres zu befürchten hatte. Immerhin waren die Aggressionen nicht von uns ausgegangen. Wir hatten uns nur gewehrt. Schließlich war auf uns geschossen worden. Doch ich wollte auch diese Gedanken hinter mir lassen, nahm ich mir vor, während ich am Zoll meine Papiere zeigte. Der Grenzbeamte gab meine Daten in einen Computer ein. Dann zögerte er kurz. Schaute mich an. Schaute wieder auf den Pass.

»Gibt es ein Problem?«, fragte ich.

»Nein«, sagte er und ließ uns passieren.

Tata und ich hatten ein Zimmer in einem wunderschönen Hotel mit einem riesigen Pool gebucht. Nach den ganzen Monaten der permanenten Anspannung genossen wir es, einfach gar nichts zu machen. Doch die Ruhe fand bald ein Ende. Als ich nach unserer ersten Woche Urlaub vom Pool in unser Hotelzimmer zurückging, standen plötzlich zehn Männer vor meiner Tür. Alles Polizisten. Sieben in Uniform, drei in zivil.

»Guten Abend«, begrüßte ich sie und rubbelte mir mit meinem Handtuch den Kopf ab.

»Selam Ali?«, fragten sie in scharfem Ton.

Ich nickte. »Ja, was gibt es denn?«

»Das ist ihr Zimmer?«

»Ja …«

»Sofort öffnen!«

Ich verstand überhaupt nicht, was los war. Ich hielt meine Karte gegen das Türschloss, aber sie funktionierte nicht richtig. Die Tür blieb geschlossen. »Wollen Sie uns verarschen?«, brüllte mich einer der Polizisten an.

»Nein!«, sagte ich. »Was wollen Sie eigentlich von mir?« Es war eine komplett absurde Situation.

Die Bullen begleiteten mich runter zur Rezeption, wo ich eine neue Zimmerkarte bekam, dann fuhren wir wieder hoch in den achten Stock und konnten endlich mein Zimmer betreten. Die Beamten wiesen mich an, mich auf einen Stuhl zu setzen. »Wo ist dein Kurdistan-T-Shirt?«, wollten sie wissen.

»Hä?«

»Dein Kurdistan-T-Shirt!«

Ich hatte kein Kurdistan-Shirt. Diese Leute mussten mich verwechseln. Als sie nicht bekamen, was sie wollten, wurde die Gangart plötzlich deutlich härter. Sie fingen an, das gesamte Zimmer komplett auseinanderzunehmen.

»Was soll das denn?«, beklagte ich mich, bekam dafür aber gleich einen Schlagstock in die Rippen. Ich keuchte.

Nachdem sie nicht das gefunden hatten, was sie suchten, legten sie mir Handschellen an und brachten mich auf das Revier, wo ich in eine Zelle gesteckt wurde. Ich verstand die Welt nicht mehr. Zitternd saß ich im Polizeigewahrsam. Ich trug immer noch bloß eine Badehose. Meine Frau wurde verständigt, aber sie konnte nichts tun. Ich hoffte, dass sie einfach nach Hause fliegen würde.

Am nächsten Tag wurde ich dem Untersuchungsrichter vorgeführt. Jetzt endlich, sagte man mir, was man mir vorwarf. Angeblich sollte ich Mitglied einer terroristischen Organisation sein. »Ich bin bei gar nichts Mitglied«, antwortete ich. »Ich bin Kurde. Aber kein Terrorist!« Ich fragte den Richter, wie er auf so eine absurde Aussage kommen würde. »Wir haben eine E-Mail bekommen, in der man uns vor Ihnen gewarnt hat.«

Aha. Eine E-Mail. Und deshalb wurde ich jetzt verhaftet. »Und von wem war diese Mail?«, wollte ich wissen.

»Anonym«, gab der Richter zurück.

Ich konnte es nicht fassen. Irgendwer wollte mich ficken. Und es gelang ihm offenbar auch! Was für eine Scheiße war das hier? Als der Richter erkannte, dass der Vorwurf nicht zu halten war, stufte er die Anklage herunter. Jetzt war ich verdächtigt, »Terrorpropaganda« gemacht zu haben. Mit einem Kurdistan-Shirt, das ich gar nicht besaß. Es wäre zum Lachen gewesen, wenn diese Männer das nicht todernst gemeint hätten.

Schließlich wurde ich in einen Gefängniskomplex gebracht. Doch es war kein normales Gefängnis, so wie ich es kannte. »Was ist das hier?«, fragte ich die Wärter, als sie mich zu einem großen Gebäude brachten.

»Spezialknast«, sagte einer der Wärter, ein dicker Mann, der einen absurd langen Schnurrbart trug. »Woher kommst du?«, wollte er von mir wissen.

»Almanya.«

»In welches Gebäude willst du?«, fragte er mich.

Ich schaute mir die Häuser an, die vor mir lagen. Sie sahen alle gleich aus. »Was ist der Unterschied?«

Der Dicke zeigte auf eines der Häuser. »Dort sind die Zuhälter.« Er zeigte auf das nächste Haus. »Dort die Fetös.« Fetös waren Anhänger der Gülen-Bewegung, die in der Türkei mittlerweile als Staatsfeinde betrachtet wurden. »Und das Haus hier ist für Terroristen.«

»Was für Terroristen?«, fragte ich.

»Kurden«, grinste er.

Ich zuckte mit den Schultern. Bei den Zuhältern und Fetos hatte ich nichts verloren. Ich entschied mich für das Terroristenhaus. Da waren wenigstens Menschen drin, die meine Sprache kannten.

Der Wärter öffnete meine Handschellen, schloss die Tür auf und gab mir ein Zeichen, dass ich in das Haus gehen sollte. Es war 0.30 Uhr. Mitten in der Nacht. Na ja, dachte ich, wenigstens keine Zelle. Aber ich hatte mich zu früh gefreut. Ich schaute mich um. Unten befanden sich zwei kleine Badezimmer, eine Küche und eine Art Aufenthaltsraum. Überall saßen Männer und starrten mich an. Was zur Hölle war das hier? Es lag ein penetranter Schweißgeruch in der Luft. Ich ging die Treppe hoch. Im zweiten Stock befanden sich ein paar Zimmer. Die Zimmer waren nicht eingerichtet. Sie waren komplett leer. Auf dem Boden lagen Männer, die schliefen. Ich zählte durch. Insgesamt waren hier rund 41 Kerle untergebracht. Was war das? Eine Knast-WG oder was?

Irgendwann kam ein Älterer zu mir und nahm mich beiseite. Er sprach mich direkt auf Kurdisch an.

»Woher weißt du, dass ich Kurde bin?«, fragte ich ihn erstaunt.

Er lächelte. »Wir sind alle Kurden«, sagte er. Dann erklärte er mir, wo ich hier gelandet war. Statt in einer Zelle hielt man uns hier in diesem Haus fest. Wir konnten schlafen, wo wir wollten. Ich solle mir einfach aus dem Schrank eine Decke nehmen und mich hinlegen, wo Platz war. »Einmal am Tag kommen die Wärter und stellen uns einen Eimer mit Kartoffeln, Reis und Fleisch in das Haus. Das bereiten wir dann zu. Jeden Tag haben zwei andere von uns Küchendienst.«

Dann schaute mich der Alte streng an. »Wir sitzen hier alle im selben Boot, wir wollen keinen Ärger hier.«

»Alles gut, abi«, sagte ich respektvoll. Ich hatte nicht vor, irgendwem Ärger zu machen. Dennoch musste ich mit der Situation erst einmal klarkommen. Ich war Zellen mittlerweile gewohnt. Aber das hier? Ich streifte durch das Haus und setzte mich irgendwann in dem großen Gemeinschaftsraum in eine Ecke. Neben mir saß ein dürrer Typ, er war vielleicht Mitte 50. Er lehnte sich an die Wand und hatte seinen Kopf in den Nacken gelegt. Er nickte mir zu. Ich nickte zurück.

»Du bist neu hier …«, stellte der Mann fest.

Ich nickte.

»Ich bin Aras«, sagte er.

»Selam.« Wir gaben uns die Hand.

»Selam, darf ich dich etwas fragen?«

»Frag, Bruder …«

»Was ist das mit diesem iPhone?«

Ich schaute Aras an. »Was meinst du?«, fragte ich ihn.

»Bruder, ich bin seit 36 Jahren in diesem Haus. Immer wieder kommen neue Leute hier rein und erzählen mir was von iPhone hier, iPhone da, aber ich verstehe nicht, was das sein soll.«

Seit 36 Jahren. Ich schluckte. Das war eine verdammt lange Zeit. Ich versuchte, ihm zu erklären, dass ein iPhone so eine Art Computer und Telefon für die Hosentasche war. »Du kannst E-Mails schreiben, chatten, aber auch telefonieren«, sagte ich.

»Was sind E-Mails?«, fragte er.

»Bruder … du bist definitiv zu lange hier drin.«

Er lächelte müde. »Die Welt hat sich ganz schön verändert da draußen, oder?«

»Schätze schon …« Ich fasste mir an den Kopf. Wo war ich hier nur gelandet?

Nach den ersten 24 Stunden hatte ich mich halbwegs eingelebt. Ich verstand die Regeln, die hier herrschten. Im Gegensatz zu anderen Gefängnissen ging es in dieser Kaserne hier beinahe brüderlich zu. Alle Gefangenen waren Kurden. Und alle hatten ein Auge aufeinander. Wenn jemand etwas brauchte, wurde für ihn gesorgt. Wenn jemand krank war, gaben die anderen ihm von ihrem Essen ab. Solidarität war hier ein großes Wort. Immer wieder kamen die Wärter und riefen einen Namen. Die Person wurde dann zu einem Verhör mitgenommen. Manchmal kam sie nicht mehr zurück. Nach vier Tagen wurde zum ersten Mal mein Name gerufen. Ich hatte Besuch von meinem Anwalt. Ich dankte Gott. Ich hatte schon befürchtet, dass man mich in diesem Loch einfach vergessen hatte.

»Warum bin ich hier?«, fragte ich meinen Anwalt.

Er schaute mich mitleidig an. »Dir wird vorgeworfen, Mitglied in einer terroristischen Organisation zu sein.«

»Aber das bin ich nicht!«

»Die Anklage ist leider sehr unkonkret«, bedauerte er. Das konnte doch nicht wahr sein. Die konnten mich doch nicht einfach festnehmen und in den Knast stecken, ohne dass ich wusste, warum.

»In Sachen Terrorismus ist man mittlerweile sehr rigoros hierzulande …«

Ich konnte es einfach nicht fassen. »Wie lange muss ich hier drin sein?«

Auch darauf wusste mein Anwalt keine Antwort. Er erklärte mir, dass es ein ordentliches Gerichtsverfahren geben würde, aber wann, das war nicht klar. »Wir tun alles, um den Vorgang zu beschleunigen«, versprach er mir. Dann erklärte er mir, was es mit dieser Baracke auf sich hatte, in der ich lebte. »Das ist ein ›Typ-L-Gefängnis‹«, sagte er. »Eine Hochsicherheitsanstalt, extra gebaut zur Unterbringung von Angehörigen militanter Organisationen. Mittlerweile sind diese Dinger sehr umstritten.«

Ach? Was für ein Wunder, dachte ich. Und trotzdem steckte man mich hier rein. »Ich bin kein Terrorist«, versicherte ich meinem Anwalt noch einmal. »Ich habe mit Politik gar nichts zu tun.« Maximal mit Straßenpolitik. Aber das dürfte kein Grund sein, mich in diesem Loch verrecken zu lassen.

Bevor wir uns verabschiedeten, zog mein Anwalt noch ein Tüte hervor und gab mir ein paar frische Klamotten. »Die wirst du vielleicht gebrauchen können.« Oh ja, die konnte ich wirklich gebrauchen! Ich trug seit Tagen dieselben Sachen.

Ich wurde zurück in meine Knast-WG gebracht. Am Abend setzte sich Maslum zu mir. Maslum war einer der Jüngsten. Er war gerade einmal 25 Jahre alt.

»Was hast du eigentlich angestellt?«, fragte ich ihn.

Er schaute traurig auf den Boden. »Ich habe eine Bombe gebastelt.«

Ich schüttelte den Kopf. »Junge«, sagte ich, »was machst du für Sachen?«

»Ich war in den falschen Kreisen unterwegs«, sagte er reumütig. »Ich war 16 Jahre alt und habe mir etwas einflüstern lassen.«

»Hast du die Bombe gezündet? Hast du einen Anschlag gemacht?«, fragte ich.

Der Junge schüttelte vehement den Kopf. »Nein«, beschwor er. »Das hätte ich niemals gemacht. Ich hätte niemals jemanden verletzt. Ich wollte nur den Sprengstoff ausprobieren. Ich habe die Bombe gebaut und sie nachts am Strand gezündet. Niemand wurde verletzt. Niemand war da.« Er zögerte. Dann korrigierte er sich. »Na ja, fast niemand. Die Polizei hat mich noch am selben Abend verhaftet.« Dann schüttelte er den Kopf. Er wollte nicht mehr darüber nachdenken. »Erzähl mir etwas über Deutschland«, bat er mich. Er war ziemlich interessiert an dem Land. Keine Ahnung, wieso.

»Was willst du wissen, Junge?«

»Wie sind die Frauen in Deutschland?«

Ich lachte. »Ich glaube, sie sind genauso wie überall anders auch.«

»Hast du eine Frau?«, fragte er mich. Ich nickte.

»Oh«, sagte Maslum und lächelte vor sich hin.

»Und du?«, fragte ich zurück. »Hast du draußen eine Freundin?«

Er schüttelte den Kopf.

»Noch nie eine gehabt?«

Wieder schüttelte er den Kopf.

»Verarsch mich nicht, Kleiner. Du bist doch ein hübscher Junge!«

Er kicherte. »Nee, ich hatte noch keine Freundin«, sagte er.

»Aber du hast schon einmal ein Mädchen geküsst, oder?«

»Nein ...«

»Händchen gehalten?«

»Auch nicht.«

Ich strich dem Jungen über den Kopf. »Keine Sorge«, sagte ich, um ihn etwas aufzubauen, »das kommt schon noch.« Er zuckte mit den Achseln.

»Wie lange musst du noch hier drinbleiben?«

»72 Jahre«, antwortete er mir, ohne mich anzuschauen.

Ich musste schlucken. Was für ein Schicksal.

Ich gewöhnte mich ungewöhnlich schnell an meine neue Heimat. Ich begann, mich halbwegs fit zu halten, und machte Liegestütze und Schattenboxen. Irgendwann baten mich die Jüngeren, ihnen ein bisschen was zu zeigen. Ich erklärte ihnen ein paar Schlagkombinationen, als plötzlich die Türen aufgingen und die Wärter nach mir riefen. Ich folgte ihnen und wurde zum Gefängnisdirektor gebracht. Er saß in einem großen Büro. Vor ihm stand ein Computer. Er gab mir ein Zeichen, dass ich mich ihm gegenüber setzen sollte. »Wie geht es Ihnen?«, fragte er mich förmlich. »Haben Sie sich gut eingelebt?«

Ich nickte. Mir war nicht so nach Small Talk. Ich hoffte, dass er irgendwelche Neuigkeiten für mich hatte. Dass der Prozess nun endlich beginnen würde. Aber darum ging es hier gar nicht. Der Direktor schob den Bildschirm von seinem Computer zu mir. Ich sah unser Haus. Es gab wohl mehrere Überwachungskameras, die ich bisher gar nicht gesehen hatte. »Du trainierst die anderen Gefangenen!«, stellte der Gefängnisdirektor fest. Ich schüttelte den Kopf. »Ich mache nur ein bisschen Sport.«

»Ab heute nicht mehr«, sagte er. »Jede Form von Sport ist dir verboten. Widersetzt du dich, kommst du in Einzelhaft.« Dann wurde ich unsanft aus meinem Stuhl gerissen und wieder zurück in das Haus gebracht.

Drei Monate dauerte es, bis ich endlich einen Gerichtstermin bekam. In der Nacht vor meinem Termin machte ich kein Auge zu. Ich hatte mittlerweile Panik vor Gerichten. Ich erinnerte mich noch ziemlich genau daran, wie mein Prozess in Köln ausgegangen war. Und das war Deutschland gewesen. In der Türkei war das alles noch einmal eine Nummer härter. Ich wusste, dass ich nichts gemacht hatte. Dass ich unschuldig war. Aber recht zu haben und recht zu bekommen, waren zwei unterschiedliche Paar Schuhe. Besonders hier.

Ich betrat mit meinem Anwalt Turan einen kleinen Gerichtssaal. Etwas erhoben vor uns saß ein Richter in einer schwarzen Robe. Er war ein älterer Herr mit grauen Haaren. Er nahm meine Akte, öffnete sie und las sich alles durch. Das dauerte ein paar Minuten. Ich hatte das Gefühl, dass er mit meinem Fall überhaupt nicht vertraut war. »Erzähl mir, wer du bist«, forderte mich der Richter auf.

Ich erhob mich und nannte ihm meinen Namen. Dann erzählte ich ihm in meinem brüchigen Türkisch, wer ich war. Dass ich in Deutschland eine Security-Firma und eine Shishabar besaß. Dass ich ein Geschäftsmann war.

»Dir wird vorgeworfen, dass du Terrorpropaganda machst.«

»Ich bin Kurde. Aber ich habe mit Politik nichts am Hut«, sagte ich aufrichtig.

»Bist du Mitglied bei der PKK?«

»Nein«, antwortete ich wahrheitsgemäß. Die PKK, die Arbeiterpartei Kurdistans, war eine kurdische Untergrundorganisation, die ich zwar natürlich kannte, der ich aber nie angehört hatte.

»Aber man hat dich gesehen, wie du auf einem kurdischen Fest warst.«

Ich dachte nach. Er musste Newroz meinen, das kurdische Neujahresfest. Das wurde jedes Jahr in Köln groß gefeiert. Aber woher wusste der Richter das? Wer hatte ihm diese Informationen gegeben? Es musste jemand aus Deutschland gewesen sein. Jemand, der mir nahestand.

Ich schüttelte den Gedanken wieder ab. »Wenn Sie Newroz meinen, das ist richtig. Das ist das kurdische Neujahresfest, das jeder Kurde feiert. In Köln wird es auf den Straßen gefeiert. Es kommen Deutsche, Türken, Kurden und Asiaten. Es ist ein Straßenfest. Mit Musik. Mit gutem Essen. Das ist nichts Politisches.«

»Euer Ehren«, ging mein Anwalt schließlich dazwischen, »was genau wird meinem Mandanten eigentlich vorgeworfen?«

»Terrorpropaganda.«

Gut, das hatten wir schon einmal gehört. »Aber welche Belege haben Sie dafür?«

Der Richter schaute in die Akten, blätterte ein wenig zwischen den Papieren hin und her. Dann schaute er auf. Schaute erst mich, dann meinen Anwalt an. »Wir haben einen anonymen Hinweis bekommen«, sagte der Richter und ich meinte, in seinem Gesicht lesen zu können, dass ihn das genauso empörte wie mich.

»Und wir haben auf seinem Handy ein Öcalan-Foto gefunden.« Abdullah Öcalan war der Chef der PKK, aber ich hatte ganz sicher kein Foto von ihm auf meinem Handy. Das war einfach Unsinn. Ich wiedersprach. »Das ist eine Lüge«, sagte ich.

»Können Sie uns das zeigen?«, fragte Turan. Der Staatsanwalt kramte in seinen Akten und zog dann ein pixeliges Bild hervor, dass er massiv vergrößert hatte. Es zeigte tatsächlich Öcalan. Und das Foto kam mir auch bekannt vor. Ich dachte einen Moment nach. Dann fiel es mir wieder ein, wo ich es schon einmal gesehen hatte. Ein Bekannter von mir nutzte es als Profilfoto in WhatsApp. Ich klärte den Richter auf. »Dafür kann ich doch nichts. Und wenn Sie sich anschauen, was ich mit der Person geschrieben habe, werden Sie sehen, dass das nichts, wirklich gar nichts mit Politik zu tun hatte. Weil ich nichts mit Politik zu tun habe.«

Ich wurde angeklagt und in ein Gefängnis gesteckt, nur weil irgendwer mich anonym angeschwärzt hatte. Ohne einen einzigen Beleg. Weil ich mit jemandem geschrieben hatte, der ein Öcalan-Profilbild hatte. Das war ein schlechter Witz. Aber anscheinend funktionierte das in der Türkei. Im Land war man so sensibel im Kampf gegen den Terror, dass die kleinste Anschuldigung schon reichte, um jemanden festzunehmen. Mit Rechtstaatlichkeit hatte das wenig zu tun.

»Hören Sie mal«, sagte ich schließlich und schaute den Richter an. »Wenn Sie mich bestrafen wollen, weil ich Kurde bin, dann bestrafen Sie auch Allah. Denn er hat mich zum Kurden gemacht!«

Dann wurde noch ein Zeuge aufgerufen, der meinen Leumund bestätigen sollte. Ich dachte, ich träume, als ich sah, wie Kenan den Raum betrat. Kenan war einer der ersten Menschen, die ich kennengelernt hatte, als ich nach Köln gezogen war. Er war so etwas wie mein ältester Kindheitsfreund. Ein loyaler Bruder. Kenan war Türke und als er gehört hatte, dass ich in der Türkei festgenommen worden war, hatte er alle Hebel in Bewegung gesetzt, um mir zu helfen. Er hatte mir auch meinen Anwalt besorgt, wie ich erst jetzt erfuhr. Und er war extra aus Deutschland angereist, um für mich auszusagen. Er bezeugte, dass er mich seit meiner Kindheit kannte und ich nie etwas mit Terrorismus zu tun hatte.

»Mein Sohn«, fragte mich der Richter, schließlich, nachdem auch er begriffen haben musste, wie lächerlich das hier alles war, »was willst du haben?«

»Beraat!«, sagte ich klar und ohne zu zögern. Freispruch!

Der Richter nickte und schlug dreimal mit seinem Hammer auf den Pult.

»Freispruch, Freispruch, Freispruch«, sagte er. »Geh nach Hause, mein Junge.«

Nachdem das Urteil gesprochen worden war, schaute ich den Staatsanwalt an, der ohne Rührung seine Tasche zusammenpackte. Da platzte es aus mir raus. »Dafür hast du mich drei Monate lang festgehalten?«, brüllte ich.

»Bleib ruhig«, ermahnte mich der Richter.

Aber ich konnte mich nicht mehr zusammenreißen und schaute ihn giftig an. »Guck mich an, was ihr mit mir gemacht habt. Ich habe nicht mal richtiges Essen bei euch bekommen.«

Dann kam Kenan zu mir und ich schloss ihn in die Arme. »Danke, dass du hier bist«, sagte ich. »Danke für alles!«

»Leider habe ich schlechte Nachrichten für dich … Du bist noch immer nicht frei«, sagte er.

»Wie meinst du das?«

»In der Türkei ist es so, dass du jetzt in Abschiebehaft kommst …«

»Aber wieso? Ich will das Land freiwillig verlassen. Und zwar so schnell wie möglich.« Kenan zuckte mit den Schultern. »Das ist hier leider Gesetz.« Und so wurde ich wieder in ein neues Haus gebracht, in dem ich die Nacht verbringen musste. Kenan und Turan begleiteten mich. »Können wir ihm noch etwas zu essen bringen?«, fragte Kenan einen der Polizisten. Der schüttelte den Kopf. Das ginge hier nicht. Kenan sprach auf ihn ein. »Er hat seit Wochen nichts Richtiges mehr gegegessen, ich bitte Sie …« Der Wärter schaute mich an. Sah, wie ich mir meine Hose festhalten musste, damit sie nicht wieder und wieder herunterrutschte. Ich hatte in meiner Zeit in Haft brutal abgenommen. Als auch Turan das bemerkte, nahm er seinen Gürtel ab und gab ihn mir. Der Polizist atmete schwer durch. Er hatte offenbar Mitleid. Er stimmte zu, dass Kenan mir vom Kiosk etwas besorgen durfte. Dann brachte er mir Schokolade und Cola. Von seinem Handy aus rief ich Rizgar an, der mir einen Flug organisieren sollte. Dann musste ich in mein Hausgefängnis. Es unterschied sich kaum von dem Haus, in dem ich vorher inhaftiert gewesen war. Nur, dass es hier noch elendiger war. Es gab hier kein Licht. Es war stockdunkel. Und um mich herum saßen hauptsächlich Afghanen, die ebenfalls auf ihre Abschiebung warteten. Ich konnte es kaum erwarten, hier endlich rauszukommen.

Am nächsten Tag wurde ich aus der Türkei offiziell abgeschoben.

Kenan setzte mich neben mich ins Flugzeug. »Du musst nicht mitfliegen«, sagte ich. »Aber das will ich«, entgegnete er und lächelte. »Ich habe deiner Familie versprochen, dass ich dich nach Hause bringe«, entgegnete er und klopfte mir auf die Schulter. »Und das werde ich auch tun.« Dann bemerkte ich, dass im ganzen Flugzeug getuschelt wurde. Immer wieder drehten sich die Leute nach mir um. Immer wieder hörte ich meinen Namen. Ich beugte mich zu Kenan rüber. »Was ist das?«, fragte ich ihn. »Woher wissen die, wer ich bin?« Kenan holte sein Handy raus und zeigte mir Fotos. »Du warst in allen Zeitungen hier«, sagte er. »Alle haben über deinen Fall berichtet. Das war hier in der Türkei ein Riesenthema.« Wow, dachte ich. Auch das noch. Aber ich war zu müde und zu kraftlos, um mir darüber mehr Gedanken zu machen.

Um 4 Uhr nachts landete mein Flugzeug in Hannover. Kenan fuhr mich bis zu meinem Elternhaus. Als Rizgar die Tür öffnete, erschreckte er sich, als er mich sah. Ich war mit 100 Kilo in die Türkei geflogen und wog mittlerweile nur noch 79 Kilogramm. Ich war abgemagert. Und ich war mental völlig am Ende. Ich war bloß noch ein Schatten meiner selbst. Ich hatte gedacht, dass ich nicht mehr zurückkomme. Die Straße hatte mich gefickt.

Ein paar Tage später traf ich mich mit Giwar. Er hatte in der Zwischenzeit mit KC und dem Banger-Camp Frieden geschlossen.

»Du hast was?«, fragte ich ihn empört.

»Bruder«, sagte Giwar, »das musste ein Ende haben. Du hast doch gesehen, was passiert ist. Das ist alles viel zu weit gegangen. Und wofür?« Er schaute mich an. »Unsere Eltern sind in dieses Land geflohen, damit wir eine bessere Zukunft haben. Damit wir keinen Krieg erleben müssen. Und was machen wir? Wir fangen neue Kriege an.«

Ich starrte auf den Boden. Er hatte recht. Und eigentlich hatte ich ja schon vor langer Zeit der Straße und der Gewalt abgeschworen. Aber irgendwie zog mich das Milieu, aus dem ich kam, immer wieder zurück.

KAPITEL 6
(2017–2024)

HEILUNG

Nun, da ich wieder in Deutschland war, trennte sich Celal von mir. Ich konnte es ihm nicht verübeln. Er hatte es mir mehrfach nachgesehen, dass ich meinen Job nicht machen konnte, weil ich entweder im Knast saß oder untertauchen musste.

Ich arbeitete jetzt also nur noch mit Giwar. Aber das war sowieso ein Fulltime-Job, denn Giwar hatte sein Imperium mittlerweile ausgebaut und es begann nun eine ganz neue Zeit.

Giwar hatte gerade eine neue Generation von Rappern unter Vertrag genommen. Eno. Mero. Sero El Mero – junge, hungrige Kids, die nicht nur wahnsinnig talentiert waren, sondern ein ganz neues Kapitel in der Deutschrap-Geschichte schrieben. Sie spielten ausverkaufte Clubshows und egal, wo sie unterwegs waren, jedes Mal lösten sie regelrechte Massenanstürme aus. Die Fans liebten sie. Sie wurden gefeiert, als wären sie die Backstreet Boys. Ich war ständig mit ihnen unterwegs.

Als ich nach einem dieser Tage nach Hause kam, öffnete ich meinen Briefkasten. Ich hatte Post. Der Stempel auf dem grauen Umschlag kam mir leider ziemlich bekannt vor. Ich öffnete den Brief und überflog das Schreiben. Es kam vom Gericht. Ich wurde zu einem

Prozess vorgeladen. Wegen Körperverletzung. Schon wieder. Dabei hatten wir das doch schon alles durch, fluchte ich.

Ich versuchte, mich zu erinnern, was das sein könnte. Dann fiel es mir wieder ein. Der kleine Somalier, den ich am Kragen gepackt und aus der Spielhalle geworfen hatte. Das war mittlerweile über ein Jahr her. Absolut unnötig. Ich rief meinen Anwalt an und erklärte ihm, was Sache war.

»Wann ist der Prozess?«, fragte er.

Ich nahm den Brief und scannte ihn. »12. Juli 2018«, las ich vor. Moment, dachte ich. Das ging nicht. An dem Tag konnte ich nicht. Ich sollte mit Eno und Mero in den Balkan fliegen. Die Jungs waren dort für eine Clubshow in Montenegro gebucht und ich musste sie begleiten. »Können wir das schieben?«, fragte ich meinen Anwalt.

»Es wäre nicht klug, den Termin abzusagen«, riet er mir. »Versuch, es irgendwie hinzubekommen.«

Ich überlegte hin und her und telefonierte mit den Jungs. Der Prozess sollte schon am Vormittag beginnen. Aber ich hatte mit Gunnar Borchardt den besten Anwalt an meiner Seite, den ich mir nur wünschen konnte. Er machte mir Hoffnung, dass es schnell gehen würde. Ich rechnete mir aus, dass ich dann also am Nachmittag noch einen Flug nehmen und am Abend in Montenegro sein könnte.

Das Konzert war eh erst am nächsten Tag. Die Jungs müssten dann einfach allein vorfliegen. Ein paar Stunden würden sie schon ohne mich auskommen. Ich sprach mit allen und es war für niemanden ein Problem. Hauptsache, der dumme Prozess würde sich nicht ewig in die Länge ziehen.

Dann kam der große Tag. Der Termin war an einem Donnerstag. Eno, Mero und unser Manager Dako hatten spontan beschlossen, schon am Mittwochabend zu fliegen. Um auf Nummer sicher zu gehen, hatte ich ihnen meinen Securitymann Ali mitgeschickt, der für mich die Stellung halten sollte.

Ich war gut auf den Prozess vorbereitet. Mein Anwalt sagte mir, dass ich mir eigentlich keine großen Sorgen machen müsste, aber das hatte ich ein paar Mal zu oft gehört in der Vergangenheit. Ich rechnete mit allem. Im Wagen hatte ich dennoch meinen gepackten Koffer gelagert. Der Gerichtstermin verschob sich und war mittlerweile auf 14 Uhr angesetzt. Der Flug sollte um 18 Uhr gehen. Es würde verdammt knapp werden, aber ich könnte es schaffen.

Ich parkte meinen Wagen vor dem Gericht, stieg aus und ging in den Saal, in dem verhandelt wurde. Mein Anwalt wartete schon auf mich und brachte mich zu meinem Platz – auf die Anklagebank. Ich schaute mich um. Es war ein kleiner, unspektakulärer Gerichtssaal. Mir gegenüber auf der anderen Seite saß der kleine Somalier. Er schaute mich giftig und herausfordernd an. Die Richterin eröffnete den Prozess und rief ihn in den Zeugenstand. »Sind Sie Abdul Abdullahi?«

Der Schwarze nickte. Dann starrte er mich an und hob seinen Zeigefinger zur Drohung. Ich schüttelte nur den Kopf und ignorierte die Drohgebärde. »Nicht provozieren lassen«, riet mir mein Anwalt. Keine Sorge, dachte ich. Von dem halben Hemd bestimmt nicht.

»Verstehen Sie Deutsch, Herr Abdullahi?«

»Ich verstehen sehr gute Deutsch!«, antwortete er selbstbewusst.

»Was genau ist denn an dem Abend in dem Spielcafé passiert?«, fragte ihn die Richterin.

»Ich waren normal Spielcafé. Dann kamen diese Mann.« Er machte eine Pause und zeigte auf mich. »Er versuchen mich rauswerfen.«

»Und warum?«, fragte die Richterin ihn.

Abdul zog theatralisch seine Schultern hoch. So als wäre der kleine Hund völlig unschuldig gewesen.

»Einfach nur so?«, fragte die Richterin nach.

»Einfach nur so«, bestätigte er.

»Wie ging es weiter?«

»Er wollte mich schlagen, aber ich haben sofort reagiert und den Arschloch auf Boden geschmissen!«

Stille im Saal. Die Richterin schüttelte verdutzt den Kopf. Sie schaute Abdul an. Dann schaute sie mich an. Dann wieder Abdul.

»Verstehe ich das richtig?«, fragte sie nach. »Sie haben diesen Mann da«, sie zeigte auf mich, »einfach so auf den Boden geschmissen?«

»Ja, ja! An Boden geworfen!«

Mein Anwalt schaute mich mit einem breiten Grinsen an. Auch die Richterin musste sich sichtlich das Lachen verkneifen. Was passierte hier?

»Ich hätte eine Frage«, mischte sich mein Anwalt nun an den Somalier gewandt ein. »Können Sie mir vielleicht einmal demonstrieren, wie genau Sie meinen Mandanten zu Boden gebracht haben?«

Mein Anwalt war selber ein ziemlich stabiler Kerl. Er war beinahe so groß wie ich. Er stellte sich für die Demonstration zur Verfügung. Der Somalier stand auf und zog und zerrte an meinem Anwalt herum, um zu veranschaulichen, wie er mich angeblich zu Boden gerungen haben wollte. Doch mein Anwalt kam nicht einmal ins Stolpern. Das Schauspiel dauerte ein paar Sekunden. Dann zog mein Anwalt seine Augenbrauen hoch und schaute zur Richterin. »Noch irgendwelche Fragen?«

Sie winkte ab.

Aber der Staatsanwalt hakte sicherheitshalber noch einmal nach. »Herr Abdullahi, Sie haben eine Anzeige erstattet, weil sie behauptet haben, der Angeklagte hätte sie geschlagen.«

»Neeeeein!«, wiegelte Abdul ab. »Ich habe den geschlagen. Bam Bam. Mitten in Fresse rein!«

Der Staatsanwalt wurde jetzt richtig sauer. »Und wieso haben Sie dann eine Anzeige erstattet?«

»Ja, weil der mich rausgeschmissen hat. Das geht nicht.«

Das war der einfachste Prozess meines Lebens. Ein paar Minuten später wurde das Urteil verkündet. Freispruch. Es war das erste Mal in meinem Leben, dass ich einen Freispruch vor Gericht bekam. Perfekt!

Ich schaute auf die Uhr. Das ganze Theater hatte keine Stunde gedauert. Ich hatte also noch genug Zeit, um meinen Flug zu bekommen. Ich ging mit meinem Anwalt noch etwas trinken und den Tag nach besprechen, dann fuhr er mich zum Flughafen, wo mein Cousin

Amar auch schon wartete, den ich als weitere Securitykraft dabei haben wollte. Wir checkten ein und stiegen in das Flugzeug.

»Hast du schon was gegessen?«, fragte mich Amar.

Ich schüttelte den Kopf. Aber ich hatte verdammt großen Hunger. »Der Veranstalter holt uns am Flughafen ab«, sagte ich. »Danach gehen wir direkt essen.«

Etwa eineinhalb Stunden später landeten wir in Zagreb. Wir liefen durch den Flughafen und suchten unser Gepäck. Es dauerte eine halbe Ewigkeit, bis es endlich über das Rollband kam. Meine Stimmung wurde von Minute zu Minute schlechter.

»Wo müssen wir jetzt hin?«, fragte Amar, als wir unsere Koffer endlich in der Hand hielten.

»Nach Montenegro«, antwortete ich.

»Das ist eine ganz schöne Strecke, das weißt du schon, oder?«

Ich zuckte mit den Schultern. Eigentlich wollte der Veranstalter uns hier am Flughafen abholen lassen. Als wir das Gate verließen, schaute ich mich um. Da standen jede Menge Typen, die Schilder in die Höhe hielten und einzelne Fluggäste dann mitnahmen, aber für uns hielt niemand ein Schild hoch. Wir warteten und warteten. Nichts. Irgendwann waren alle Fluggäste weg und auch von den Fahrern war niemand mehr übrig. Wir standen ganz allein am Ausgang. So langsam bekam ich richtig schlechte Laune. Ich rief Dako an.

»Was geht, Bruder, seid ihr gut gelandet?«, begrüßte er mich gut gelaunt.

»Bruder, ich dachte wir werden abgeholt?«

»Ja«, sagte Dako, »da sollte am Gate ein Fahrer auf euch warten. Ist da keiner?«

»Niemand!«, entgegnete ich.

»Hmmm. Das ist merkwürdig. Ich kläre das mit dem Veranstalter und rufe dich gleich zurück.«

Das Gate war nun menschenleer. Nur Amar und ich standen noch im Wartebereich mit unserem Gepäck. Ich hatte immer noch nichts gegessen. Dako rief an. »Er meint, der Fahrer kommt gleich. Wartet da einfach.«

Es verging eine halbe Stunde. Noch eine halbe Stunde. Ich rief wieder bei Dako an. »Hör mal, hier kommt niemand«, fluchte ich.

»Ich kläre das, Bruder«, sagte er. Es war mittlerweile 21 Uhr.

Als Dako mich zurückrief, war meine Laune an einem absoluten Tiefpunkt. »Bruder«, sagte Dako, »ich habe den Veranstalter hier gerade getroffen. Es tut ihm leid, er schickt jetzt einen Wagen los.«

»Er schickt jetzt …?« Wollten die mich hier komplett verarschen. »Ich scheiße auf seinen Wagen«, brüllte ich durch das Telefon. »Ich werde mir jetzt ein Taxi nehmen und ich schwöre, dieser Hurensohn wird mir die komplette Fahrt bezahlen!«

Ich legte auf und setzte mich mit Amar in das nächste Taxi, das wir finden konnten, und gaben die Adresse von dem Hotel durch. Ich kochte vor Wut. Amar traute sich kaum noch, mich anzusprechen. Er wusste ja, wie ich sein konnte, wenn ich in einer solchen Stimmung war. Die Fahrt zog sich über Stunden. Ich zitterte mittlerweile vor Hunger. Es war mitten in der Nacht, als wir endlich vor dem Hotel ankamen. Als wir gerade die Koffer aus dem Kofferraum zogen, kam Eno zu mir und begrüßte mich. »Onkel«, sagte er, »gut, dass du da bist. Es gibt Probleme.«

»Was, Probleme?«

»Der Veranstalter will uns nicht bezahlen.«

Ich hatte keine Ahnung, was es mit diesem Veranstalter auf sich hatte, aber er saß mächtig in der Scheiße. Ich ließ meine Tasche fallen. »Wer ist der Veranstalter?«, fragte ich.

Eno zeigte auf eine Sitzgruppe in der Lobby, wo einige Typen mit ein paar leicht bekleideten Frauen saßen. »Das ist Mehmet«, sagte Eno. »Der Typ ist schon eine große Nummer hier …«

Eine große Nummer? Ich würde ihm zeigen, was ich mit großen Nummern machte. Ich marschierte in das Hotel, mein Körper zitterte noch immer vor Wut und Hunger. »Wer von euch ist Mehmet?«, fragte ich in die Gruppe.

Ein prolliger Typ mit zurückgekämmten, schwarzen Haaren und einem weit geöffneten Hawaiihemd schaute zu mir hoch. »Wer will das wissen?«, fragte er.

»Komm mal mit«, forderte ich ihn auf.

Er schaute seine Begleiter einmal an und lachte dann höhnisch. »Wer bist du denn jetzt schon wieder?«

Ich musterte seine beiden Bodyguards. Einer war ein ziemlicher Schrank, gute zwei Meter groß und bullig, mehr Bär als Mann. Aber es war mir egal. Es hätte das Militär hinter ihm stehen können und es wäre mir egal gewesen. »Komm mal mit«, wiederholte ich ganz ruhig. So ruhig, dass es mir selbst schon Angst machte. Ich zog ihn hoch und brachte ihn vor die Tür. Dann gab ich ihm eine Faust. Bam. Noch eine. Bam. Er lag am Boden. Mein ganzer Zorn entlud sich auf einen Schlag. Ich konnte nicht mehr aufhören. Ich bekam einen Tunnelblick. Es war, als wäre ich im Rausch. »Du dreckiger Hurensohn!«, fluchte ich, kniete mich runter und schlug ihm noch zweimal in seine arrogante Scheißfresse.

Seine beiden Bodyguards kamen auf mich zu gerannt. Bam. Ich gab dem Bären einen Schlag auf die Nase und er fiel um. Der andere hob beschwichtigend die Hände. »Hey, hey … ganz ruhig«, sagte er und ging wieder ein paar Schritte zurück. Drinnen hörte man die Frauen schreien. Immer mehr Menschen versammelten sich nun vor dem Hotel und riefen irgendwelche Sachen, die ich nicht verstand. Mittlerweile hatten sich auch alle unsere Jungs versammelt. Eno, Mero, Dako, meine Securityleute.

»Xal«, sagte Amar, »wir müssen hier sofort weg.« Er zog mich nach hinten. Ich schüttelte den Kopf. Ich war noch immer wie im Rausch. »Xal!«, brüllte Amar mich an und schüttelte mich. »Hörst du nicht? Wir müssen hier schnell weg!«

Nach und nach verlor ich meinen Tunnelblick und schaute auf meine Hände. Sie waren voller Blut. Dann schaute ich auf den Veranstalter. Er lag in einer Blutpfütze. Sein Gesicht war komplett demoliert. Scheiße, dachte ich. Was hatte ich getan? Aber ich hatte keine

Zeit, darüber nachzudenken. Ein Freund von Eno hatte ein Auto organisiert, das gerade vorfuhr. Eno zog mich in den Wagen. Die anderen folgten in Taxis. »Das sah böse aus, Onkel«, sagte Eno und zog sein Handy raus. Er bekam die ganze Zeit Nachrichten und Anrufe.

»Wir müssen über die Grenze«, sagte Amar. »Und zwar so schnell wie möglich.«

Albanien war etwa eine halbe Stunde entfernt. Kurz vor der Grenze hielt unsere Kolonne an. Taxis durften nicht passieren. Darum quetschten wir uns alle in die beiden Privatfahrzeuge, die wir hatten. Es herrschte ein richtiges Chaos. »Wie geht es weiter, wenn wir drüben sind?«, fragte jemand. Da hatte ich eine Idee. Ich rief Azet an. Azet war gerade einer der angesagtesten Rapper des Landes und ein guter Freund von uns. Ich wusste, dass er gerade auch im Kosovo war und gut vernetzt war. »Bruder«, sagte ich, »wir haben gerade Probleme. Wir stehen an der Grenze. Kannst du uns jemanden schicken, der uns abholt?«

Azet fragte nicht einmal nach, welche Probleme wir hatten. Er kümmerte sich einfach. »Gib mir eine halbe Stunde«, bat er. Was für ein Ehrenmann.

Eno legte mir seine Hand auf die Schulter. Ich schaute ihn an. Er war kreidebleich. So hatte ich den Jungen noch nie gesehen. »Was ist los?«, fragte ich ihn. Aber er sagte nichts. Er nahm einfach nur das Handy von seinem Ohr und reichte es mir rüber. »Hallo?«, fragte ich.

»Hallo, ja ...«, sagte eine Stimme, die ich nicht kannte. »Ihr müsst so schnell über die Grenze, wie ihr nur könnt. Die Polizei sucht mit einem Großaufgebot nach euch, wegen Mord.«

»Wegen Mord?« Was war denn jetzt los?

»Mehmet wurde von einem Krankenwagen abgeholt. Es gibt Gerüchte, dass er tot ist.«

Mein Herz hörte für einen kurzen Moment auf zu schlagen. Ich ließ das Telefon sinken. Das konnte doch nicht wahr sein. Tot? Hatte ich jetzt wirklich einen Menschen auf dem Gewissen? Mir wurde schlecht. Ich schaute auf meine Hände, an denen das Blut von Mehmet mittlerweile eingetrocknet war. Scheiße! Aber jetzt war keine Zeit, um darüber nachzudenken. Ich musste handeln. Und zwar sofort. Ich nahm meinen Pass, steckte 300 Euro hinein und sagte unserem Fahrer, er solle losfahren.

Als der Grenzbeamte uns kontrollierte, hielt ich ihm meinen Pass mit dem Geld entgegen. »We must go to Akv«, sagte ich in meinem gebrochenem Englisch. Dann machte ich eine kurze Bewegung mit meinem Kopf und deutete auf das Auto hinter uns. »These are my friends«, sagte ich.

Der Grenzer leuchtete mit seiner Taschenlampe einmal in unseren Wagen, dann in den Wagen hinter uns.

»These are my friends«, sagte ich noch einmal.

»Go, go«, gab er uns schließlich das Zeichen, dass wir weiterfahren durften. Auf der anderen Seite erwartete uns an einem Rastplatz dann bereits der Bus, den uns Azet geschickt hatte. Wir stiegen um und fuhren nach Pristina. Es war eine lange Fahrt durch die Berge. Draußen war es stockdunkel. Niemand sprach. Die Stimmung im Bus war gedrückt. Es war niederschmetternd.

Eno bekam die ganze Zeit Anrufe. Jeder erzählte ihm etwas anderes. Sicher war jedenfalls, dass die Polizei in Montengero nach uns fahndete. Wir brauchten unbedingt einen Plan. Ich rief Rizgar an und erzählte ihm, was passiert war. Ich bat ihn, für uns alle Tickets zurück nach Deutschland zu buchen. So verging die Fahrt. Die schlimmste Fahrt meines Lebens.

Dann bekam Eno wieder einen Anruf. Er stellte auf Lautsprecher. »Bruder, ich bin in dem Krankenhaus, in dem Mehmet liegt …«, sagte die Stimme, mit der ich eben schon telefoniert hatte. Er ließ eine lange Pause. Die Spannung im Bus war beinahe mit den Händen greifbar. Wir alle hielten die Luft an. »Er lebt«, sagte er schließlich.

Ein lautes Raunen der Erleichterung ging durch den Bus. Er lebte! Zum Glück, dachte ich nur. Wir umarmten uns. Es war noch einmal halbwegs gut ausgegangen. Dann rief ich Rizgar an und sagte ihm, dass er uns noch keine Tickets buchen bräuchte. Die Lage hatte sich entspannt und wir würden in Pristina erst einmal schauen, was der nächste Schritt wäre. Azet hatte uns ein Hotel organisiert, in dem auch eine andere deutsche Rapperin gerade untergekommen war, Loredana.

Wir erreichten das Hotel am Morgen. Wir waren mittlerweile alle komplett durch. Das war eine verdammt lange Nacht. Wir fanden uns im Hotelrestaurant ein und ich plünderte erst einmal das gesamte Frühstücksbüffet.

»Wenn ihr schon hier seid«, sagte Loredana, die sich zu uns setzte, »dann spielt doch ein paar Shows.«

»Shows?«, fragte Dako, während ich mir zum vierten Mal einen Nachschlag auf den Teller packte.

»Na klar«, sagte Loredana. »Das ist hier ein Riesenmarkt. Es gibt in Albanien wahnsinnig viele Discotheken, die bereit sind, gutes Geld zu zahlen. Deutschrap ist hier im Hype.« Wir schauten uns an. Wieso eigentlich nicht? Wir hatten keine weiteren Pläne und wenn wir schon einmal hier waren, dann könnten wir das auch mitnehmen.

Loredana machte ein paar Anrufe und noch am selben Tag sprachen zehn Veranstalter von zehn verschiedenen Discos aus der Gegend bei uns vor, die uns alle buchen wollten. Sie bezahlten für Mero und für Eno 10 000 Euro pro Gig. Das war gutes Geld. Wir handelten zehn Auftritte aus und bekamen – ganz nach albanischem Brauch – das Geld schon vorab in bar ausgezahlt.

Und so saß ich am Abend mit 100 000 Euro Bargeld in meinem Zimmer. Mir war sofort klar, dass das wahnsinnig gefährlich war. Albanien war ein armes Land. Und es gab hier einige gefährliche Menschen. Sie töten hier schon jemanden für 500 Euro. Ich hatte 100 000 Euro. Und das war kein Geheimnis. Wenn zehn Veranstalter davon wussten, dann wusste es das halbe Nachtleben. Was also sollte ich mit dem Geld machen? Ich konnte es nicht einfach mitnehmen. Die Gefahr, überfallen zu werden, war zu hoch. Wir waren hier in einer fremden Stadt, in einem fremden Land, da hatten wir einfach keine Chance, wenn es hart auf hart käme. Im Hotel konnte ich das Geld aber auch nicht lassen.

Ich rief Rizgar an und schilderte ihm die Situation. Er war ein kluger Junge, ich hoffte, dass er eine Idee haben würde. Und die hatte er. »Gib mir zehn Minuten, Bruder«, sagte er und legte auf.

Nach zehn Minuten rief er mich zurück. »Es ist alles geklärt«, sagte er. »Du gehst jetzt runter an die Rezeption des Hotels«, wies er mich an. »Ich habe auf meinen Namen ein Zimmer reserviert. Es ist schon alles über Kreditkarte bezahlt. Sag ihnen, dass du die Karte für das Zimmer für mich schon einmal entgegennimmst. Pass auf, dass dich niemand sieht.«

Ich verstand genau, was er vorhatte. Ich packte das gesamte Geld in eine Sporttasche, ging runter an die Rezeption und nahm die Karte für Rizgar entgegen. Dann ging ich durch das Treppenhaus hoch in den fünften Stock, öffnete das Zimmer, versteckte das Geld dort im Tresor und hing ein »Bitte nicht stören«-Schild an die Tür. Dann ging ich zurück in mein Zimmer und schlief mich erst einmal aus.

Am nächsten Abend hatten wir die erste Clubshow. Albanien war wirklich noch einmal ein anderes Pflaster als Deutschland. Das wurde gleich klar, als wir den Laden betraten. Es war alles extrem edel. In den Ecken standen Tische, auf denen Magnum-Vodkaflaschen mit Wunderkerzen angerichtet wurden. In riesigen Eiskübeln lagen Red-Bull-Dosen. Champagnerflaschen wurden geordert wie sonst was. Die Leute waren gut drauf, der Club brechend voll. Eno und Mero lieferten eine gute Show ab und die Albaner gingen richtig ab. Keine Ahnung, wieso die Deutschrap so feierten, aber ich hatte das Gefühl, das war hier noch einmal wilder als in deutschen Clubs, wo die Fans jedes Wort mitrappen konnten.

Auch wenn viel los war, gab es keinen Ärger. Die Gäste waren ausgelassen, aber nicht übermäßig aggressiv. Es verlief besser, als ich es erwartet hätte. So saßen wir nach der Show noch im VIP-Bereich des Clubs und ließen es uns gut gehen.

Als wir um 4 Uhr morgens dann zurück ins Hotel kamen und ich die Tür zu meinem Zimmer öffnete, traf mich der Schlag. Scheiße! Ich schaute mich um. Alles war verwüstet. Alle Schubladen waren herausgerissen, meine Klamotten waren durchwühlt, mein Koffer aufgeschnitten. Ich versuchte, das Chaos zu überblicken. Es fehlte nichts. Immerhin. Sie hatten offenbar nur das Geld gesucht. Vorsichtig verließ ich mein Zimmer, achtete darauf, dass mir niemand folgte und ging durch das Treppenhaus hoch in den fünften Stock. Dort öffnete ich mein geheimes Zweitzimmer, das auf Rizgar gebucht war, und schaute in den Tresor. Das Geld war noch da. Ich atmete tief durch. Was hatte ich doch für einen schlauen, kleinen Bruder.

Als ich endlich wieder zu Hause war, kehrte zunächst etwas Ruhe ein. Doch dann passierte etwas, das mein Leben für immer verändern sollte. Ich saß an einem Sonntagabend gemeinsam mit meiner hochschwangeren Frau Tata auf dem Sofa, als sie sich plötzlich vorbeugte und verharrte.

»Ist alles okay?«, fragte ich sie.

Sie fing an zu keuchen. »Ich glaube«, sagte sie, »die Wehen setzten ein.«

Ich packte sofort eine Tasche mit allem Nötigen zusammen, stützte meine Frau und setzte sie in unser Auto. Dann fuhr ich sie zur Uniklinik. Sie wurde untersucht und kam in den Kreißsaal. Ich musste draußen warten – es war die Corona-Hochzeit. Angespannt saß ich auf einem der Plastikstühle und wippte vor und zurück. Ich wollte bei ihr sein, aber die Ärzte erlaubten es mir nicht. Nach zwei Stunden kam endlich eine Schwester zu mir.

»Und?«, fragte ich und sprang auf.

Sie schüttelte nur den Kopf. »Ihre Frau ist noch nicht so weit. Es kann noch etwas dauern«, sagte sie.

»Wie lange?«

»Vielleicht Tage. Fahren Sie nach Hause, wir werden uns melden, wenn es losgeht.«

»Kann ich sie sehen?«, fragte ich noch.

»Natürlich.«

Tata war mittlerweile in ein Zimmer gebracht worden. Dort lag sie müde in einem Bett. Sie wirkte erschöpft. Ich strich ihr über den Kopf und fragte, wie sie sich fühlte. Sie zuckte nur mit den Schultern. »Kann ich etwas für dich tun?«, fragte ich sie. »Brauchst du etwas?«

»Nur Schlaf«, sagte sie erschöpft.

Ich ließ sie schlafen und fuhr in die Shishabar von meinem Cousin in Bonn. Die Bar hatte coronabedingt natürlich geschlossen. Wir waren allein, saßen am Tisch, spielten Karten und rauchten Shisha. Der Gedanke, dass ich bald Vater werden würde, war so unwirklich für mich. Ich konnte es mir noch gar nicht vorstellen. Ich zog an meiner Shisha und blies den dichten Qualm in die Luft.

»Alles okay?«, fragte mein Cousin. Ich nickte und gab die Karten aus.

Um 23 Uhr bekam ich einen Anruf. Meine Frau. Ich drückte mir mein Handy ans Ohr. »Schatz?«

Doch Tata sagte nichts. Sie stöhnte nur.

»Was ist los?«, fragte ich panisch.

»Komm schnell«, presste sie hervor. »Das Baby … es kann jederzeit kommen.«

Ich stand so hektisch auf, dass der gesamte Tisch umkippte. Mein Cousin schreckte zurück, »Scheiße, was ist denn mit dir los?«

Ich schüttelte ihn nur. »Mein Sohn kommt«, rief ich und rannte aus der Shishabar. Ich sprang in mein Auto und gab Vollgas. Die Straßen waren leer. Ich beschleunigte und beschleunigte. Ich war wie in einem Tunnel. Auf der Autobahn 555 von Bonn nach Köln nahm ich meine Umwelt gar nicht mehr richtig wahr. Dann schaute ich auf den Tacho und bekam einen Schreck. Ich hatte den Wagen auf 310 km/h hochgejagt. Mit einem Audi S8 Plus kann so was passieren.

Ich nahm sofort meinen Fuß vom Gas und begann zu hyperventilieren. Als ich den Kölner Verteilerkreis erreichte, fuhr ich kurz rechts ran. Ich war komplett außer Atem. Was machte ich denn da? Hatte ich den Verstand verloren? Ich kam mit mir selbst nicht mehr klar. Ich ließ das Fenster runter und nahm ein paar tiefe Atemzüge von der kalten Luft. Selam, was machst du? Dein Sohn wird geboren und du bringst dich um? Zum ersten Mal begriff ich, dass ich Verantwortung nicht mehr nur für mich selbst, sondern auch für meinen Sohn trug. Dann rief ich meine Schwägerin an. Serbas' Frau verstand sich sehr gut mit Tata und ich dachte, es wäre vielleicht eine gute Idee, wenn sie dabei wäre. Als moralische Unterstützung. »Tata bekommt ihr Kind«, eröffnete ich ihr am Telefon. »Ich bin gerade auf dem Weg ins Krankenhaus. Kannst du mitkommen?«

Sie stimmte freudig zu. Serbas wohnte sowieso auf dem Weg, es war also nicht mal ein Umweg.

Als wir gemeinsam in das Krankenhaus wollten, hielt uns der Pförtner an. »Das geht leider nicht«, sagte er. Ich blickte ihn ratlos an. »Wegen Corona«, schob er bedauernd hinterher. »Es darf nur eine Person zu Besuch kommen.«

Ich schaute meine Schwägerin an. »Geh du zu ihr in den Kreißsaal«, sagte ich. »Du bist eine Frau, du wirst besser für sie da sein können. Ich warte unten im Auto. Ruf mich an, sobald etwas passiert, okay?«

»Okay, Selam!«

Ich setzte mich wieder in mein Auto, zündete mir eine Zigarette an und blies den Rauch durch das geöffnete Fenster. Es war eine eiskalte Nacht. Die Luft war klar. Ich war wahnsinnig nervös. Ich würde Vater werden! Ich versuchte, mich irgendwie an den Gedanken zu gewöhnen. Aber es gelang mir nicht. Ich schaute auf die Uhr. Es waren bereits zwei Stunden vergangen. Wieso dauerte das denn so lange? Ich begann plötzlich, mir Sorgen zu machen.

Ich schaute auf das Krankenhaus, und plötzlich kamen all die Erinnerungen wieder hoch, die ich so lange verdrängt hatte. Die Erinnerung, wie ich Derya pflegte, die im Koma lag. Wie sie ihre Augen öffnete und mich nicht mehr erkannte. Wie ich kurze Zeit später meinem Vater die Hand hielt, als sein Herz aufhörte zu schlagen. Eine tiefe Traurigkeit überkam mich.

In dem Moment klingelte mein Handy. Ein Videoanruf von meiner Schwägerin. Ich nahm ihn entgegen. »Schau mal, Selam, wen wir hier haben«, sagte sie strahlend und hielt ein winzig kleines Baby in ihren Händen. Ich fühlte in diesem Moment alle Gefühle, die man nur fühlen konnte, gleichzeitig.

»Ich komme«, sagte ich mit tränenerstickter Stimme. Ich lief in das Krankenhaus, aber der Pförtner wollte mich nicht reinlassen. »Solange ihr Schwägerin noch …«

»Lassen Sie mich rein!«, brüllte ich.

»Das würde ich ja gerne, aber es ist Corona und wir …«

Es war mir scheißegal. Ich schlug einmal gegen die Scheibe. »Bruder«, sagte ich, »du machst jetzt die Tür auf oder ich schlage die Tür kaputt!«

Er sah wohl an meinem Gesicht, dass ich es toternst meinte. »Warten Sie«, bat er mich und machte einen Anruf. Kurz dachte ich, er würde die Polizei rufen. Doch er fragte die Ärzte auf der Station, ob sie heute Nacht eine Ausnahme machen könnten. Sie konnten. Ich lief in den Kreißsaal und … da lag er. Auf der Brust meiner Frau. Mein Sohn. Diyan. Ich konnte nicht glauben, wie winzig er war. »Nimm ihn«, lächelte Tata. Ich zögerte. Er war so klein, dass ich Angst hatte, ihn kaputtzumachen. Dann nahm ich ihn vorsichtig in meine Hand und hob ihn hoch. Er fing an zu weinen. Und ich weinte mit. Ich weinte aus tiefstem Herzen. Ich war noch nie in meinem Leben so glücklich. Ich küsste ihn auf die Stirn. »Willkommen mein Sohn«, flüsterte ich.

In diesem Moment fühlte ich Dinge, die ich noch nie zuvor gefühlt hatte. Es war das größte Glück, das man sich nur vorstellen konnte. Merkwürdig, dachte ich, vor wenigen Wochen noch saß ich in einem Bus und fürchtete, dass ich einen Menschen getötet hatte, weil mein Zorn und meine Wut mich wieder überwältigt hatten. Und jetzt hatte ich dieses kleine Wunder in meinen Händen und empfand nichts außer Liebe. Purer Liebe, wie ich sie noch nie zuvor gefühlt hatte.

Ich verbrachte jede einzelne freie Sekunde mit Diyan. Es war, als hielte ich eine kleine Version von mir in den Händen. Es war das Schönste, das ich je erlebt hatte. Jede Minute, die ich mit meinem Sohn verbrachte, veränderte etwas in meinem Kopf. Er war wie Medizin für mich.

Eines Abends lag ich in meinem Bett, legte Diyan auf meine Brust und beobachtete, wie er einschlief. Ich dachte in diesem Moment an mein Leben zurück. An meine Kindheit, die von Angst geprägt gewesen war. Ich erinnerte mich an meine Jugend und meine Jahre in Köln, die von Gewalt und Aggression bestimmt gewesen waren. Ich dachte an Derya, die mir einen Ausweg gezeigt hatte. Doch nachdem ich sie verloren hatte, verlor ich auch mich selbst. Und zwar so sehr wie nie zuvor. Immer wieder hatte ich versucht, aus dem Kreislauf der Gewalt auszubrechen. Nie war es mir vollständig gelungen. Wieder und wieder hatte mich mich dieses Virus infiziert.

Doch heute war etwas anders. Ich betrachtete Diyan. Dieses kleine Wunder, das auf mir lag, durfte niemals ein Leben führen, wie ich es geführt hatte. Mein Sohn sollte einen ordentlichen Weg gehen. Er sollte seine Schule machen. Studieren. Um das Leben zu führen, das ich geführt hatte, musste ich zu einem Tier werden. Aber mein Sohn sollte ein Mensch bleiben. Mir war völlig klar, dass ich meinem alten Leben den Rücken zuwenden musste. Ich musste diesen Kreislauf durchbrechen. Nicht für mich. Sondern für Diyan. Er sollte niemals das sehen, was ich gesehen hatte. Ich trug nicht mehr nur für mich Verantwortung. Sondern auch für ihn.

Mein Leben veränderte sich nun. Leider passte es mit Tata nicht so, wie wir uns das erhofft hatten. Wir trennten uns schließlich. Dennoch wollte ich so viel Zeit wie nur möglich mit Diyan verbringen. Und ihm ein Vorbild sein. Ich versuchte, mich so gut es ging von der Straße fernzuhalten.

Da passte es ganz gut, dass auch Giwar mittlerweile ein ganz anderes Mindset hatte. Er entdeckte gerade die Filmbranche für sich. Fatih Akin wollte seine Lebensgeschichte verfilmen. Fatih Akin. Einer der größten Regisseure, die es in Deutschland je gegeben hat. Allein das war schon eine unglaubliche Ehre. Ich bekam in dem Film eine Nebenrolle.

Die Dreharbeiten waren anstrengend, aber es war etwas ganz anderes als das, was wir sonst so gemacht hatten. Im Gegensatz zu den Straßenkriegen, die wir geführt hatten, war das Filmbusiness, so kräftezehrend es auch war, so etwas wie Urlaub für uns. Und die Anstrengungen lohnten sich. Der Film *Rheingold* wurde wahnsinnig erfolgreich. Ein paar Wochen nachdem der Film im Kino angelaufen war, bekam ich eine merkwürdige Nachricht auf Instagram. Ich bekam ständig irgendwelche Nachrichten auf Instagram und ignorierte sie in der Regel, aber diese hier fiel irgendwie raus.

»Ich hoffe, ihr habt einen Strafzettel bekommen!«, schrieb mir ein Mädchen. Ich schaute mir ihr Profil an. Sie hieß Mehtap. Ich versuchte, mich zu erinnern. Aber ich kannte sie nicht. Ich schickte ihr ein Fragezeichen zurück. Nach ein paar Minuten erklärte sie mir, dass wir ihr heute Nachmittag in Düsseldorf den Parkplatz geklaut hätten. Oha, dachte ich. Ich war mit meinem Cousin in Düsseldorf unterwegs gewesen und tatsächlich hatte er auf der Kö ein ziemlich riskantes Einparkmanöver vollzogen. Es war nicht ganz unwahrscheinlich, dass wir dabei jemanden geschnitten hatten.

»Aber woher weißt du, dass ich das war?«, schrieb ich.

»Habe dich erkannt. Aus dem Kino«, kam zurück. Anscheinend hatte meine Nebenrolle ein wenig Eindruck gemacht. Ich entschuldigte mich bei dem Mädchen, aber sie schien gar nicht wirklich sauer zu sein. Wir schrieben uns weiter.

Am nächsten Tag hatten wir so viel geschrieben, dass ich sie fragte, ob wir nicht einmal telefonieren wollten. Es war merkwürdig. Von dem Moment an, als ich das erste Mal ihre Stimme hörte, fasste ich ein tiefes Vertrauen zu diesem Menschen. Obwohl ich sie gar nicht kannte. Sie erzählte mir von ihrer Geschichte. Und ich erzählte ihr von meiner Geschichte. Irgendwann schaute ich auf die Uhr. Es waren mehr als drei Stunden vergangen. Aber es kam mir so vor, als hätten wir gerade einmal zehn Minuten miteinander gesprochen. Das hatte ich noch nie gemacht.

»Ich muss jetzt leider weitermachen«, sagte sie. »Ich habe in drei Tagen meine Abschlussprüfung und ich muss noch lernen.«

»Was für eine Prüfung?«, fragte ich.

»Heilpraktikerin«, antwortete Mehi. Wow, sie war offenbar nicht nur hübsch, sondern auch noch ziemlich intelligent.

»Okay«, beendete ich das Gespräch, »dann will ich dich nicht weiter stören. Ich melde mich ...«

Als ich auflegte, hatte ich das erste Mal seit einer sehr, sehr langen Zeit wieder das Gefühl, dass jemand ganz Besonderes in mein Leben getreten war. Ich dachte ständig an Mehi. Ich schaute mir ihre Bilder an und hatte ihre Stimme im Ohr. Ich wartete drei Tage und rief sie am Mittwoch schließlich wieder an.

»Ich dachte schon, du meldest dich gar nicht mehr«, sagte sie beinahe enttäuscht.

»Hä? Du hattest heute deine Prüfung. Ich habe dir doch gesagt, dass ich dich lernen lassen will.«

»Du erinnerst dich daran?«

»Klar erinnere ich mich!«, unterbrach ich sie. Ich fragte sie, wie alles gelaufen sei. Wir hatten gerade Ramadan und ich bot ihr an, dass wir uns zum Iftar, zum Fastenbrechen treffen könnten. »Dann können wir auch feiern, dass du deine Prüfung hinter dir hast.«

»Sehr gerne«, freute sie sich.

Und so trafen wir uns zum ersten Mal in Dortmund. Mehi war noch viel schöner, als ich es mir hätte vorstellen können. Als wir uns gegenüberstanden, war es, als würden wir uns schon mehrere Leben lang kennen.

Von diesem Tag an sollte kein Tag mehr vergehen, an dem wir uns nicht mehr sahen oder zumindest miteinander telefonierten. Wir kamen zusammen. Mehi wurde zu einem Teil von meinem Leben. Sie wurde mein Leben. Ich hatte jetzt meine eigene Familie. Ich hatte eine Verantwortung, nicht mehr nur für mich. Sondern für zwei Menschen, die meine Zukunft waren. Es war, als würde ein ganz neues Kapitel für mich anbrechen. Dieses Mal nicht, weil ich dazu gezwungen war, indem ich auf irgendwelche Ereignisse reagieren musste, sondern weil ich es wirklich so wollte. Ich ließ mich ganz auf meine Familie ein. Und ich fühlte mich erfüllt. Ich hatte eine neue Rolle gefunden. Die Angst, die ich als Kind verspürt hatte, war wieder da. Nur anders. Ich verspürte jetzt nur noch Angst, dass ich meiner Familie nicht mehr gerecht werden konnte. Und ich wusste, dass ich diesem Gefühl nicht mehr mit Gewalt begegnen konnte. Sondern mit Liebe.

Ich hatte das Gefühl, dass sich alles gefügt hatte. Dass alles seinen Sinn hatte. Die Geburt von Diyan hatte nicht nur mein Leben verändert. Sondern das Leben von allen. Mein großer Bruder Serbas hatte mittlerweile selbst vier Kinder, aber nie hatte er einem davon je selbst die Windeln gewechselt. Bei Diyan war das anders. Für ihn tat er Dinge, die er sonst nie getan hatte. Meine Mutter kam jeden Tag vorbei, an dem ich den Jungen bei mir hatte. Sie liebte ihn abgöttisch. So wie auch meine Schwestern, die mittlerweile auch alle ihre eigenen Familien gegründet hatten. Trotzdem hielten wir alle zusammen. Am meisten aber freute sich Rizgar für mich. Rizgar hatte kurz vor mir selbst ein Kind mit seiner Frau bekommen. Sie hatten Zwillinge erwartet, doch unglücklicherweise war eines der Kinder noch vor der Geburt gestorben. »Diyan«, sagt Rizgar immer, »ist auch mein Sohn.« Ich hatte das Gefühl, dass ich zum ersten Mal in meinem Leben komplett angekommen war, aufgegangen in meiner Familie.

Eines Abends kam ich vom Einkaufen nach Hause. Ich schloss die Tür auf, stellte die schweren Einkaufstüten in die Küche und zog mir ein Red Bull aus dem Kühlschrank? »Mehi?«, rief ich. Aber meine Frau war noch nicht zu Hause. Ich schaute auf die Uhr, sie war wohl noch arbeiten. Ich blickte aus dem Fenster. Draußen setzte die Abenddämmerung ein. Köln zeigte sich von seiner schönsten Seite. Ich setzte mich auf die Couch und atmete tief durch. Dann vibrierte mein Handy. Ich schaute auf das Display. Die Nummer kannte ich nicht.

»Hallo?«

»Lange nix gehört …«

Ich erstarrte. Ich erkannte die Stimme sofort wieder. Aber … konnte das wirklich sein? Es war viele Jahre her gewesen, dass ich sie das letzte Mal gehört hatte. Ich richtete mich auf. Ich hatte mit vielem gerechnet, aber nicht damit, dass ausgerechnet er sich noch einmal melden würde.

»Onkel Nuri … Wie geht es dir?«, fragte ich noch immer überwältigt von der Situation.

Aber er ignorierte meine Frage einfach. »Haben Auftrag für dich!«

Der Mann hatte sich nicht verändert.

»Onkel Nuri, ich bin da raus«, versuchte ich, ihm zu erklären.

Aber auch das interessierte ihn nicht. »Nix raus«, sagte er. »Müssen reden. Kommen vorbei, Café heute Abend. Sehr, sehr wichtig.«

Dann legte er auf. Ich legte mein Handy auf die Couch, ließ meinen Nacken knacken und starrte in die Leere. Es war totenstill in meiner Wohnung. Draußen war es mittlerweile dunkel geworden. Und in meinem Kopf begann ein neuer Krieg.